【铁血将帅系列】

唐　莉
孙大乐　著

大宋武圣 岳飞传

华中科技大学出版社
http://www.hustp.com
中国·武汉

图书在版编目(CIP)数据

大宋武圣：岳飞传 / 唐莉，孙大乐著. —武汉：华中科技大学出版社，2019.2（2020.6重印）
（铁血将帅系列）
ISBN 978-7-5680-3917-8

Ⅰ. ①大… Ⅱ. ①唐… ②孙… Ⅲ. ①岳飞（1103–1142）—传记 Ⅳ. ①K825.2

中国版本图书馆CIP数据核字（2019）第010633号

大宋武圣：岳飞传
Dasong Wusheng Yue Fei Zhuan

唐　莉　孙大乐　著

策划编辑：沈剑锋
责任编辑：张　丛
封面设计：蚂蚁字坊
责任校对：何　欢
责任监印：朱　玢
出版发行：华中科技大学出版社（中国·武汉）　电话：（027）81321913
武汉市东湖新技术开发区华工科技园　邮编：430223
印　　刷：日照教科印刷有限公司
开　　本：710mm × 1000mm　1/16
印　　张：16.75
字　　数：267千字
版　　次：2020年6月第1版第2次印刷
定　　价：45.00元

PREFACE
序

中兴诸将，谁是万人英？身草莽，人虽死，气填膺。尚如生。年少起河朔，弓两石，剑三尺，定襄汉，开虢洛，洗洞庭。北望帝京。狡兔依然在，良犬先烹。过旧时营垒，荆鄂有遗民。忆故将军。泪如倾。

这是南宋文学家刘过悼念岳飞的词——《六州歌头·题岳鄂王庙》的上阙，寥寥数语总括岳飞一生，写尽他的冤屈与哀荣，却写不尽南宋民众对他的深深怀念。

中华千年，将星闪耀，有开疆拓土彪炳史册者，有智勇双全天下无敌者，有激流勇进力挽狂澜者……但被尊为一代“武圣”的却只有关羽和岳飞。武者，武艺高强，能征善战也；圣者，忠义两全，品性高洁也。

然而，历史的车轮驶入21世纪，网络中国却升腾起重重迷雾，所谓“岳飞秉性暴虐”“岳飞北伐实为贪功冒进”“秦桧才是忠臣”等言论大行其道，真？伪？乱花渐欲迷人眼，英雄转身变恶魔，这样的“乱弹”历史让人愤怒，令人窒息。

为了再次还原一个真实的岳飞，还原一段被扭曲的历史，我们凭着一腔热情开始了这项工作。众所周知，由于南宋特殊的时代背景，尤其是秦桧父子把持朝政时对岳飞资料的刻意篡改和破坏，使岳飞史料留存极少，而且精芜并存。所幸我们如赶海的孩童，沿着邓广铭、王曾瑜、龚延明等岳飞研究方家们的足迹，细细捡拾，慢慢研磨，终于写就此书。

翻开本书，你会发现一个生动清晰的岳飞迎面走来。

他出身寻常农家，却从小爱习武，好读书，难得的文武兼修。身处乱世，常人唯求一生安稳，他却胸怀凌云之志，不随波逐流，不苟延残喘，尽最大努力为国家、为民族、为自己拼取尊严。

他爱读书却不“死”读书。与大将宗泽论兵法，他讲：“兵家之要，在于出奇，不可测识，始能取胜”，“阵而后战，兵法之常，运用之妙，存乎一心”。

他视死如归却不逞匹夫之勇，他认为：“勇冠不足恃，用兵在先定谋”，“为将之道，不患其无勇，而患其无谋！”

他爱兵如子却又治军严厉无情，“卒有取民麻一缕以束刍者，立斩以循”，自此锻造出一支令敌人哀叹“撼山易，撼岳家军难”的威武之师！

他耿直不阿却非迂腐冷血，对恩师，他典衣祭奠，视同父母；对同僚，他谦和有礼，所获楼船先赠韩世忠与张俊；对故交，他在老上级张所落难之后，亲自教养其子，并把朝廷赐予自己儿子的“官”职让给张所之子。

他以武功扬名却诗词自成一家，一首《满江红》令无数词人赞叹，让有志儿郎热血。

他身居高位却廉洁自律，一句“文官不爱钱，武官不惜死，天下太平矣”让天下人为之敬仰。

他事亲至孝却因将身许国难以时时承欢膝下。

他一生事朝廷至忠却非“愚忠”，不肯唯皇帝命是从，终落得“全忠全义不全尸”……

有学者云：中国五千年来的历史人物中，道德完整的圣哲、文章盖世的文豪、勇冠三军的武将、神机妙算的谋士，代不乏人。然求其文武全器、品节无亏如岳王者，殊不多见。亦因此，纵然千年易逝，红颜易老，弹指一挥间，多少往事飘散如烟，多少名人湮没如尘，却依然有如岳飞一般的英雄屹立不老。

参加本书编写的人员有：唐莉、孙大乐、唐淙、王敏、高文文、师丽娜、杜旭静、张哲、曹雪立、寇冠宇，唐莉负责统稿，在此一并感谢！

本书的撰写得到国防大学出版社总编室主任冯国权大校的精心指导，在此表示感谢。

是为序。

CONTENTS

目录

第一章

出身寒门　勤学爱武

崇宁二年，中原大地春风料峭，乍暖还寒。河北西路相州汤阴县永和乡孝悌里的一家农户，男主人岳和之妻姚氏即将临盆。在寂寥无声的春夜里，忽有一只大鸟飞来，盘旋于岳和家的屋顶上方不停地鸣叫，其声似悲似喜。恰在此时，屋内洪亮的婴儿啼哭声冲天而出、响彻夜空，姚氏顺利产下了一个男婴。岳和夫妻中年得子，欣喜异常。想到刚才突然而至的大鸟，岳和欣然给婴儿取名岳飞，寓意将来鹏程万里。事实上，这个单名“飞”字，后又取表字“鹏举”的农家子弟未负他们所望，凭借自己的努力华丽转身为文武全器的一代名将，在中华大地上书写了一段彪炳史册的英雄传奇。

第一节　生逢乱世日愈艰

“乱世出英雄”是一句很难驳斥的至理名言。一方面，在命若蝼蚁的乱世里，生存的目标总能激发人的巨大潜能，另一方面，失去了既有秩序的社会犹如一潭被迅速搅动的湖水，原本固化的阶级（阶层）在日益扩大的裂隙中加速流动，于是一些英雄或英才应运而生。岳飞诞生、成长的北宋末年，就是一个政治腐朽、灾祸连绵的时代。虽然结束了前朝的分裂局面，但终其一朝，北宋始终面临强敌环伺、战乱频仍、内外交困的威胁。岳飞不幸，身处这样一个乱世；乱世有幸，造就一个以保国护民为己任的军中战神。

北宋的衰亡要从徽宗说起。元符三年正月，宋哲宗赵煦病故，无子。向太后推举神宗赵顼第十一子、哲宗之弟端王赵佶为帝，虽有宰相章惇反对，认为“（赵佶）轻佻不可以君天下”[①]，但终究势单力孤，向太后得逞。赵佶入宫，即位于哲宗灵前，是为宋徽宗。作为历史上著名的书画皇帝，宋徽宗擅长书画艺术，留下诸多传世珍品，其独创瘦金体书法，字体秀丽飘逸，无人能及。可惜，这一专长却不适于治理国家，更重要的是，正如章惇所言，宋徽宗德行“轻佻”，性喜奢靡，不思朝政，却偏好书、画、走兽飞禽、奇花异石等。他

① 陈振. 宋史[M]：上海：上海人民出版社，2016.

当政25年，不仅骄奢淫逸、声色犬马，而且宠信奸佞、祸国殃民，最终将北宋王朝推上覆亡之路。

宋徽宗宠信、重用的弄臣主要有蔡京、童贯、朱勔、梁师成、王黼、李彦六人，当时人称“六贼”。他们以蔡京、童贯为首，长期把持宋徽宗时期朝廷军政最高权力。蔡京与宋徽宗旨趣相同，也擅长书法、绘画，是北宋末年有名的书画家，通过不断进奉自己的作品，逐渐赢得宋徽宗的认可，爬上宰相之位，把持行政大权长达17年。宦官童贯与蔡京相互勾结、扶持，又重用苏州商人朱勔。朱勔为宋徽宗搜刮奇花异石，竟被任命为枢密使，把持兵权长达20年。宦官梁师成聪明机敏，深得宋徽宗宠信，主要负责传宣宋徽宗诏旨，曾找人模仿宋徽宗笔迹假传圣旨，外廷难辨真假，一时权倾朝野。进士出身的王黼吹捧蔡京，投靠梁师成，因长相俊美，时常在宋徽宗面前卖弄风情，说一些市井中的淫词浪语博得宋徽宗欢笑，很快也当上了宰相。宦官李彦在汝州任职，为皇室搜刮百姓田产，与朱勔不分高下。此“六贼”都是善于逢迎拍马、媚上欺下之辈，他们相互勾结，广树党羽，为讨得宋徽宗的欢心与赏识，不遗余力投其所好，助纣为虐。

以惹得天怒人怨的花石纲为例。崇宁四年年始，朱勔在蔡京的指使下，利用苏州应奉局的招牌，在今浙江省和大茅山以东的苏南地区大肆搜寻珍异花木和奇峰怪石。这些花石都被作为贡品装上船，经水道运往东京，每十船为一“纲”，称为“花石纲”。精心搜集的花石让宋徽宗龙心大悦，负责进贡花石的官员因此加官晋爵，于是越来越多的官员加入了“搜集”花石的行列。为了攫取花石，官府以皇命为借口，巧取豪夺；为了防止花石被破坏，不惜拆墙破屋，毁坏民宅；为了便于运输巨型山石，还要专门建造大船，徒增徭役。如此一来，中央既有蔡京、童贯、朱勔、李彦之流假借朝廷之名巧立名目、中饱私囊，地方又有大小官员压榨百姓、贪赃枉法，凡被指定供应花石纲的人即使是中产之家也必破产，许多民户甚至卖儿卖女来应对应奉局的勒索。

除了花石纲，宋徽宗还痴迷道教。他自封为教主道君皇帝，在全国大修道教宫观，赐予田产，给道士授官、授禄，此等费用构成了朝廷财政一笔巨大开支。在宋徽宗属意下，奸党将神宗朝积蓄的大批粮食、布匹和金银和准备征服辽国和西夏的战备物资，用于大兴土木、扩建宫殿、建造园苑。祭祀用的明堂、奢华富丽的延福宫、平地而起高九十步周十余里的万岁山等，都是按照“空前绝后”富丽堂皇的标准来修建的。营造这些建筑物，不知耗费劳动人民多少血汗与资财，建成后却仅供宋徽宗与极少数人享用。

由于宋徽宗统治集团的挥霍无度，仅三四年的光景就使朝廷的财政陷入入不敷出的境地，朝廷只好用滥发货币、加重赋税的办法来增加收入，民众的生活日益艰难。身处残酷压榨下的北宋人民，对为虎作伥的“六贼”恨之入骨，一首民谣在当时广为流传：“打破筒（童贯），泼了菜（蔡京），便是人间好世界”①。汹汹民怨如野火燎原，终于酿成宣和二年的一场“大祸”。

宣和二年十月，歙州人方腊，（一说睦州青溪人），率众在两浙路睦州青溪县起义。方腊起义前曾动员说，“东南之民苦于剥削久矣，近岁花石之扰，尤所弗堪”，“今赋役繁重，官吏侵渔，农桑不足以供应”，“吾民终岁勤动，妻子冻馁，求一日饱食不可得”②。义旗一举，应者云集，义军次月攻占青溪县城时，参加者已过万人。3个月内，方腊起义军就攻占了6州52县，多次击败前来镇压的官军，震动了北宋东南半壁江山。

宣和三年正月，宋徽宗派遣童贯率领精锐禁军前往清剿。农民起义军浴血奋战数月，方腊不幸被俘，起义最终被血腥镇压。原本富庶的两浙地区也因此土地抛荒，村落萧索，社会生产遭到严重破坏。有人云，花石纲为亡宋之始，此言不虚。

---

① 《能改斋漫录》。

② 方勺《青溪寇轨》附《容斋逸史》。

尽管北宋朝廷镇压了席卷东南的方腊起义，并招抚了同一时期的宋江起义军，但此时的大宋已如一艘千疮百孔的破船，随时都有倾覆的危险。更为严重的是，一个新兴的少数民族政权正在北方崛起，遥望中原，虎视眈眈。

在中国历史上，北宋是少有的在地理版图上与其他少数民族政权势均力敌的一个。宋太祖赵匡胤黄袍加身前，中原尚处五代之末，契丹人耶律阿保机废除部落联盟制，正式称帝，国号契丹，定都临潢府。自从937年后晋高祖石敬瑭将幽蓟十六州割让给契丹后，契丹骑兵就对中原王朝构成了挥之不去的军事威胁。947年，辽太宗攻占开封灭后晋，耶律德光登基称帝，改国号为辽。辽朝的疆域东西自日本海至额尔齐斯河上游，南北从今天津海河、河北霸县、山西雁门关一线至今色楞格河和石勒喀河一线，领土面积比它南边的北宋王朝还大。

与宋、辽政权并立的还有西夏。宝元元年，党项族领袖元昊正式称帝，国号大夏，史称西夏。西夏的疆域最盛时东西自黄河至玉门关，南北从萧关到大漠，形成了与宋、辽三足鼎立的格局。

到了宋徽宗时期，辽朝在经历了滦河之乱后，辽道宗昏聩，政治腐败，国势日益倾颓，境内长期受其压迫的金人逐渐崛起。政和四年，金人完颜部首领阿骨打誓师出兵，公开反对辽国的统治。第二年，完颜阿骨打称帝，国号大金。政和六年，金军以摧枯拉朽之势攻陷辽的东京辽阳府。与此同时，辽朝境内爆发了多起农民起义，辽政权已经气息奄奄，朝不保夕。

岳飞正是诞生于这样纷乱动荡的历史环境中。岳家祖先从山东聊城移居到汤阴县后，数代务农。岳飞的曾祖父岳成、祖父岳立、父亲岳和，都以种田为生，属于平民阶层。岳飞出生时，岳和夫妻已近不惑之年，之前有过四个男孩，不幸都夭亡了，膝下只有一个五六岁大的女儿。在岳飞之后，姚氏还生了一个男孩，取名岳翻。一家数口仅靠岳和一人耕田过活。那个年月，官府赋税沉重，豪强任意侵占土地，再加上水灾、旱灾、蝗灾等自然灾害不断，在天灾人祸的双重打击下，农民的生活日益困苦，岳和一家的生活也只能勉强维持。

岳飞的家乡相州隶属河北西路，地理位置十分重要。宋代采用路—州—县三级地方行政区划体制。崇宁二年时全国共设23路，其中河北西路的辖区包括今河北省拒马河以南，高阳、饶阳、滏阳河以西及河南省黄河以北的地区，北邻辽界，南接北宋都城东京开封府。显而易见，相州位于源远流长的中华文明核心之地，又是北方劲敌屡次南侵的战略要道，浓厚的忠义文化与强烈的忧患意识给岳飞烙下了铭刻一生的印记。

第二节　文武全器出少年

俗语说，三岁看大，七岁看老。一个人成年后的品格、风貌、表现，在他幼年时候便有迹可寻。岳飞出身于农民家庭，为人“单纯、质直、坚定、强项”，“一念所至，勇往直前”[①]。投身行伍后，他从普通士兵成长为号令万众的统帅，只用了不到十年的时间，是一个迅速成长的军事家；他深受儒家思想的熏陶，正己治军，律己待人，仁心爱物，是一个宽严得道的大丈夫；他为抗金事业奉献一生，尽忠报国，可歌可泣，是一个忠贞不渝的爱国者。[②]后人对岳飞的评价一言以蔽之：“文武全器，仁智并施”[③]。专家评论，岳飞的才能、品格和风骨堪称“古代武将的典范”，怎奈不容于世，成为“专制腐败政治的典型牺牲品”[④]。岳飞的功名、岳飞的悲剧都可以从他少年时期开始寻觅踪迹，从

① 邓广铭. 岳飞传[M]. 商务印书馆，2015.

② 杨果、赵冶乐：《拨云见日 激浊扬清——评王曾瑜先生〈尽忠报国：岳飞新传〉》，载龚延明、岳朝军主编《岳飞研究论文集汇编》2013年版，第937–939页。

③ 《宋史》卷三六五《岳飞传》，转引自杨果、赵冶乐：《拨云见日 激浊扬清——评王曾瑜先生〈尽忠报国：岳飞新传〉》，载龚延明、岳朝军主编《岳飞研究论文集汇编》2013年版，第938页。

④ 王曾瑜. 尽忠报国——岳飞新传[M]. 北京：中国书籍出版社，2016.

他“读过的书，走过的路，遇见的人”中找寻线索。

史载，岳飞的先祖中既有读书人，也有习武之人，由此可以推断，岳家有习文尚武之风。[①]虽然尚无史料证明岳飞的父母文化程度如何，但是有许多史料可以说明，岳和与姚氏浸淫民间忠义文化，都是淳朴善良、深明大义之人。

据岳飞之孙岳珂所编《鄂国金佗粹编》记载，河北西路一带屡遭荒年，许多饥民流离失所，沿路乞讨，倒毙路旁者甚众，一片凄惨景象。岳和见此情景，心中十分不忍，于是狠下心来“克扣”自家人的饭食来接济灾民。岳和吩咐妻子将几升米同一些蔬菜一道放在大锅里，熬成稀粥，分给家人早晚食用，且每餐只准吃到半饱。余下的稀粥，就被岳和招呼路上的饥民分食了。

一天晚上，岳飞大口吃完母亲端来的半碗稀粥，又可怜兮兮地央告她说，“娘，我还想吃，我饿！再给我盛一碗吧！”母亲叹了口气，爱怜地摸了摸岳飞的脑袋，没说话。岳飞见母亲不言语，转头问父亲，“爹，为什么要把咱家的粥分给别人吃，我还没吃饱！”父亲岳和笑答道“好孩子！忍着点，明早再吃。一天两顿粥，苦是苦了点，可是比起那些灾民，我们已经很幸福啦！人要懂得知足，还要晓得助人。你看那些灾民，他们也是人啊，不知已经饿了多少天了。尽可能帮帮他们，这是积德行善呐！”岳飞闻听，一时间仿佛明白了许多，眨动着眼睛，朝父亲重重地点了点头。

岳和乐善好施，从不计较私利。“人有侵其地以耕者，割而予之，无争意。有贷其财而弗偿者，折券弃之，无愠色。”[②]虽然如此一来，岳和自家的日子过得并不那么宽裕，但是，开阔的胸襟与非凡的气度使他赢得了乡民的敬重，也得到了长子岳飞的崇拜。岳飞曾暗下决心，等自己长大了，也要做父亲那样豪爽无私的人。

---

① 冯建林，周俊玲. 正说岳飞[M]. 北京：人民出版社，2012.

② [宋]岳珂编，王曾瑜校注. 鄂国金佗粹编·续编校注（上册）[M]. 北京：中华书局，1989.

在宋代的家族教育中，母教现象尤为突出。在母亲的训教下，子孙后代成才立世的事例颇多，比如“四岁而孤”、母教成才的文坛泰斗欧阳修，与岳飞同时代的宰相张浚，写就《家训笔录》的赵鼎等人。[①]岳母姚氏就是这样一位伟大的母亲，她的谆谆教诲，对岳飞超凡个性、脱俗品格与思想观念的形成影响至深。

姚氏温和娴静，家教良好。她希望长子岳飞将来能像丈夫那样做一个堂堂正正的男子汉，做一个“君子”，讲仁义、守信用、懂礼节、有智慧。为此，她时常将自己自小听闻的相关故事讲给岳飞听，比如，桃园三结义、白帝城托孤、曾子杀猪、孔融让梨、司马光砸缸、缇萦救父、弦高犒军……汤阴县地处燕赵之地，自古英雄豪杰辈出。岳母也常给岳飞讲那些民间广为流传的英雄故事，讲荆轲刺秦，讲武松打虎，讲张飞长坂坡退曹军……小故事蕴含大道理，岳母的这些教诲都如雨露般浸润了岳飞幼小的心田。

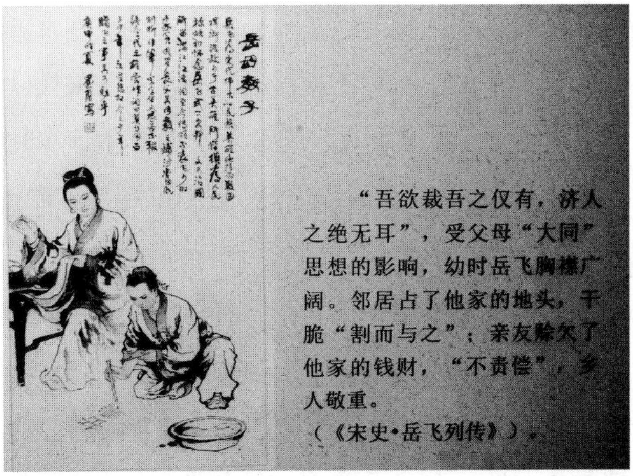

岳母教子图　周里程摄

① 安国楼. 从岳飞的素养看宋代的家族教育[D]河北大学学报（哲学社会科学版）2007（3）.

河北西路北邻辽地，是契丹人南犯的通道，百姓深受辽兵焚杀掠夺之痛，保家卫国的热情极高。姚氏虽是一位平凡的农村妇女，但也有一颗强烈的爱国心，她期盼儿子能够立下远大的志向和抱负，将来成为报效国家的栋梁。她给岳飞讲杨家将的故事，讲杨家几代人前仆后继镇守边疆、忠勇卫国。岳飞对这个故事尤为喜爱，常常听得心潮起伏，也开始憧憬自己横刀立马战场杀敌的那一天。

岳母对岳飞的教育可谓煞费苦心，“鞠育训导”、宽严相济。岳飞自小就对母亲敬爱非常。

在父母的言传身教下，少年岳飞的个性逐渐形成，他性情沉静、寡言少语，耿直倔强、宁折不弯。

岳飞出身农家，除了父母最初的家教，他在少年时期有没有受过系统、良好的文化教育？目前没有权威史籍可以说明这个问题。我们可以这样认为，岳飞出身贫苦，少年时代缺乏入学读书的条件，一切全凭自学，他的文化程度是在进入社会以后逐步提高的。也可以认为，虽然岳飞出身农家，但父亲岳和经常周济别人，家庭经济条件还不至于让孩子读不起书；宋代以文治国，教育发达，为平民子弟设有大量私塾、村塾、冬学等私学，岳飞少时可能接受过某种私学教育。不论事实究竟如何，无异议的是，岳飞少时天资聪颖，勤奋好学。

岳珂记载，祖父岳飞“天资敏悟强记，书传无所不读”[①]。《岳忠武王文集》载，“岳飞天资敏悟，幼读书强记。家贫，拾薪为烛，达旦不眠。”可知，岳飞少时就爱读书，对所读所学，不但能铭记不忘，而且能从中领悟出一些道理来。作为农家子弟，岳飞白天要跟随父亲下地干活。在劳动间歇，他或是捧书阅读，或是在泥地、沙地上练字。到了晚上，岳飞专心读书。遇到特别爱读的书，他甚至通宵不睡。为了节省灯油，岳飞从野外拾来干柴，点燃用以

① [宋]岳珂编，王曾瑜校注. 鄂国金佗粹编・续编校注（上册）[M]. 北京：中华书局.

照明。这种勤勉苦读的精神，堪比囊萤的车胤、映雪的孙康。

几年下来，岳飞读了一些书，其中不乏史书和兵书。《宋史·岳飞传》载，岳飞“家贫力学，尤好《左氏春秋》《孙吴兵法》。”《左氏春秋》即《左传》，是先秦学者解释儒家经典《春秋》的三传之一，重点记述历史。它倡导德义，推崇从成败中总结教训；赞扬霸业，尊崇中央王朝。岳飞从书中了解到等级秩序、宗法伦理及长幼尊卑之别等。《孙吴兵法》即《孙子兵法》和《吴子兵法》，岳飞不仅从书中学习了古代军事战略战术思想，还学习了“智、信、仁、勇、严”的为将之道。

通过坚持不懈的学习，岳飞不仅奠定了未来治军打仗初步的理论基础，而且有了儒家思想的底蕴，重义轻利的素质、忠君爱国的品格开始形成。在众多的历史人物中，他景仰崇拜的人很多，其中以关羽、张飞、诸葛亮和司马光等人为最爱。关羽、张飞勇武忠义；诸葛亮“开诚心，布公道”，鞠躬尽瘁死而后已，一生淡泊宁静；司马光倡导“修身、齐家、治国、平天下”“尽忠以事君”“德胜才谓之君子”……这些品质在成年后的岳飞言行中都有鲜明的体现。

年少的岳飞勤学文化，更爱练武。河北西路因地处宋辽边境，民间忧患意识强烈，民风尚武。岳飞是个练武的好苗子，从八九岁起就参加田间劳动，体质优良。尤为可叹的是，他天生神力。史载，岳飞“未冠，能引弓三百斤，腰弩八石”[①]。宋朝的1斤约等于现在的1.19市斤，300宋斤相当于现在的357市斤。宋朝的1石约等于现在的110斤，8石相当于现在的880斤。也就是说，岳飞未满二十岁时，双臂挽弓已有357斤的力量，腰部开弩已有880斤的力量。宋史专家王曾瑜先生认为，“按照宋朝军制，‘弓射一石五斗’，已算武艺超群，可当皇帝的近卫。北宋武士挽弓的最高纪录也只有三石，可知岳飞的挽弓能力已至

① [宋]岳珂编，王曾瑜校注. 鄂国金佗粹编·续编校注（上册）[M]. 北京：中华书局.

登峰造极的境地”[1]。

岳飞的外祖父姚大翁十分欣赏这个外孙，认为他天赋异禀，将来必成大器。岳飞11岁时，姚老先生出面请来本县知名枪手陈广，教授岳飞武艺。岳飞虚心求教，刻苦用功。经过一段时间的训练，岳飞枪法出师了，而且比师傅陈广更胜一筹，一时打遍全县无敌手。

岳飞十几岁时，曾向同乡周侗老先生学习射箭。据说，周侗是宋代著名武师，精通拳法和射箭技艺，玉麒麟卢俊义和豹子头林冲都曾拜他为师，武松和鲁智深也曾得到过他的指点。一日，周侗表演射箭，一连三箭，统统正中靶心。他让弟子岳飞也来试试，岳飞说了声“是”，上前引弓放箭。岳飞连放两箭，接连命中师傅的箭筈。周侗非常高兴，没想到岳飞的进步如此之快。随后，他将两张自己珍藏多年的良弓赠予岳飞，还一点一滴地对他倾囊相授自己的射箭技法。岳飞不分寒暑，刻苦训练，终于学有所成，能够左右开弓，百步穿杨。

不久，周侗去世，岳飞伤心至极，每月必往师傅坟上祭奠两回。为了置办祭奠所需的酒肉，岳飞瞒着父母典当了自己的衣服。时日一长，岳和发现儿子的衣服一件件不知去向，追问无果，便悄悄留意，尾随岳飞上坟终于知晓了秘密。岳和百感交集，同儿子恳谈了一番。岳飞向父亲吐露心迹，他说，“师傅不仅传授射箭技法给我，还教我做人的道理。他常说好男儿志在四方，鼓励我将来为国效力，出人头地。”岳和听了点了点头，试探岳飞说：“你能有如此志向，为父深感欣慰！只是凡事说来容易做来难，何况我们一介平民，想要以身报国恐怕更要难上加难啊！”岳飞正色回答：“虽九死而不悔！”岳和抚须微笑，他知道自己对这个长子可以放心了。

重合元年，岳飞到了成家的年纪。岳和夫妻做主，让他娶了一位刘姓女

---

① 王曾瑜. 尽忠报国——岳飞新传[M]. 北京：中国书籍出版社.

子。一年后，岳飞的长子岳云[1]出生。一家人高兴之余又充满愁绪，由于天灾人祸，自家的土地已经很难供养一大家人的吃穿用度。对于岳飞来说，家已成，业却未立，与他的大丈夫志向相去甚远。为了养家糊口，也为了内心的报国理想，岳飞决定背井离乡去见识一下外面的广阔天地。

---

① 注：关于岳云是否是岳飞亲生儿子的争议，本书采信他是岳飞的亲生儿子一说。虽然《宋史》记载岳云为岳飞养子，但它主要依据的是岳飞之孙岳霖之子岳珂写的《金佗粹编续编》。据《金佗粹编》卷一三《先兄甫等复官札》记载，绍兴三十二年，岳云妻巩氏上书宋廷时称岳云的两个儿子"并系枢密亲孙"。之所以出现"养子"之说，应是岳珂为长者讳之故。《三朝北盟会编》卷二〇七载："飞执兵权之日，遣侍臣王忠臣往楚州韩世忠军中下书，得回书，欲归。世忠嘱之曰：'传语岳宣抚，宣抚有结发之妻，见在此中，嫁作一拥押之妻，可差人来取'。忠臣回，密报飞以世忠语，飞不答。世忠上闻，飞奏言："履冰渡河之日，留臣妻侍老母，不期妻两经重嫁，臣切骨恨之。已差人送钱五百贯，以助其不足。恐天下不知其由也。'上令报行"。由此可见，岳飞对第一位夫人刘氏的重嫁（确切地说是私奔）是极其恼恨的，自不愿为人所知。岳珂为了掩盖这段"家丑"，故在其写的书中不提刘氏，而只记载后来岳飞在宜兴娶的李氏。可以认为，岳飞五子——云、雷、霖、震、霆中，自霖开始，都为李氏生养，而岳云和岳雷则是刘氏所生。

第三节 初入行伍谋生计

在传统社会正常秩序下，一个农家子弟，若非通过科举入仕，基本只能在社会底层打拼。岳飞自幼跟随父亲在田间劳作，也能扶犁握锄。不过，他有文化，会武艺，不是一般的农夫。那么十七八岁的岳飞离家后能从事什么营生呢？是务农，还是从军，抑或其他职业？据史料记载，岳飞初次离家不是去从军，而是做佃客。

宋代实行募兵制，招募职业军人，军士们由朝廷供给钱粮衣物，可以携妻带子在军营居住。显然，从军是谋生的一条出路。既然岳飞年少好武，拜师学艺，小有所成，也曾立下报国之志，为何他的第一选择不是投身行伍？其实，这是社会大环境使然。

唐代人有投笔从戎的壮志雄心，“宁为百夫长，胜作一书生”。宋代完全是另外一番景象，“做人莫做军”，当兵被视为卑贱职业，不到走投无路，没有人愿意从军。社会风气是朝廷政治生态的一面镜子。宋初最高统治者猜忌武将、防范武将，定下崇文抑武、以文制武的“祖宗之法”，因此催生了重文轻武的社会风气。

在官场上，科举出身者比非科举出身者地位更高，文臣比武将地位更高。武将就是降等也愿改为文官，将军们功勋再高也难与文臣比肩。时人议论，一个状元及第比武将收复了幽蓟十六州还要荣耀。中国历史上第一次不再以疆场立功为荣。初离家园外出谋生的岳飞或许正是在这种社会风气的影响下，没有选择当兵这个“卑贱”的职业，而是做了务农的本行——往邻县安阳给韩魏公家做佃户。①

韩魏公何许人也？他是北宋仁宗、英宗、神宗三朝宰相韩琦，其长子韩忠彦在宋徽宗初年也做过宰相，韩琦及其长孙、长曾孙曾先后出任相州知州。韩家是相州的名门望族，富贵之家。古谚云，富贵不归故乡，如锦衣夜行。为炫耀自己荣归故里，韩琦在安阳县修建了富丽堂皇的厅堂，取名昼锦堂。后来，长孙韩治仿效，建荣归堂，长曾孙韩肖胄又建荣事堂，韩府由此形成规模宏伟的深宅大院。韩肖胄任相州知州，大约在宣和二年到宣和四年，恰在此间，岳飞自汤阴县来到韩府做佃客。

同其他佃客一样，岳飞租种韩家的土地，不论寒暑，披星戴月，耕作不息，收获后向韩家缴纳谷物等实物地租。虽是勤劳若此，但是岳飞的生活依然拮据。同时，作为佃客，社会地位十分低微，如果不是后来发生的一件事，他的生活与那些拥有“五花马，千金裘”的韩氏子弟几乎不会发生任何交集。

那是一个春天的早晨，一阵喧腾的马嘶夹杂着啸叫的人声响起，打破了乡村的宁静，数百名强盗包围了韩府宅院，为首的正是恶名远播的匪首张超。张超坐在马上，对着紧闭的院门大声叫嚷，威胁着要冲进来抢掠财物。韩府的人丁遭遇这么多悍匪的围困，一个个惊恐万状、不知所措。兼职看管宅院的岳飞稳了稳心神，携带弓箭，跳上院墙，趁匪徒们不留意，拉弓放箭。这一箭说时

① 岳珂避讳祖父当佃客的经历，在《鄂王行实编年》中未有记载。据徐梦莘《三朝北盟会编》卷二百零七《岳侯传》载：“侯名飞，字鹏举，相州人也。少为韩魏公家庄客，耕种为生”；卷二百零八《林泉野记》载：“飞，相州人，为韩魏王家佃户”。另有黎靖德编《朱子语类》卷一百三十二载：“岳太尉飞本是韩魏公家佃客，每见韩家子弟必拜”。参见冯建林、周俊玲：《正说岳飞》，人民出版社2012年版，第25页。

迟那时快，“噗”的一声正中张超的咽喉，张超立时栽下马来，一命呜呼。张超一死，群盗哗然，匪徒们被岳飞的气势震慑，不敢上前，仓皇间携了张超的尸体奔逃而去。韩府安全了。

一个名叫岳飞的佃客一箭射死匪首、斥退数百强盗的消息迅速传遍了韩府上下。韩肖胄听了下人的禀报后，点了点头，只道了句：“很好。”韩家子弟闻听，却对岳飞产生了好奇心。他们去找岳飞，发现这个十八九岁的青年，虽然出身农家，却读过书，练过武，进退有度，举止有礼，不禁对他多了几分好感和交往的兴趣，岳飞也便多了些在韩府内走动、与韩氏子弟接触的机会。

韩府毕竟是世家府邸，规矩严格，秩序井井有条；家学渊源，文化厚重，一景一物皆见品位。岳飞身在其中，深受影响，不仅耳濡目染了许多传统道德观念、伦理规范，而且道听途说了不少时事要闻、朝野轶事。潜移默化之下，岳飞的文化水平有所提高，思想观念更是发生了重大变化，他思考问题的立场不再是一个单纯的农民，而是开始向士人靠拢了。

时光飞逝，如白驹过隙。岳飞虽然帮助主人家渡过了危机，却无法从根本上改变自己困窘的处境。他时常想起自己曾经夜夜燃薪苦读、日日挽弓勤练，想起自己景仰的那些豪杰人物，想起自己少年立下的报国之志，难道人生就要像现在这样碌碌无为地度过吗？与其在此地消磨光阴，不如回乡另觅出路。思前想后，岳飞决定离开韩府，返回汤阴。

岳飞在韩府做佃客时，正值宋朝境内外风起云涌之时，一面是各地此起彼伏的农民起义，一面是辽金之间的相互厮杀。眼看着金兵以摧枯拉朽之势进攻辽朝，辽政权日薄西山，北宋朝廷开始做起了美梦，期待联金灭辽，借机收复幽蓟十六州。

宣和二年三月，北宋派遣使者赵良嗣等人从登州渡海至辽东，晋见正率军攻占辽上京临潢府的金太祖。宋金双方约定：宋金联合攻辽，金军攻取辽中京大定府，宋军攻取辽南京析津府。之后，幽蓟归宋。宋朝将此前每年进贡给辽的岁币，如数改向金进贡。宋金的约定，史称“海上盟约”。

盟约订立后，宋廷却忙于镇压方腊起义，无暇出兵攻打析津府。金军却在战场上势如破竹，于宣和三年冬及次年三月先后攻占辽中京大定府、西京大同府。如此一来，辽的五个都城中唯独析津府未被攻陷。

在金的再三催促下，宋廷于宣和四年五月出兵征辽。宋徽宗任命领枢密院事童贯为河北、河东宣抚使，领兵10万北上。不料，宋军在宋辽界河（拒马河）南岸遭到辽守军耶律大石部众的突袭，宋军大败。

同年九月，宋金互派使节约期攻辽。十月，在童贯的统率下，宋军再次攻打析津府。这一次，宋军顺利渡过界河及卢沟河，攻入了析津府内。令人扼腕的是，原定增援的宋将临阵怯敌，导致攻入城中的宋军未能取胜，领军将官有的战死，有的弃城逃出。驻扎卢沟河南岸大本营的将领刘延庆担心辽兵乘胜追击，匆忙之中烧营夜遁。宋军第二次进攻就这样败北。这两次失利后，童贯邀请金军攻打析津府。金军占领析津府，辽的五京全部易主，辽政权气数已尽。次年，宋廷沽名钓誉，高价买回析津府等几座空城。

就在宋军二次进攻前后，也就是宣和三年，河北西路首府真定府新上任一位进士出身的知府，名叫刘韐。在得知宋军再次失利的消息后，考虑到真定府临近析津府，为防辽军借机南侵，刘韐当机立断，下令临时招募一批军士，充当“敢战士”，以备抵御辽军。

官府招募“敢战士”的文告贴到了相州汤阴县城。岳飞此时正在家中为前途忧心，看到榜文后，心有所动，回家与父母家人商量。在家人面前，岳飞先表明了态度，既然务农的路走不通，从军是眼下一种不错的选择，既可谋生计，又可报国家。更何况自己习武多年，正是为了有朝一日可以战场杀敌、保家卫国。岳和听后，沉默良久，他说：“从军固然是一条谋生之路，但是，我朝历来有‘做人莫做军’之说，从军后的前途能比佃客好到哪儿去？你从军前可一定要想清楚！”岳飞看着父亲，意志坚定地说：“我已经考虑了很长时间，我愿意一试。”母亲见岳飞心意已决，没有多加劝阻，只是鼓励他安心投军，为国尽忠，无须记挂家中琐事。于是，岳飞辞别家人，北上真定府投军，迈出了军旅生涯的第一步。

这一天，岳飞同其他“敢战士”应募者一起接受知府检阅。一想到穿上军衣、吃上军粮后很快可以痛击辽军、立功沙场，他就难以抑制激动的心情。当岳飞满怀期待地畅想未来时，知府刘韐已经注意到他。青年岳飞目若朗星，身材魁伟，生就武人气概，站在一班应募者中鹤立鸡群。刘韐召岳飞到近前问话，问他哪里人氏，家中何业，年纪几何，是否练过武，读过什么书。岳飞一一作答，最后还引用诸葛亮《后出师表》中的一句话向知府表了决心——愿为保家卫国，“鞠躬尽瘁死而后已！”刘韐听后捻须微笑表示赞许，心中却是万分称奇，感喟岳飞年纪轻轻谈吐不俗、抱负不浅，不但读过兵书，而且有许国之志。刘韐毫不犹豫地给岳飞安排了一个小队长的差事。

后来，虽然辽军没有侵宋，但是这支“敢战士”武装仍被刘韐派上了用场。《鄂王行实编年》记载，当时相州有一伙匪徒，匪首陶俊、贾进。这伙人烧杀抢掠，无恶不作，官兵也奈何不了他们。岳飞自告奋勇，请命剿匪，为家乡百姓造福。于是，刘韐派遣岳飞率领步兵和骑兵共200人，返回相州。

行军途中，岳飞派下属先行前往相州搜集情报，综合各种信息后制订作战计划。岳飞先安排30名兵士乔装改扮成商人的模样，推车拉货，进入匪徒的地盘。意料之中，陶俊、贾进将这30个“商人”掳走，编入了匪军。到了夜晚，岳飞又命令100兵士在山下埋伏。天明之后，岳飞亲率数十名骑兵到匪巢前叫阵。陶俊和贾进见官兵不过数十人，立马率众出战。陶俊高坐在马上，轻蔑地看着横枪立马的岳飞，想到以往数百官兵都在自己面前不堪一击，何况眼前这区区数十人，于是谩骂着下令进攻。岳飞佯装不敌，向山下败逃，陶俊率众匪徒乘势追击。当匪徒步入岳飞的伏击圈后，埋伏的100兵士突然冲杀了出来，混入匪军的30名兵士也乘机里应外合，活捉了匪首陶俊、贾进。匪徒们阵脚大乱，大部分束手就擒，余党溃散。为害相州多时的陶俊、贾进一伙匪寇就这样被岳飞一战而灭，岳飞的军事才能初露锋芒。

时任相州知州王靖上奏岳飞剿匪功绩，力荐岳飞为承信郎（从九品）。没想到，朝廷的任命书还没颁下，岳飞就得到父亲去世的噩耗。他哀痛至极，匆忙奔回汤阴，执孝子礼为父亲送终。后来，朝廷因故下令裁撤临时征召的非正规军，“敢战士”被解散，岳飞的第一次从军经历就此结束。

第四节　二次应募战河东

自宣和四年冬开始，岳飞遵照礼法为父守丧。[①]父亲去世后，生活更加艰难。守丧结束，岳飞就去附近一个集市当了一名“游徼”。[②]宋朝的集市是仅次于镇的小工商业点，游徼类似于今天的巡警，负责巡察缉捕，维护治安。岳飞并不喜欢这份工作，常常借酒消愁，一日酗酒滋事，丢了这份差事。

父亲已逝，自己的工作又没着落，以后的路应该怎么走？岳飞静下心来检视自己四五年来的谋生经历，务过农，参过军，当过“巡警”。在这三种职业中，务农肯定不是最好的选择，游徼终日管理鸡鸣狗盗之事，也难以施展抱负，唯有当兵，虽然地位暂时低了些，但为朝廷做事，总会有出头之日。“学成文武艺，货与帝王家”，这是那个时代有志青年的不二选择，岳飞也不例外。而且，在充任“敢战士”的短短时间里，岳飞已经感到，国家四边不宁，唯有戎装在身，奋勇杀敌，才能保家卫国。恰在这时，机会来了。

宣和六年夏秋之际，河北、京东、两浙等路发生水灾，百姓外出逃难，流离失所。史载，赵匡胤曾言：“方凶年饥岁，有叛民而无叛兵”，“不收为

① 按照中国古代的礼法，父母去世后，儿子应守孝三年，但实际上无须满三十六个月。

② 《建炎以来系年要录》卷八记载：（岳飞）“尝为人佣耕，去为市游徼，使酒不检”。

兵，则恐为盗”。[①]因此，宋廷一直有灾年招兵的惯例。凡遇有水旱之灾的年份和地区，政府就在当地大量招募灾民入伍当兵，供其衣食，以免他们集聚于山林川泽之中，成为反抗政府的力量。这年冬天，岳飞再次入伍。

与上次应募“敢战士”不同，这次是朝廷正式招募，又叫“招刺”。应募者得先量身高，而后跑跳，还要骑马，最后查验视力。通过以上一系列检查后，应募者就被刺字面部标记身份，配发衣服、鞋子和钱币等。岳飞不甘心面部被刺受人歧视，于是在应募时施展出超群的武艺，得以录用为禁军（正规军）的高级军士——“效用士”，仅在手背处刺字。

二次投军后，岳飞成了一名骑兵，在河东路平定军驻扎。河东路首府是太原府，统辖恒山以南、除涑水河流域以外的今山西全省和陕西府谷、神木、佳县。根据宋制，军士家属可以居住军营，岳飞便将妻子刘氏和儿子岳云也接到了军营。由于表现突出，岳飞很快被提拔为“偏校”，由一名高级军士迅速升职为一名低级武官。

从宣和六年冬天到宣和七年，岳飞在平定军军营度过了近一年相对安稳的时光。这段时间，岳飞将主要精力用于操练军士、习练武艺，此外还坚持学习文化、研究兵法。读书越多，岳飞的志向更明确，他曾对人说：“使飞得与诸将齿，不在偏校之列，而进退禀命于朝，何功名不立，一死焉足靳哉！要使后世书策中知有岳飞之名，与关、张辈功烈相仿佛耳！”[②]这种入世的理想决定了岳飞不甘久居人下，他渴望成长为统率雄狮劲旅的将军，直接受任于朝廷，挥师征战，成为像关羽、张飞那样的英雄人物。虽然这种理想仍然带有一定的功利色彩，但与同时代的绝大多数军人相比也是值得称道的。北宋末年，腐败的风气也传染到军营，堂堂正规军军纪废弛，军事训练形同虚设，兵士们的军事

① 邓广铭. 宋史十讲[M]. 北京：中华书局，2008，P77、P91。

② 《岳忠武王文集》卷六。

素质极差，才会出现连辽军的残兵败将也打不过的现象。就文化水平而言，绝大多数兵士都是大老粗，斗大的字不识几个，即使是将官，“不通文墨”也很寻常。岳飞身处军营，将所有的污浊与败坏看在眼里，忧在心中。在个性与理想的驱使下，他没有随波逐流，而是坚持自我，逆流而上。因此，他在军营中的表现可谓特立独行，卓尔不群。

平静的生活没有维系多久，金人在完成了攻辽目标之后，终于撕去伪善的面具，向宋朝露出了尖嘴獠牙。金人南犯其实早已不可避免。一方面，中原繁华富丽的城市与丰盛富饶的物产早就令塞外以游牧渔猎为生的金人垂涎三尺；另一方面，宋军敌不过辽军的残兵剩勇，两次攻燕失利，过后又花费高昂的价格买回几座被金人席卷一空的城市，这些行为早已暴露北宋政权的昏庸无能。在金朝统治者看来，宋朝江山恰似一只待宰的肥羊，而他们自己则是手握利刃的屠夫。

宣和七年，金朝抓获辽朝的末代皇帝后，很快掉转矛头，挥师南下。11月，金军右副元帅完颜宗望率领东路军，自平州进逼开封，左副元帅完颜宗翰率领西路军，自云中府进犯太原。

金人磨刀霍霍之时，宋朝君臣还昏昏然沉浸在“收复”幽蓟的虚荣之中。对于金人的野心，徽宗、童贯、蔡京之流未有丝毫觉察，因此也没有提前做任何应战准备。

东路金兵很快包围了开封。宋徽宗闻讯，深感大难临头，绝望之际，他想弃城逃跑，却遭到给事中吴敏的坚决反对，他向宋徽宗推荐了太常少卿李纲。在李纲等人的坚持下，为了笼络民心、激励士气，徽宗被迫传位给长子赵桓。赵桓即位，他就是北宋末代皇帝宋钦宗，尊宋徽宗为“太上皇”。第二年改元靖康。

建康元年正月初三，宋徽宗听说金兵已经渡过黄河，不顾劝阻，以“烧香”为名一路向南逃命。先后追随他一起逃跑的还有蔡攸（蔡京之子）、蔡京、童贯和殿前都指挥使高俅等宠臣。这些人平时一个个身居高位，颐指气使，而今外敌打过来，竟然连打都不打就率军队出逃。消息传出，朝野震动，愤怒的人们纷纷上书揭露他们的罪行，太学生陈东等人更是直接奏请斩首“六贼”，并“传首四方，以谢天下”。重重压力之下，宋钦宗只好先后罢免“六贼”，或赐死或流放，长期弥漫投降、绝望气息的朝政因此焕发出一丝新的生机。

然而，宋钦宗骨子里同样是懦弱无能的。虽然他在李纲等主战派的劝告下勉强没有逃离京城，却着急与金人议和，同意割让太原府、中山府、河间府三镇以北的土地，并进献大量金银。东路金兵统帅完颜宗望看到在李纲的主持下，宋朝军民保卫京都斗志昂扬，勤王军队也日益增多，担心自己孤军深入，被切断退路，遂借此机会同意了钦宗的求和，于2月北撤。

西路金兵在太原城下，遭到河东军民英勇抵抗，久攻不下。3月到8月，宋廷先后两次共组织五路兵马前往太原救援，可惜都被完颜宗翰各个击破。岳飞的驻地地处河东抗金前沿，岳飞也曾参与太原守卫战的外围作战。6月，为了给第二次救援太原做准备，一个姓季的团练使、路分都监听说岳飞智勇双全，就分派给他一个极为危险的任务，命令他率100多名骑兵，前往寿阳、榆次两县刺探敌情。

在行军途中，岳飞所部突然遭遇一支金军，敌众我寡，实力悬殊，宋兵都有些惊慌失措。岳飞却毫无惧色，单枪匹马冲入敌阵，四入四出，所向披靡，杀死金兵数人。乘金军乱了阵脚之际，岳飞带领手下奋力厮杀，突围而去。金军摄于岳飞神勇，不敢追击。当晚，岳飞乔装改扮成金兵的模样，深入敌营侦察军情。遇到巡逻的金兵喝问，岳飞就学说些金兵的话来应付，竟然没被识破。赶在天明之前，岳飞走遍了营寨，摸清了所驻敌军的实力、部署，这才返回复命。“硬探”任务出色完成后，岳飞得到嘉奖，被擢升为一个未入品的小武官。

太原军民虽然拼死坚守了250多天，怎奈敌人过于强大，最后将士们弹尽粮绝，居民们饿死城内。9月，太原城陷落。西路金军随即出兵平定军。令完颜宗望始料不及的是，一座小小的平定军城，竟然令金军伤亡惨重。直到东路金军前往支援，这才攻陷平定军城。

岳飞当仁不让参加了平定军守卫战，虽经拼死战斗，却改变不了战败的结局。宋军溃散时，岳飞不小心丢失了身份证明，他找不到部队又担心被当作流民，只好带着妻子刘氏、长子岳云和出生仅数月的次子岳雷，再次返回故乡汤阴。

太原保卫战失败基本决定了北宋王朝倾覆的命运。太原失守后，西路金军得以南下与东路金军会师，围攻宋都开封。由于北宋所谓精锐陕西主力军在太原守卫战中消耗过大，因此开封陷落几无悬念。北宋王朝斜阳夕照，气数将尽。

第二章

投军抗金　初露峥嵘

建康元年，北宋已经走到了灭亡的前夜。金军为了麻痹宋朝的君臣，一面佯装议和退兵，一面继续攻城夺地，迫使宋朝步步屈服。徽、钦二帝对金人一味卑躬屈膝，只知跪求和议，却不料妥协投降最终换来的竟是生不如死的“阶下囚”命运。沧海横流方显英雄本色，一大批忠君爱国之士在国难之时挺身而出，形成了浩浩荡荡的抗金洪流。岳飞也在此时第三次投军从戎，奋勇杀敌，犹如一把利刃在抗金战场上开始闪烁耀眼的光芒。

第一节　铁蹄惊破山河梦

建康元年闰十一月初二，完颜宗翰于东路、完颜宗望于西路两军再度集结于开封城下，开封又一次被围，作战形势比第一次更为凶险。开封城内的守卫军队已经不满7万人，各部队由于接到主和派将领耿南仲、唐恪不能擅自行动的命令，都留在原地裹足不前。郭京向钦宗保证自己手下有六甲神兵，足以战胜金军，生擒金军统帅，于是钦宗命郭京速率军队出征。没想到这时的郭京却匆忙弃城而逃，金军就此占领了开封外城。

开封外城被攻下后，金军的统帅并没有立刻攻破城池，仅仅假装要退军并要求谈判议和，并布兵占据了外城。宋钦宗在这一刻天真地相信了金军的议和，命何栗和齐王赵栩到金营乞和。同时，宗翰“邀请”宋徽宗来金军大营。宋徽宗懦弱不愿前去，宋钦宗不得已，只得找到些许借口，自己代替其前去。

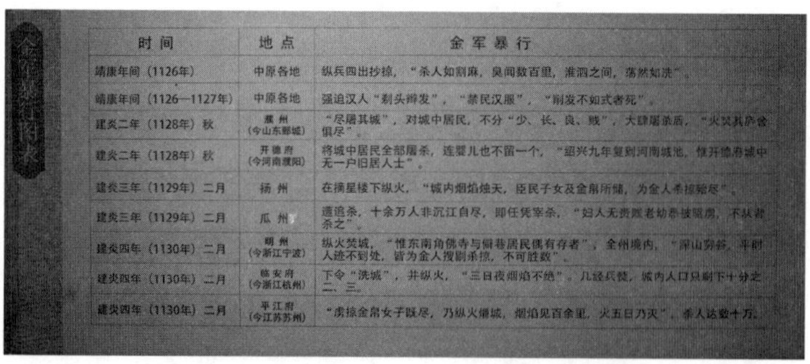

时间	地点	金军暴行
靖康年间（1126年）	中原各地	纵兵四出抄掠，“杀人如刈麻，臭闻数百里，淮泗之间，荡然如洗”。
靖康年间（1126—1127年）	中原各地	强迫汉人“剃头辫发”，“禁民汉服”，“削发不如式者死”。
建炎二年（1128年）秋	濮州（今山东鄄城）	“尽屠其城”，对城中居民，不分“少、长、良、贱”，大肆屠杀后，“火焚其庐舍俱尽”。
建炎二年（1128年）秋	开德府（今河南濮阳）	将城中居民全部屠杀，连婴儿也不留一个，“绍兴九年复到河南城池，惟开德府城中无一户旧居人士”。
建炎三年（1129年）二月	扬州	在摘星楼下纵火，“城内烟焰烛天，臣民子女及金帛所储，为金人杀掠殆尽”。
建炎三年（1129年）二月	瓜州	遭追杀，十余万人非沉江自尽，即任凭宰杀，“妇人无贵贱老幼悉被驱虏，不从者杀之”。
建炎四年（1130年）二月	明州（今浙江宁波）	纵火焚城，“惟东南角佛寺与僻巷居民偶有存者”，全州境内，“深山穷谷，平时人迹不到处，皆为金人搜剔杀掠，不可胜数”。
建炎四年（1130年）二月	临安府（今浙江杭州）	下令“洗城”，并纵火，“三日夜烟焰不绝”。几经兵燹，城内人口只剩下十分之二、三。
建炎四年（1130年）二月	平江府（今江苏苏州）	“虏掠金帛女子既尽，乃纵火燔城，烟焰见百余里，火五日乃灭”，杀人达数十万。

金军屡次南侵暴行 周里程摄

闰十一月三十日凌晨，宋钦宗率众人赶往金营，没想到这正落入金人的陷阱。到了金军大营，金军并不安排与他见面谈判，只是到宋钦宗的住所索要投降书，宋钦宗出于懦弱，忙令手下写好降表呈上。投降书大意是愿意与金议和，并称臣，同时卑躬屈膝地乞求金的宽恕。最后的结果是，宋钦宗在无奈之下被逼降招做了金朝的臣子，割让河北河东地区，在金营受尽凌辱，悲痛万分，整日以泪洗面。

就在大宋举国哀痛之时，金人又向宋钦宗索要大量金银绢帛和民女，索要1000万锭金，2000万锭银，1000万匹帛，[①]企图以此让北宋屈服，宋钦宗也很犹豫。一方面他知道自己无法满足金人如此大数额的金银，另一方面，他也唯恐自己被朝内外以及百姓指责为历史罪人。可是，宋钦宗只能一再忍辱屈从，搜刮百姓，抢夺商贾权贵的财物以满足金人的种种要求。

宋钦宗深感国库不敷，遂令富商和权贵出资充军。所谓出资，其实就是抢夺，任何人不得反抗，就连郑皇后娘家人也未能幸免。尽管这样，索要金银数额仍不足，人民被逼自杀者甚众，当时城内十分萧条。同时下令上交马匹、布帛等，开封府实施嘉奖检举，凡是举报家内私藏马匹者奖励银两，这才得以搜出7000多匹，马匹在京城顿时为之一空，上朝时官僚竟有徒步者。

金人又与宋索要1500名少女，宋钦宗丝毫不敢怠慢，实在凑不齐数目，他便把自己的妃嫔送去抵数，当时很多女子不甘忍受这样的屈辱，纷纷自尽。

然而，这些妥协还无法让金人满足，金扬言再次攻宋，并要求钦宗再次到金营去商谈。已经吓破胆的钦宗还未完全从上次的屈辱中恢复过来，新的恐惧又袭上心头。这次恐怕是凶多吉少。宋钦宗仍然不敢贸然违反金人的旨意，于是再次赴金营。

宋钦宗再一次到金营后，蒙受前所未有的冷落，金军两统帅把他安排到兵营的小屋里。小屋内部陈设极其简陋，条件极其恶劣，宋钦宗在金营中受尽了折磨。

---

① 《金史·食货志》。

这时，宋廷闻讯，假如谈和所需的银两和布帛等没有如数上交，那么宋钦宗便会被长期囚禁，于是再次加大搜刮力度。开封府派官兵直接私闯民宅，强行搜刮百姓的银两，横行霸道，肆无忌惮。又因为有检举机制，要求百姓各家互相监督，有隐瞒资产者，告发有奖。当时就连佛僧、娼妓等人，也在搜刮范围之内。到正月下旬，开封府最终收集到的银两和珍宝距离金人索要的数量差距还是很大。[①]自打宋钦宗前往金营后，开封民不聊生，百姓已经无以果腹，将树叶野草、猫犬吃尽后，就割死亡的尸体为食，再加上当时瘟疫不断蔓延，饿死、病死者不可计数。

建康二年，金国皇帝下诏，令赵佶、赵桓脱去龙袍，贬为臣民。随后，宋徽宗等人被迫前往金营。这就是历史上著名的“靖康之难”。

建康二年，“自青城国相寨起程，四月二十七日抵燕山”。[②]金军所到之处鸡犬不留，烧杀抢夺无恶不作，摧毁人民房屋，烧掉农民耕种的作物，田野荒芜，破瓦残垣，当时北宋都城开封，城镇村庄都被摧毁。在都城的其他一些地方，几百里不见人烟，只能闻到烟火和尸臭味，在当时落后的医疗条件和救护条件下，尸体腐烂后得不到及时处理，细菌滋生，瘟疫蔓延，导致大量人口死于瘟疫。

最不堪忍受的还是金人强迫汉人男子剪发。古训日：身体发肤，受之父母。自己身体的每一部分都是父母所赠予的，剃发对于古代男子来说，是一种身体和精神信仰的双重惩罚，不仅是对父母意愿的违背，还是改祖易宗，对民族传统的抛弃。这一切都极大地激发了民族矛盾，引发中原人民的极端愤慨。奴隶制对于中原文明，是历史上的倒行逆施，打破了中原人民原本安定的生活，在求生无路的情况之下，他们纷纷武装起来，反抗金人的侵略，保卫祖国和家园。

---

① 《会编》卷40《食货志》。

② 《会编·燕云录》。

第二节　尽忠报国三从戎

岳飞回乡途中目睹了国破家亡、山河破碎的景象，金人的铁蹄所践踏过的每一寸土地都在他的心中留下深深烙印，他暗自立誓要用自己的身躯为国效力，救人民于水深火热之中。但他回到家乡看到自己多年牵挂的老母亲，内心还是矛盾的，自古忠孝不能两全，家中老母妻儿尚无人照应，徒有一腔救国赤诚之心也无路可循。就在这时，岳母似乎看出了岳飞的心事，便深明大义劝说岳飞尽管去报国从戎，并请人在他的身后刺下“尽忠报国”四个大字，后因康王赵构授予“精忠岳飞”四字，后人在传说中偷换了字眼，所以我们现在看到的很多版本都是“精忠报国”，这属于误传。但岳母对于岳飞投身报国的期待和器重是丝毫没有误差的。于是，岳飞决定留下妻子去照顾年过六十

岳母刺字像 周里程摄

的老母，义勇报国，用自己的一生践行着母亲的嘱托。“尽忠报国”也成为后人口口相传的民族誓言，时刻都激励着历代中国人。

深重的民族压迫，引起汉人的激烈抵抗。这时，一些著名的农民武装力量，如五马山赛、红巾军、梁山泊水军等，由反抗赵宋王朝封建统治的，转为主动袭击、拦阻金军。在抗金将领率领下，他们改用了宋的年号，或者打起宋的大旗，更有爱国忠义将士，直接参与到宋军的队伍中。

在围城里的宋钦宗听到这些义士准备反击的消息之后，并没有被他们的爱国之情感动，相反，首先想到的是这些忠胆豪杰如此英勇团结，如果真的击退了金人的浩浩大军，那么接下来会不会威胁到自己的统治。所以，抵抗金军的主力绝对不能是他们，必须要靠自己人。于是，他想到了赵构。

赵构是宋钦宗的九弟，他的母亲是宋徽宗的韦贤妃。韦贤妃原来只是一名宫女，既没有倾城的美貌，也没有过人的天资，只是机缘巧合生下了赵构，所以并不受宋徽宗的恩宠。由于韦贤妃身份低微，宫里的嫔妃并不愿意与她多来往，这些嫔妃的孩子自然也就不愿意多接触赵构。然而，赵构自幼有个特长，就是他的力气非常大，能拉开一石五斗的强弓，两只胳膊各能举起110斤的东西。但对于痴迷书画艺术的宋徽宗来说，赵构的这项特长实在是入不了他的法眼。一个出身卑微的母亲，一个视他可有可无的父亲，一群歧视他的兄弟姐妹，这样的环境下成长起来的赵构形成了自私懦弱的性格。

但大敌当前，身在外地的赵构反而成了京城里赵氏皇族的救命稻草。宋钦宗赵桓派人从被围的开封秘密越城而出，给赵构送去一封蜡书密信，任命他为河北兵马大元帅，要他把河北、河东等地的政府军队以及忠义之士，都聚集在他的统领下，然后前往开封实施救援。信中还指定宗泽和汪伯彦二人充副元帅，当时的宗泽为原磁州知州，汪伯彦为原相州知州。

靖康元年十二月初一，赵构在相州开设了兵马大元帅府，就任大元帅。大元帅府很快就聚集了上万军兵，由枢密院官刘浩在相州所招募的义士、大名府救河东之兵、信德府勤王之兵以及从真定、辽州等溃败于各处的散兵凑成。岳飞投奔了刘浩在相州招募的勤王之师，这一次投军再从戎，是真正意义上的爱国义举。

刘浩命岳飞率1000名骑兵前去招安附近的一股强盗，强盗的首领名叫吉倩。岳飞在充分分析敌军的作战形势下。安顿好自己的部队后，岳飞亲自率4名骑兵，他们贴紧马背，冲进了吉倩的大营。吉倩部队未曾想到腹背受敌，惊魂未定的情况下，岳飞和吉倩厮杀起来，岳飞使用长枪，吉倩手持铜锤，两人气势都不同凡响，几个回合之后，岳飞摸清楚吉倩的锤法路数，岳飞几次都可以轻取吉倩的性命，但没有下手，吉倩也数度感受到岳飞的手下留情。这时岳飞大声喊话："金人攻我大宋，你们不爱国举义以立功名，反以抢劫苟活，不成道理，今我以大元帅之命，招纳你们，快跟我们一道前去打金人，一可解国家之难，救百姓于水火，二可转祸为福，这才是正道！"钦佩加上感激，吉倩终于弃锤认输，并且带领了380个兄弟归顺岳飞，这380名壮士后来成为岳家军的基本人马。岳飞升为从九品承信郎。

然而，此时的北宋已是危难当头，宋钦宗再一次向赵构紧急求援。赵构胆小懦弱，怎敢星夜去救援开封？为确定下一步计划，他派兵四处侦察敌情。

刘浩命身在前军中的岳飞率300余铁骑前往李固渡（治元城、大名）魏县[①]试探敌兵实力。岳飞于半路在侍御林遭遇金兵突袭，岳飞杀死敌将，击败金军。[②]岳飞由此升寄理保义郎。

随后，岳飞又跟随刘浩解除了东京之围，跟敌兵在滑州相抗衡，岳飞亲率

---

① 宋时李固渡有两处，一在大名府，一在滑州，大名府的李固渡因金军在此渡黄河筑有"贼寨"，分别见《会编》卷六十三，卷七十二。

② 《鄂王行实编年》：由是（引注：招降吉倩之事）受知于大元帅，补承信郎，分铁骑三百，使先臣往李固渡当虏军。战于侍御林，败之，杀其枭将。转成忠郎，以曾大父（引注：岳成）讳，寄理保义郎。

100名士兵在黄河边操练，未想却遇到了突然袭击的敌军，岳飞镇定自若，指挥手下说："敌虽众，未知吾虚实，当及其未定击之。"[①]于是，自己先驰马迎战敌人。敌军有位勇猛之将舞着大刀迎上前来，岳飞勇猛挥舞刀枪，杀掉了他。军中将士给了岳飞"敢死"之名，这极大鼓舞了战士们的士气，他们鼓勇冲锋，敌兵大败。因此，岳飞升迁为秉义郎。

刘浩率军到达濬州的时候，深感形势严峻，自己兵力单薄，又没有后方支援，根本无法向南继续作战，只好带领人马追赶退遁的大元帅。眼见救援东京已成泡影，岳飞不得不追随刘浩前去大名府，心中却怀念着故乡与亲人。

随后，赵构又命令附近地区的官员，只告诉他们在这年之后，第二年正月之前，到大名府与他会师。寒风凛冽，岳飞便跟随赵构、刘浩等人和新组成的部队从相州出发，抵达了大名府。赵构率近万部队踏河横渡黄河，一路北上，抵达大名。宗泽从磁州率军来会，信德知府梁扬祖从信德府率张俊、杨沂中等部将来会，这是所有部队中的劲旅。

康王赵构接到了宋钦宗的密信，大意是：金人愿意与宋商量议和，康王带领的大部兵马，毋得轻举妄动。于是，军中的两位副元帅对于接下来如何行军产生分歧，汪伯彦一伙以为议和可信，认为大元帅府如果去解救开封，无疑是以卵击石，我军几支杂凑兵力如何抵挡金兵10万包围？宗泽则主张应迅速南下援救开封，这是非去不可的。并指出：议和是敌人设下的圈套，借此以阻挡各路勤王军马的到来，若是上当受骗，追悔莫及！赵构却不敢出兵，不久开封失陷。宗泽一再要求出师救援，赵构仅给1万将士，命宗泽率大元帅府新编五军：前军、后军、中军、左军、右军打着大元帅赵构的旗号，南下开德府，向开封进发以诱引金军，事实上是借此将宗泽排除出了大元帅府。

① 《金佗续编》卷十四《忠愍谥议》，《武穆谥议》。

第三节　追随宗泽救京师

刘浩和宗泽所率部队经南华一路向南逼近，岳飞跟随这支英勇之师，在敌人部署最为严密的一条道路上，奋勇杀敌，接连立功。这是岳飞第一次成为宗泽的部将。

然而，这时的赵构畏敌如虎，竟率以梁扬祖为首的那支劲旅于建康二年正月初逃到东南方的东平府。退到济州就驻扎下来不再前进，直到最后开封陷落，赵构也仅仅只会躲在屏风后面哭泣，眼看王朝的覆灭。

宗泽在去开德的路上遇到金兵的拦截，与金军强锐连打13仗，连战连捷，最终抵达开德。岳飞在军中奋勇杀敌，果敢勇猛，接连立功，在一次战斗中，连发两箭，射中两个金

宗泽像 周里程摄

军执旗手，又率领骑兵进击，缴获了敌人一批兵器。岳飞因此升正八品修武郎。

建康二年正月，宗泽部队转战至开德府，金人正在追击赵构，这时的宗泽用自己的部队吸引金军的注意，向敌军喊话：赵构就在军中。敌军信以为真，两军在开德府展开了激烈的厮杀，此役大捷。此次开德大捷极大地鼓舞了河北抗金军民的士气，宗泽给康王去信，劝他将各路兵马会集到宋都东京。但此时的赵构已经有了称帝的打算，而且他所亲信的汪伯彦和耿南仲等人更想拥戴赵构称帝，以求获得自己的地位和权力。这些人现在就想隔岸观火，希望战事越急越好，于是赵构对宗泽的上书视而不见。

宗泽率部下与金军浴血奋战，频频击溃金军精锐，连续攻克南华、卫南、韦城等地，距离开封越来越近。岳飞挥舞战枪锐不可当。因杀敌有功，战后岳飞官位升七品武翼郎。

二月二十日，宗泽全军驻屯南华，准备沿黄河南岸，从东京的方向，向金军进逼。金军与宗泽不断周旋，企图前后夹击宗泽部队，一路部队进攻开德、濮州。宗泽立即调兵北上还击，岳飞就在此北上行列当中。在曹州他们遭遇来势凶猛的金军，岳飞决一死战，这样英勇善战的将领极大地鼓舞了手下的战士，他们不顾生死，冒着密集的飞矢，奋勇杀敌，金兵大败。

这时的赵构听说赵桓已向金人递了投降书，并且自己的父亲赵佶也一同被关押在金军大营，他不断命令宗泽不宜妄动、不得先以兵马挑衅。[①]赵构听说刘浩率领的前军杀敌数万所向披靡，担心这支队伍会日益壮大，命令这支部队改隶主和派黄潜善。这极大地削弱了宗泽的指挥权，他手下的兵力不足元帅府的三分之一。

建康二年三月，金人册立原宋朝太宰张邦昌为帝，国号“大楚”，史称“伪楚”政权。金人企图通过它控制、奴化北宋统治区。张邦昌从来没有得到北宋大部分臣民的拥戴和支持，等到金军北撤，在四月下旬便自请退位，将早

① 《要录》卷18建炎二年十月甲子，325～280页。《会编》卷71，539页。

年被废、居于民间的宋哲宗赵煦皇后孟氏迎进宫中。孟皇后得知皇室宗亲只剩下康王赵构这根独苗，便下手书让赵构继承大业。本来在济州的大臣就想推举赵构在济州登基，赵构最终采纳了宗泽的提议，前往南京应天府即位称帝，是为宋高宗，改元建炎，后建都临安，史称南宋。

宗泽十分了解赵构的心理，他知道赵构早就想坐上皇帝的宝座，然而他的性格却胆小懦弱，畏敌如虎，根本无法担当起抗金复仇的重任。然而，国内万不可一日无君，当时只有赵构是唯一的合法继承人，为了顺应民意，宗泽递上了劝进书，同时又特别提醒赵构要注意做到五条：

> 一曰近刚正而远柔邪；二曰纳谏静而拒谀佞；三曰尚恭俭而抑骄侈；四曰体忧勤而忘逸乐；五曰进公实而退私伪……

高宗即位后，臣民感觉到又有了靠山，恢复旧日大好河山指日可待。然而，他们高兴过早。作为一个普通人，自私懦弱可以看作个人品质问题，可作为一国之君，赵构的这种性格就是国家的灾难了。面对他的父亲、妻子、子女被掠去这样的奇耻大辱，赵构非但没有奋起反抗的觉悟，反而心心念念的都是如何逃跑以保全性命。他任命黄潜善为执政、汪伯彦为枢密院长官，分别兼任统兵的御营使和副使，实际掌握军政大权，而这两人是朝野皆知的投降派。如此一来，刚建立的南宋朝廷就在宋高宗的亲自扶植下，形成了一股以黄潜善、汪伯彦为首的投降势力。对抗金名将宗泽，高宗却任命他为襄阳知府，并不让他执掌朝政。不过，为了标榜“中兴”，赵构也不得不做出一个要抗金复仇的姿态，因而起用了强力主战的李纲做宰相。李纲总结了北宋灭亡的惨痛教训，分析宋金实力，提出“十议”，意在备战抗金，恢复中原。他倡导把民间忠勇义士集结起来，通过有组织的训练，随同朝廷一同抗击金军。遗憾的是，这些“金玉良言”到了高宗那里都变成了“耳旁风”。

第四节　越职言事遭解职

建炎元年十二月，金太宗下令进军南宋。他命娄室率西路金军部队，作为一路偏师，进军陕西；右副元帅完颜宗辅会合左副元帅完颜宗翰率军于濮阳，组成东路金军，成为进军南宋的主力军，金军开始了南宋建立后第一次全面南侵的军事行动。

南宋朝廷顿时乱作一团，大臣们围绕回不回京师的问题吵得不可开交。李纲考虑到团结民众、激励士气等因素，竭力劝谏高宗应当去一趟京师，根据实际情况再决定迁都。他说："以天下形势而观，关中为上，襄阳次之，建康又次之……"[①]宗泽也主张皇帝应该赶快回到开封，以安定人心。但黄潜善和汪伯彦所代表的投降派不但坚决反对搬回开封，还反对迁都长安、襄阳，他们主张向东南方后退，以为离金人越远越安全。汪、黄的建议正中高宗的心意，但他又不敢得罪主战派。于是，高宗在两者之间玩起了平衡，表面上他表示：

> "朕当与卿等独留中原，训练将士，益聚兵马。虽都城（开封），可守；虽金贼，可战。"

① 李纲：《梁溪集》卷五十八《议巡幸》。

另一面又给出手诏：

“京师未可往，当巡幸东南。”[①]

八月初，高宗提升黄潜善为右相。李纲虽也升为左相，但十多天后即因反对高宗逃向东南而被罢免。九月，金兵逐步占领河北、河东州县。金军不断南侵，于是，高宗于十月底逃到扬州。

中原沦陷区的百姓，日夜期待着新的朝廷能够有一番作为，祈祷军队的到来以报国耻，可是，正当举国上下翘首以盼的时候，高宗不仅没有亲率军队渡河北上，相反，却要向南行军，以逃避金军。是可忍，孰不可忍！于是，岳飞呈上一封上千言的奏章——《南京上皇帝书》。

陛下已登大宝，黎元有归，社稷有主，已足以伐虏人之谋；而勤王御营之师日集，兵势渐盛。彼方谓吾素弱，未必能敌，正宜乘其怠而击之。而李纲、黄潜善、汪伯彦辈不能承陛下之意，恢复故疆，迎还二圣，奉车驾日益南，又令长安、维扬、

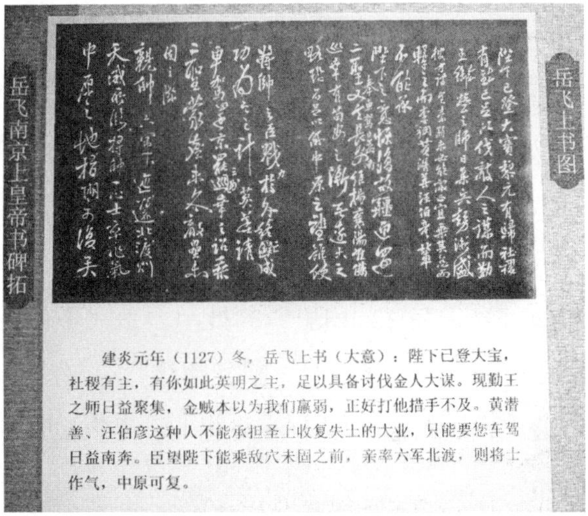

岳飞《南京上皇帝书》手书拓印 周里程摄

---

① 《中国通史第七卷中古时代·五代辽宋夏金时期（上册）》，《乙编综述》，中国电影出版社，2005。

襄阳准备巡幸。有苟安之渐，无远大之略，恐不足以系中原之望。虽使将帅之臣戮力于外，终无成功。

为今之计，莫若请车驾还京，罢三州巡幸之诏。乘二圣蒙尘未久，敌穴未固之际，亲率六军，迤逦北渡，则天威所临，将帅一心，士卒作气，中原之地指期可复。①

他责怪李纲、黄潜善和汪伯彦等人没有致力于恢复故疆，迎还宋徽宗和宋钦宗，却想躲到长安、襄阳、扬州等地，这会让朝廷失去民心。岳飞恳请宋高宗改变军事策略，取消“巡幸”三州的诏令，及时赶往开封主持战略大计。

这是岳飞第一次正式批评朝廷的投降政策。其实京师南迁，做出投降策划的是黄潜善和汪伯彦等人，李纲的本意是反对朝廷南迁的，而作为一个小官员的岳飞是不可能知晓这些具体斗争的。因此在这个问题上，岳飞错怪了李纲。但前往开封还是退居东南，确实是鉴别主战派和投降派的重要标准，正是对这个行动的态度决定了两派的天壤之别。一派代表人民的利益，另一派却代表为了私利苟且逃跑的官员的利益。虽然这时的岳飞只有25岁，但他的批评切中要害，具有敏锐的政治眼光。

这封奏章刺痛了黄潜善和汪伯彦等人，于是他们轻易做出了“小臣越职，非所宜言，夺官归田里”的批示。岳飞不仅被革掉官职，还被赶出军营，削开除了军籍，“孤子一身，狼狈羁旅”。②然而，这样的处分并没有摧毁岳飞的报国之志，他在这年7月，渡河北上，尽忠报国的决心丝毫没有改变。

---

① 《宋岳鄂王文集》卷一。

② 《金佗粹编》卷11《乞以明堂恩奏张所男宗本奏》。

第三章

渡河北上　屡折不挠

康王赵构在南京应天府即皇帝位，改元建炎，南宋肇始。金国占领区的宋人翘首南望，盼望新朝能够救他们于水火，南渡的宋将希望新朝下令北上与金人决战，早日收复故土。然而，令他们大失所望的是，统治者并没有从根本上改变投降主义路线，北上抗金不过是他们掩饰自己苟安的幌子而已。年轻的岳飞追随抗金力量，一路披荆斩棘，屡立战功，赢得了宗泽、张所等大将的青睐，却也因为自己的“意气用事”险些丢了性命。

第一节　四次入募遇伯乐

赵构继位后不久，便起用威望颇高的主战派李纲为相。李纲曾经指挥过开封保卫战，虽然开封后来一度失守，但却证明了李纲抗金策略的正确性。

金军攻破北宋都城开封的时候，河北、河东两路只有部分州县被金人占领，像河北西路的怀、卫、濬三州及真定府等。其余州县或者是由北宋官军把守，或者是被地方民兵所占。李纲在认真总结北宋亡国的教训之后，清楚地认识到，高宗能顺利地在应天府荣登大统，和这两路人民的抗金斗争是有密切关系的。换句话说，正是因为他们对金军的殊死抵抗，才换来了南宋朝廷的开局之际。

因此，李纲一上台，便提出了河北、河东两路的经营理念。首先，接纳张悫等人的建议，号召全国民众组成“忠义巡社”，抗击金人。其次，举荐张所担任河北西路招抚使，傅亮担任河东路经制副使，职掌两路失地收复事宜，同时团结各地的“忠义巡社”，对两地的民间抗金力量进行统一组织领导，防止其被金军各个击破，有效巩固已有的抗金成果；举荐宗泽出任东京留守兼开封知府，负责东京开封的防守工作，并与河北、河东两路的忠义之师互为犄角、相互呼应，共同抗击金人南下。

河北西路招抚使张所力主抗金，将河北、河东之地看作是宋朝发展的根本，在河北地区享有很高的声望。因此，在开封被围时，张所曾倡导招募河北民间力量解朝廷之急；南宋朝廷建立后，他又竭力反对南渡，甚至上书弹劾主张南迁的黄潜善和汪伯言为“奸邪”，要求回銮东京，巩固河北，以利京师。张所的这些主张“得罪”了宋高宗的两位红人，很快便被贬黜了，直到李纲反复力荐，南宋朝廷才重新起用了这位抗金名士。

八月间，报国无门的岳飞听说了张所在大名府的河北招抚使司内招募抗金勇士的消息后，星夜兼程赶了过去。接待岳飞的招抚使司干办公事赵九龄，是他的旧相识。早年间，赵九龄曾任“御营机宜”，因军中事务，两人有过多次接触。赵九龄很赏识岳飞，遂将这个“天下奇才”推荐给了张所。

张所在初步了解了岳飞的从军经历和抱负后，有意试上一试，便问道：“听说你当年跟从宗泽宗留守的时候，勇冠三军，你觉得你一个人能抵挡住几个敌人？”岳飞不慌不忙地回答道：“带兵打仗不能光靠匹夫之勇，关键在于谋略。智谋，是一场战争胜负的紧要之机。所以，对一个带兵打仗的将领而言，不怕他没有勇力，就怕他没有谋略。”接着，他又结合古代具体战例，将《孙子兵法》中“上兵伐谋，其次伐交，其次伐兵，其下攻城”的谋攻理论阐述了一遍。张所听后，甚为惊讶，说道：“把您这样的人才埋没在行伍之中，实在是太屈才了。”

岳飞与张所畅谈时局 周里程 摄

随后，张所又和岳飞聊起了天下的局势。河北既是岳飞的家乡，也是其曾经亲临前线的抗金一线，因而对于河朔地区的重要性，岳飞一针见血地指出，河北和都城开封，就好比人的四肢和心脏，如果河北失守，不仅京城无法保全，甚至连江淮地区也会跟着遭殃。岳飞感念金军多年骚扰，国仇家恨，民不聊生，不由怆然涕下，阐明了自己愿追随张所收复河北、以死报国的决心。

此次谈话给文人出身的张所留下了深刻的印象，他清楚地意识到岳飞确实是一个可堪大用的将才，假以时日，必定能成就一番抗金伟业。很快，张所便破格将岳飞从白身提拔为修武郎、閤门宣赞舍人，并充中军统领。不久后，岳飞又被升为统制，归都统制王彦指挥。

都统制王彦同岳飞一样，也是张所从行伍之间擢升起来的战将。王彦，河内人，幼时喜读兵法，爱好习武，成人之后更是投身行伍，曾随老将种师道两入西夏，多次立有战功。金军攻破京城后，他更是倾尽一家之财，全力抗金。张所欣赏他的才干，河北招抚使司成立后不久，就任命其为都统制。可以说，张所在识人善用方面还是比较慧眼识珠的。在民族大义面前，他没有拘泥于传统的用人方式，不拘一格地提拔了像王彦、岳飞一样的智勇才俊，为南宋王朝抵御外辱储备了一批举足轻重的将帅之才。

张所在河北路的抗金准备可谓尽心尽力，从他上任伊始，就把自己的招抚使司安置在了河北路中心之地——大名府，间接地向世人宣示了朝廷捍卫国土的决心。然后，他广为搜罗各地武学能人、招募兵士，同时，开始积极备战，准备西渡黄河，收复卫州等地。卫州位于河北西路的最南端，地理形势十分紧要，是金军攻入中原的关键，同时也威胁着东京开封府和西京河南府的安全。要想收复失地，必先从这里入手。9月，都统制王彦按照张所早已做好的战略部署，率领岳飞、白安民、张翼等11部将向卫州辖县新乡出发。为鼓舞士气，张所亲自为将士们饯行，送他们出征。此刻的岳飞怎么也不会想到，此一别，竟成了他跟张所之间的永别。

世事难料，正当河北人民信心满满地同仇敌忾，准备恢复宋朝大好河山的时候，南宋朝中的政治局面却发生了翻天覆地的变化。即位之初，赵构虽然起用主战派李纲为宰相，在很多方面上也采纳了主战派的意见、建议，但他本人从骨子里就未曾真正将抗金雪恨、收复失地当作自己追求的目标，他更多的想法是如何保全自己的性命、保住自己当下的荣华富贵，至于收复失地，接回在那边受苦的父兄，那是无关紧要的事情；再者，如果真的抗金成功，接回了父兄，那自己这个皇帝又该何去何从。综合比较下来，在赵构的心中，还是认为迁都南下比较安全。

揣测到了赵构不愿与金人发生正面冲突的“圣意”，同为宰辅的中书侍郎黄潜善、枢密院长官汪伯彦在高宗的默许下，坚决与金人乞和，南下迁都，竭力排斥主战派的主张。首先受到冲击的便是河北西路招抚使张所。张所早在朝中担任监察御史的时候就曾“得罪”过此二人，这次他又到河北主持抗金，自然首当其冲地成为黄、汪攻击的对象。当张所还在各地招募将佐的时候，他们便上书，大名府是本朝的京都，招抚使司设在那里不合适，一旦调动大名府中囤储的兵器、甲胄，势必会造成当地居民的恐慌，不利于稳定局势；而且，自河北西路招抚使司成立以来，整个河北地区的盗贼越来越多，已经严重影响到河北人民正常的生活秩序，所以，还不如及早撤销了为好。如此一来，所有存放在大名府中的军需物资，张所都没有权力调动，他好不容易招募来了士兵，却出现了缺乏装备供给的窘境。对于正在河东路招兵买马的经制副使傅亮，则被黄、汪二人描绘成了做事拖沓、故意拖延的主，以至于傅亮的部队还没来得及渡河，就被赵构下令废除了河东经制司。

河北、河东抗金前线还未出师，就已经接连遭到了毁灭性打击。在朝中，李纲为了激励大宋子民共同抵御外辱的士气，先后惩办了背叛本朝的张邦昌，斩杀了伪官宋齐愈。但这一行为却遭到殿中侍御史张浚的弹劾。张浚在黄、汪的授意下，奏报了李纲的十几条罪状，最终使得李纲的75天宰相路画上了一个悲情的句号。为了配合通问使傅雱赴金营的议和活动，向金人表示大宋谈和的诚意，赵构在将李纲罢相的同时，下诏废除了李纲之前所有抗金措施；甚至斩首了上书痛斥黄、汪，挽留李纲的进士欧阳澈、太学生陈东。接着河东经制副使傅亮以母亲生病为由解甲归田，河北招抚使张所则直接被贬谪到岭南。南宋初年第一次大规模的官方抗金活动就此完结。

张所本是一位忠君爱国的正义官员，一片赤诚最终却换来了被贬岭南的重罚，世人为之心寒。屋漏偏逢连夜雨，命运多舛的张所后来留居潭州时，不幸被土匪刘忠所杀。一代忠臣良将，未能使自己一身的抱负得以施展，遗恨而殁。

张所对岳飞的欣赏和知遇之恩，使得前后三次从军受挫的岳飞感念在心。危难时的恩光渥泽、共同的抗金志向，使岳飞对张所这位在自己军旅途中的“伯乐”没齿难忘。岳飞不是忘本的人，多年后，已经成为统军大将的他，多方打听，最终找到了张所的儿子张宗本，悉心传授其学业，视如己出。后来，岳飞又上奏朝廷，“追复”了张所的官职、荣誉，将张宗本以门荫补为官，回报了张所当年对他的知遇之恩。

第二节　孤军抗金战太行

河北招抚使司的废除和张所的被贬，使得刚刚渡过黄河的王彦军队彻底地失去了后方的领导和补给，王彦只能依靠自己的判断和分析，进行下一步的行动。好在不管朝中形势有多么严峻，后方局势多么不堪，王彦领导的这支部队丝毫没有退缩的意思，依然按照李纲和张所在位时制定的战略方针行事。

9月下旬，岳飞随王彦大军渡过黄河，驻扎在新乡县的石门山下。察觉到宋军意图的金朝军队开始向新乡一带增派兵力。作为一名有着丰富统兵作战经验的老将，王彦此刻并未摸透金军的实际军情，所谓“知己知彼，百战不殆”，他没有立即下达进攻的命令，而是谨慎地选择了观望的方式。

血气方刚的岳飞很不理解王彦的决定，甚至认为自己的上司根本就是个畏首畏尾的懦夫，便进言道：“现今，徽、钦二宗遭遇不测，被敌人掳了去，生死未卜，金贼更是占有我河朔的土地，作为一朝臣子，我们应当收复失地，直捣黄龙府，迎回二帝。岂能不速战速决，而在此踟蹰不前，难道将军真的想当叛贼吗！”对于岳飞的诘难，王彦并没有急于解释，他选择了沉默。

岳飞见无法说服自己的主将，又怕贻误战机，一怒之下，私自带领自己的部将攻打新乡。作战中，岳飞身先士卒，夺取了金军的中军大旗在空中挥舞，大大地激励了宋军将士们的士气，宋军一鼓作气，拿下了新乡县城，生擒了守城的千夫长阿里孛，并乘胜击败了前来救援的万夫长王索的部队。

新乡一役是王彦一军出征以来取得的第一场大捷，虽说这场胜利并不是在将帅的直接领导下获得的，但鼓舞了士气，振奋了民心。因此，对于岳飞擅离职守、自作主张的出兵，王彦并没有多加斥责。但岳飞这种狂傲不羁、不听号令的做事方式却给王彦留下了深刻的印象。

进占新乡后，王彦开始向附近各州郡传送讨金文书，团结地方忠义之士，号召当地民众共同伐金，一时间，声势浩大。金军主帅看到这种阵仗，以为宋军主力大兵压境。为巩固已有的战果，金人很快调集了几万兵马前来围攻新乡，将王彦的这7000名将士合围在了城内。

王彦的部队出征之前因为黄、汪二人的暗中作梗，武器装备本就没有筹集到多少，更算不上精良，多数都是勉强拼凑出来的。金军围城后，王彦等人很快陷入到内无粮草供用、外无援军支援的孤军奋战的境地。加上城外金军强大的攻势，为了保存既有的实力，王彦最终决定放弃新乡城，分散突围。

突出重围后，各路人马重新集结，商议应对之法。经历过这场生死之战，有些将士开始动摇了，甚至有几个统制直接带着自己的士兵逃命去了。岳飞虽然和王彦一样，誓死抗金，但在具体问题上却不能统一意见。加上之前的误会，岳飞带领自己的部众自为一军，执意而去，从此与王彦分道扬镳，踏上了一条曲折难行的抗金之路。

王彦重新收集了仍旧愿意跟从他的部众700多人，转战数十里，退守到了卫州共城县的西山中。为了表示誓死不屈的抗金决心，这支队伍的全体成员都在脸上刺上了“赤心报国，誓杀金贼”八个大字。因此，人们又将王彦的这部分人马称之为“八字军”。安顿下来的八字军在王彦的带领下很快走出了低谷，同时，他们又多方跟两河的忠义民兵相联系，很快得到了他们的响应。不久之后，分布在河北、河东两路的忠义之士纷纷向王彦的八字军集结。两路19个营寨中的首领，像傅选、孟德、刘泽、焦文通等，都响应了八字军的号召，以王彦为统帅，同仇敌忾。王彦的兵力很快扩大到了10万之众。经过不下百次与金军斗争，王彦将方圆百里内的地区都纳入自己的势力范围。八字军寨与寨之间联系密切，金鼓之声相闻，战斗力极强。在金人的眼中“王都统寨坚如磐石”，金军多次围剿却都以失败告终。

八字军在河北的抗金活动，有力地牵制了金军的主力，使得金人不仅在河北地区的军事行动无法顺利展开，连其再次渡河南侵，都受到了八字军的掣肘，为南宋朝廷的恢复留得了一丝喘息的机会。八字军也随之名声大噪。

相比较王彦八字军发展的风生水起，岳飞自立一军以来，自身实力并没有得到多大的充实。离开王彦后，岳飞率领本部人马进入太行山，继续抗金。他们先是在共城县西北的侯兆川，与金人的大股部队遭遇。由于兵力相差悬殊，岳飞鼓励自己的部众说：“我们人数虽少，但是以命相搏，必能取得最后的胜利！”他本人也在战争中身先士卒，负伤十余处，仍不肯放弃。经过一番血拼，他们最终击退了金军，取得了胜利。到了晚上，金军企图夜袭岳飞军营，但岳飞早就提前做好了准备，镇定自若、泰然处之，敌军见捞不到什么好处，只得退兵隐去。

岳飞的这支小股兵马在太行山地区顽强地抵抗着来犯的金人。但随着冬季的来临，岳飞所率的部队也逐渐陷入山穷水尽的境地。天气日渐寒冷，士兵们没有棉衣护体；草木枯萎，粮草供应补给断绝，最后不得已只能宰杀自己的战马果腹，处境十分艰难。

此时的王彦已经度过了最艰难的岁月，八字军也日益发展壮大，威震敌寇。岳飞在听说了八字军的事迹后，对比了自己当下的处境，认识到了自己当年擅自脱离主帅、背离长官的行为是多么可笑，为自己的做法而悔恨。岳飞在性格上虽然倔强不屈，但敢于正视自己的错误。他单骑前往王彦的营寨认罪，希望能够重新归队，再度接受王彦的调遣。按照当时的军法来说，岳飞在新乡战役时不听主帅指挥，私自出兵，后又擅自脱离部队，是一种非常严重的违纪行为，是要受到严惩的。岳飞不回避错误，不规避处分，敢于面对，主动归队，从实际行动上表明了他是真正以国家利益为重，将抗金作为一项事业放在首位，是一位坚定不移的爱国将领。

当王彦再次见到岳飞时，对他当时那种决绝的态度仍然耿耿于怀。但王彦是一个爱才之人，他清楚地知道岳飞的胆识和能力，却也无法容忍其当时对自己的背叛。一时之下，王彦竟无法做出选择。而军中一位刘姓幕僚对岳飞这种以下犯上、质疑上峰的行为十分不满，多次在掌中写一个“斩”字，暗示王彦，而王彦并没有理会。思虑良久后，他对岳飞说道：“照你以前所犯的罪行，按律当诛。然而你离开我已经很长时间，并一直坚持抗金，这次能幡然醒悟，束身自归，说明你有足够的胆识和魄力。当前，国难当头，朝廷正是用人之际，哪还能计较那些旧时的恩怨！但这并不代表我就原谅了你，所以，你走吧。”说完，王彦用一杯酒送走了岳飞。

岳飞在王彦那碰壁之后，并没有对自己选择的路失望，而是继续带领他的兵马，在太行山中与金朝军队继续苦苦斗争。老天不负有心人，在一场战斗中，岳飞一部俘虏了金军将领拓跋耶乌，夺得几十匹战马。几天之后，他们又在山谷中发现一支金军的大部队，正沿着山路蜿蜒前进。岳飞命令几十名士兵暗中抢占有利地形，摇旗呐喊，虚张声势。自己则挥舞着一柄长枪，瞬间冲入敌军当中。不待金兵有所反应，岳飞已经独自将金军长官斩落马下，打了金人一个措手不及。金军刹那间没了主心骨，仓促中以为中了埋伏，落荒而逃。

第三节　再隶宗泽保开封

一直对迁都江南念念不忘的高宗赵构，在李纲被罢相之后终于长舒了一口气，没有了这些主战派在朝中天天耳提面命，终于能够得尝所愿了。建炎元年十月，在前线毫无军事异动的情况下，宋高宗带领一班大臣起驾应天府，南巡扬州，把刚刚稳定下来的南宋王朝政权南移了。

政治中心的南迁，无疑向世人昭示了朝廷有意放弃北部半壁江山，偏安江南的政治意图。南宋官方虽然对抗金之事三心二意，北方的大宋子民却不堪忍受金人的掠夺和奴役，民间的抗金活动如火如荼地在河北、河东两路铺展开来。在河北，燕山府刘立芸、蓟州玉田县杨浩和智和禅师、易州刘里忙等人纷纷聚众起义，抵抗金兵；在河东，代州和尚真宝、解州邵兴和邵翼兄弟等团聚义兵，共抗金人。

影响最大的还当数河北五马山和河东红巾军的起义。河东的红巾军不是一个统一的组织，分散的义军以头裹红巾作为抗金的标志，到处阻击金人兵马，声势颇盛。其曾在泽州、隆德府一带偷袭金营，差一点俘虏金军左副元帅完颜宗翰，逼得金人不得不暂时北迁。

河北地区最大的一支义军当属驻扎在庆源府五马山的五马山义军。这支义军实际由马扩和赵邦杰领导，名义上则以宋高宗弟弟、信王赵榛为号召，因此很快聚集了两河地区不愿为奴的宋朝遗民几十万。连散落在其他各地的河北义军，像刘里忙、杨浩和智和禅师等人的队伍也纷纷和五马山建立了联系，互为援助。其实这也可以从一个侧面看出，各路义军虽然是为保卫乡土才揭竿而起，但从内心上还是以宋朝皇室为正统，愿意接受朝廷的调遣与支配。马扩和赵邦杰也不断以赵王的名义，向南宋朝廷汇报义军中的情况，希望得到宋朝军队的支援。可惜这些奏报在抵达中央后，都被高宗君臣束之高阁。

李纲被罢相后，镇守在东京开封府的宗泽，就成了新建的南宋政权在北方抗金的核心人物。他敏锐地意识到，两河人民的忠义之师，对于金人军队的牵制作用是巨大的。如果不是他们在这一带频繁骚扰、节制金军，使金人在整个北方地区立足不稳，那么，金朝军队的铁蹄恐怕早就踏入江南地区了。但义军毕竟是民间组织，武器装备等方面跟正规军是不能相提并论的，要是长期得不到官方的有效补给和战略支援，这部分民间抗金力量很有可能会消失殆尽。而且，以当前宋军的实力来说，拉拢和团结一切可以团结的抗金力量迫在眉睫。因此，在宗泽抵达开封后，很快便与周边的义军建立起了密切的联系。

建炎元年六月，宗泽到任开封后，按照当时和李纲约定好的既定部署，开始着手整顿废弛的开封城防：首先把开封城划分为东、西、南、北四个区，每个区设提领一名，负责本区事务；又在四郊地形较好的位置，设立24个营垒，各由将官带领新募兵士讲演练武；另在黄河沿岸16县建立起了连珠寨，便与两河地区的义军相连接。此外，宗泽还广为收纳各地的散兵游勇充实其中，王善、杨进、王再兴、李贵等人的队伍很快从四面八方集聚到开封城下。宗泽在短短几个月的时间内就将整个开封城内外修葺一新，组建了一支号称百万的抗金大军。

此外，宗泽利用自己手中“得以便宜从事”的特权，任命八字军的统领王彦为两河制置使，移防黄河沿岸，总管河北、河东地区的军务。王彦在调兵遣将的时候，想起了还在太行山中独立支撑的岳飞。虽然二人之间曾经有一些不愉快，但他又深感岳飞将才难得，在国家和民族的利益面前，王彦最终还是尽弃前嫌，命令岳飞及所部人马把守荣河关隘。岳飞在接到命令后，思虑再三，终究没能再次回到王彦军中，又一次违反军令离开了。当然，岳飞的这次离去并不是像以前那样的意气用事，而是南下开封，直接投奔他的老上司——宗泽去了。

东京留守司的官员详细探查了岳飞的从军经历后，发现岳飞曾私自背离主官、擅自出兵。按照当时的军法，军中如果不是大将军的命令，其副将私下发布命令，或者改易旌旗军号者，斩；背离军队，私自逃走者，斩。岳飞所做的事，已经触犯到了军纪，这次回到军中，受到处罚是肯定的。留守司的官员不敢怠慢，当即把这件事情报告给了宗泽，并建议按军法处置，以儆效尤。宗泽对岳飞的情况略有了解，认为他确实是一个难得的大将之才，且其出兵也是为了抗金，在离开主帅之后，在困境之下，仍能坚持抗金不动摇，虽然有罪，但也算是事出有因。况且千军易得，良将难求，像岳飞这种意志坚定的将才，在国事艰难之际是非常珍贵的。最终，宗泽还是赦免了岳飞的一切罪责，降为秉义郎，留在军中听用。

是年十二月，金军再次南下，进犯汜水关。宗泽当即封岳飞为“踏白使”，率500名骑兵前去探路。临行前，宗泽再三嘱咐岳飞道：“你以前的所作所为，按律当诛，但是我不会追究以前的事情。现在，你在我的麾下，就应当英勇立功，但也不要草率行事，看准了时机再战！”岳飞拜谢过后，

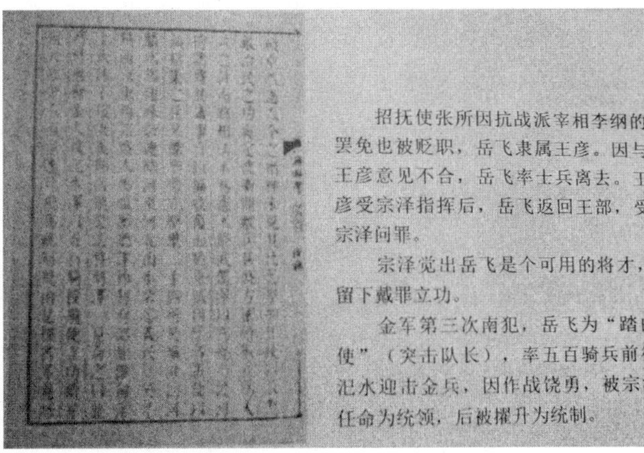

岳飞升任统制 孙远征摄

领命而行，在汜水一带，一举击败敌军，圆满地完成了宗泽赋予的任务。当岳飞凯旋回到开封之后，宗泽立即提其为统领，后又被升为统制，恢复到原来的官职。

宋王朝建立后，时人开始重视对前人武学经验的总结与学习，宋仁宗在位期间，为了便于全国上下研究军旅之事，特命人编纂出《武经总要》一书，供大家研习。后来，出于军事教学的需要，神宗熙宁五年，官方又刊刻了我国历史上第一部军事教科书——《武经七书》。这些官方刊刻的武学圣典，对当时的军事教育和武将军事素质的培养起了很大的作用，却也在一定程度上限制住了实际指挥作战人员的思维。宋朝统治阶层偏信文臣，为了限制武将，宋人往往以文臣作为一场战争的最高指挥，武将只限于冲锋陷阵。在这种情况下，缺乏实战经验的文臣在制订作战计划时，所能依照的只有上述武学圣典中所认知的范围，无法把控战场上瞬息万变的战势，战场指挥缺乏应变能力。

宗泽虽然是北方抗金一线的核心领袖，但同时也是一位进士及第出身的文臣，他的军事谋略也多是从书中得来，所以他对古人的兵法、阵法有着相当深刻的研究。

宗泽对岳飞在战场上的表现非常欣赏，经过几场战斗后，他发现岳飞作战似乎并不按照常规出牌，推测其可能并没有接受过系统的军事教育。一次，宗泽特别把岳飞召到帐下，授予其几份阵图，让他多加研习，并鼓励道："你在战场上的志勇才艺，堪比古代良将。但是你在战争中经常出其不意，并不按照古人的兵法行事。现今，你只是一个副将，这样做没有什么大的问题，将来某一天，你若做了大将，这绝非是万全之策。把这些阵图拿回去好好学学吧。"

岳飞回去后，把阵图细细研读了一遍，认为自己目前所带兵马人数不多，如果按照固定的模式排兵布阵，反而会使敌方看清自己兵力寡少的事实，容易被对方歼灭。几天后回复宗泽道："留守当日赐给我的阵图，我全部认真研读过，这些都是古代用兵的固定法则。古今情况不同，每场战争的地势也各有相异，岂能按照一种方法作战？战场制胜的关键在于出奇兵，使敌人不能摸清你的意图，这样才能赢得战争。倘若在平原旷野上与敌人猝然相遇，又怎么来得及按照阵图排兵呢？”

岳飞与宗泽谈兵法 周里程摄

宗泽听后，反问道：“按照你刚才所说，这些阵法都不能用吗？”岳飞回答说：“排好阵势，然后作战，这是兵家的常规作战方法。然而，每次的作战情势都不一样，所以并不能用一种方法应对多种作战局势。况且这些战术运用得巧妙灵活，全在于将官的思考和判断。”宗泽听后深思了一会，点头同意了岳飞的主张。

宗泽对岳飞的关爱，并没有因为岳飞的质疑而有所损伤，他能虚怀若谷地听取部下的意见和建议。这次对话更加增进了两人之间的感情。岳飞作为宗泽手下的一名中级将官，经过多年的征战，不是盲目地为战而战，而是在战争实践中，突破陈规，总结出制胜的法宝。且在主将面前，不唯唯诺诺，勇于表达自己的真知灼见，表现出了一代大将的风范。

岳飞在汜水的小捷，并没有阻挡住金军南下的步伐。由于宋高宗对金人颇为谄媚的态度，加上其已经远逃扬州，金人统治者认为这正是拿下整个北方的最好时机。建炎元年年底，金军分三路大军包抄开封，发起了声势浩大的冬季攻势，志在必得。

建炎元年冬到二年春，围绕着东京开封府，宋金两军展开了激烈的拉锯战，金人南下的每一路大军都受到了南宋军民强有力的阻击。东路军由“三太子”完颜宗辅率领，直下京东；西路军在完颜娄室和完颜撒离喝的带领下，攻打陕西；最强悍的中路军完颜宗翰则直取西京河南府，企图从南面围攻开封。东路军中“四太子”完颜宗弼部也同时向开封逼近。

正月里，宗泽坐镇东京留守司，依靠前期建立的强大防御体系，从容应对。开封城内，仍然是一派祥和，家家张灯结彩，庆祝新春，一如往昔，丝毫没有受到金人来犯的影响。

岳飞也在此时投入到开封外围保卫战的过程中。滑州是开封城北面的一个重要门户，也是金人南侵的最大障碍。宗泽先后派出了刘衍、张撝、王宣、赵世兴等大将，牢牢地保卫滑州城，粉碎了金人南下的计划。岳飞也接连在滑州周围的胙城县、卫州汲县西的黑龙潭、龙女庙侧的官桥等地截杀金军，在竹芦渡还俘虏了金人的一个千夫长，保持了宗泽麾下每战必捷的出师记录。

金人是长期居住于北方的游牧民族，喜凉怕热，不耐高温，因此他们南下中原作战，往往是于秋冬之际用兵，盛暑而罢。从四月开始，天气逐渐转热，宗泽敏锐地意识到，等到炎热的六月，金军必将退回到北方避暑，而这时也是大举北伐的最好时机。为此，宗泽将王彦的八字军调至滑州驻防，外联马扩的五马山义军，并与二人详细制订好了北伐的计划。约定，由王彦率领八字军从滑州渡河，攻取怀、卫、濬、相等州；王再兴等则在郑州出发，前往西京保护祖宗陵寝；马扩带领五马山义军从大名府攻打铭州、庆源府和真定府；剩下的杨进、李贵、王善、丁进等部同时并进，与两河水义兵相呼应，打金人一个措手不及。

宗泽信心满满地在第二十道奏折中将这份北伐的计划上奏给正在扬州沉湎于酒色之中的宋高宗，很快便接到了宋高宗“朕将还阙，恭谒宗庙”的诏书。从建炎元年七月到任开封，到建炎二年六月去世前，宗泽前后向高宗上书了二十四道奏章，恳请銮驾西回开封，以稳定民心，主持抗战。言之切切，日月可表。但这些奏章无一不石沉大海，杳无音信。比起攘外，宋高宗更看重的是安内，他甚至认为两河地区的抗金义兵是“假勤王之名，公为聚寇”[①]。

相比较而言，只有这第二十四道奏折是个例外，宋高宗没有再纠结义兵的正义性，终于表示要还朝开封了。实际上，宗泽再一次被宋高宗蒙骗了。这次高宗答应回銮，是因为他看到宗泽奏折中提到信王赵榛届时会带领五马山义军渡河去开封，宋高宗害怕信王会与自己争夺帝位，毕竟开封在宋朝子民的心中依然是京师重地，赵榛又有亲王之名，一旦信王进了开封，大宋的皇帝是谁就无法预料了。因此，宋高宗这才急忙下诏，回銮开封。随着后来五马山寨被金人攻陷，信王不知所踪，宋高宗悬在半空中的心，终于放了下来，自此之后，再也不提返回开封之事。

宗泽见“回銮”之事没有了下文，又接连上了四道奏折，宋高宗干脆不予理睬了事。作为一个年届七十的老人，宗泽满腔的报国热情，全都空付给了宋高宗，他忧愤成疾，导致背上疽伤发作，一病不起。

岳飞和东京留守司的众将领纷纷前来探望，宗泽仍然打起精神，勉励众将士要完成他的心愿，奋力歼灭敌军，恢复大宋故土。临终之际，宗泽感念自己多年的苦心经营，还有未来得及实施的北伐计划，不由得感念杜甫的名句：“出师未捷身先死，长使英雄泪满襟！”随即大呼三声：“过河！过河！过河！”溘然长逝。

宗泽是岳飞一生中最敬重，也是受教诲最深的一位师长。虽然岳飞算不上宗泽手下最好的武官，却是宗泽抗金事业最忠诚的继承者。这三声“过河”，将宗泽对国家的热爱、对故土的难舍、对金人的愤恨，铭刻在岳飞的心里，激励着他在未来的抗金道路上砥砺前行。

---

① （宋）徐梦莘撰，《三朝北盟会编》卷115《炎兴下帙十五》[M]. 上海：上海古籍出版社，1987年，第841页。

第四节 英雄泪洒弃开封

宗泽殁后，按照其生前制订好的北伐计划，建炎二年七月十五日，岳飞一部随同主管侍卫步军司的公事闾勍，进驻西京，保卫皇陵。

闾勍是班直出身，也就是皇帝的随身侍卫，早年间曾在北宋御林军中担任侍卫步军司公事，善骑射，臂力过人。北宋灭亡后，留在京城的这部分防御力量早已形同虚设。南宋建立后，为了给不敢返回开封的宋高宗装点抗金门面，闾勍仍然镇守开封，官职不变。

西京河南府洛阳，曾经是中原地区最为秀美的城市，上承汉唐风韵，历史悠久，山明水秀。仅仅三年的时间，金军就三入洛阳城焚火烧城，将当地的居民劫掠到黄河以北奴役。等到闾勍、岳飞抵达西京的时候，洛阳城早已是断垣残瓦，面目全非，史书中称其“地近蓬蒿堆白骨，巷无人迹长苍苔”[①]，城中犹如荒野，萧索之况可见一斑。

闾勍到任后，立即着手加固洛阳的军事防务，亲自坐镇洛阳城。八月，又命岳飞部驻守汜水关。汜水关是拱卫西京洛阳的险要之地，河东金军的两次南

① （清）厉鹗辑撰：《宋诗纪事》卷96，无名子.《靖康初洛阳城陷作》[M]. 上海：上海古籍出版社，2013年，第2307页。

下都经由此地。半年前，岳飞曾奉老将宗泽的命令在此守关，对这一带的地形地貌已经非常熟悉。因此，刚一到汜水，岳飞便开始着手布防。恰巧这时有一队金军从此地路过，双方立即摆开阵势，准备决一胜负。俗话说，擒贼先擒王，正当双方对峙之际，岳飞在马上突然弯弓拉箭，瞬间将锋利的箭镞射入到金军将领的咽喉中，金军主将还没明白发生什么事，就已经气绝身亡。金兵没了主心骨，很快溃散而去，岳飞带领众将士乘胜追击，首战告捷。

随后，岳飞又奉命移防汜水东面的竹芦渡，与金军大营相对。相对于金军大营中兵力众多，岳飞营中人数较少，且粮草供应困难。岳飞认真分析了敌我两边的形势，决定采取速战速决的战略方针。是夜，岳飞精心挑选了300精骑，埋伏在山下，每人手持两个火炬向前行进，一时间杀声震天，火光四起。金人以为宋军大兵压境，慌忙弃营而逃。岳飞以少量兵马又一次取得了对金作战的胜利。闾勍对岳飞连续取得的战绩非常满意，奏请上司，升岳飞为武功郎，成为诸司副使中的最高一级。

这年年底，岳飞奉新任东京留守司长官杜冲的命令，返回开封。闾勍虽然十分钟爱这个智勇双全的战将，但无计可施，最后，只得向岳飞暂时借用了其手下能征善战的10余名下级将官，放岳飞东去。

新继任东京留守兼开封府尹的是原北京留守杜充，岳飞的相州同乡。杜充此人刚愎自用、残暴苛刻、毫无抗金之志，其在北京大名府担任留守一职时，便没有什么大的作为。此次调任东京留守，是宋高宗之流让他“遵禀朝廷，深戒妄作，以正前官之失”①，也就是让他反宗泽之道而行之，结束之前的一切抗金措施，为同金人谈和扫清障碍。

杜充没有辜负高宗的“殷切期望”，一上任便立即终止了宗泽的北伐大

① （宋）李心传著，《建炎以来系年要录》卷16，“建炎二年七月甲辰条”[M]. 北京：中华书局，1956年，第340页。

业。是时，统制薛广已率所部进军相州，因北伐计划的破产，后续增援部队未能按期与之会师，最终导致薛广战死，相州失守。河北河东两路原来没有陷落的一些州县，像北京大名府等，这次也全部被金军占领。

至于两河豪杰，宗泽生前跟他们都建立了密切的联系，按照原计划，宋军北伐时，他们会与官军互相配合，做到里应外合，共同对付金人。杜充到来后，不仅切断了东京留守司与他们之间的联系与支援，致使一部分义军被金人镇压；而且下令凡“以勤王为名，擅募民兵、溃卒者，并令遣散”，还正式取缔了所有的民间义兵组织，剩下幸存的义军也相继离开抗金前线，各自寻找生路去了。宗泽苦心经营起来的防御体系，在杜充的打压之下，就此付诸东流。

建炎二年秋，又到了金军膘肥马壮的季节，金太宗再次发动冬季攻势。这次作战分兵两路，一路由完颜娄室率领攻取陕西，另一路则在完颜宗翰的指挥下直下江淮，捉拿宋朝皇帝赵构。完颜宗翰大军从云中府出发，一路南下，先后攻下澶州、濮州。留守开封的杜充担心金人进攻开封，又不敢与金军正面相碰，便下令开决黄河，企图以大水阻挡金人南下的步伐。结果，杜充以成千上万老百姓的生命财产换取了开封城暂时的安全。

外部威胁的相对消除，加上两河豪杰和金人两大外患的解决，让杜充感到志得意满，接下来他决定对东京留守司内部将帅开刀。宗泽在位时，以抗金为旗号，收编了大量地方武装，编练成保家卫国的正规军。杜充其人本无意抗金，又生性多疑，经常猜忌这些后编入的部将，使得整个留守司上下离心，惶惶不安。先是丁进和杨进两部离去，剩下的如驻扎在城东刘家寺的后军王善部、防守在城南南御园的中军张用部也都是人人自危。

建炎三年正月，岳飞率本部人马从汜水抵达开封。对于杜充的种种“倒行逆施”，岳飞早就有所耳闻，但未料到自己刚回开封，收到的第一个任务不是外出抗金，而是内部自相残杀，剿灭张用等部众。张用本是岳飞老乡，曾在当地担任过弓手，类似于现今的巡警，颇有臂力，且其与曹成、李宏、马友等结为兄弟，拥兵数十万，并与城东将领王善关系较好。在杜充看来，这是心腹大患，当尽快除之。

国难当头正是用人之际，岳飞不愿同室操戈，便以“兵寡不敌”为由，拒绝了对张用等出兵的任务。杜充怒而斥责说，如不出战，按军法处置。岳飞无奈，只得按照杜充的指示，连同驻扎在开封城西的桑仲、马皋、李宝诸部一同夹击张用。杜充本打算突袭没有准备的张用部众，却没想到张用已经事先得到了消息，在南薰门外摆好阵势等待前来纠杀的官军，此时王善也带兵从城东赶来与张用会合。混战中，杜充的亲信部队几乎全军覆灭，李宝也被张用的部将活捉，做了俘虏。只有岳飞以本部2000人马对阵张用、王善几万兵将，毫不示弱。岳飞自己身先士卒，对准敌阵中一名身材魁梧的将领，奋力劈斩下去，将敌将从头到腰劈成两半，敌军一看惊恐万分，溃散而去。岳飞也因此战升为武经大夫，进入诸使正使之列。其实，岳飞对当时自己的行为是有所怀疑的，后来每次与部将谈及此事，总觉得当时自己这一刀，不似人力，有如神助一般。

经此一役，张用、王善二人也难以在开封立足，遂脱离官军，率部南下，攻打淮宁府。杜充也派马皋率众，一路追了过去，结果却被王善、张用合力打败，连马皋部队的尸首都被投入到蔡河中，任由人马践踏。真可谓“宗泽在，则盗可使为兵；杜充用，则兵皆为盗矣”[①]。

后因淮宁府久攻不下，张用决定退兵，王善不肯就此罢休，二人从此各奔东西。马皋部惨败后，杜充又令都统制陈淬带领岳飞等人往淮宁府救援。岳飞先令副将岳亨斩断王善军队的退路，自己则率大军在清河大败王善军队，连续俘获敌军多名战将。同年四月，岳飞再次随陈淬围剿王善余部。六月，王善余部最后一次在太康县崔桥镇被岳飞击溃，剩余人马，无所藏匿，全部投降金人。

---

① （宋）佚名：《皇宋中兴两朝圣政》卷三，宛委别藏本。

在这期间，岳飞还奉命在东明县捣毁了杜叔五、孙海等盗匪的不法活动。短短半年时间，岳飞以其过人的胆识，为现任东京留守杜充立下赫赫战功。杜充对岳飞也是相当倚仗，先后擢升其九次，以至于坊间广为流传岳飞为杜充“爱将”。对于这些流言，岳飞不置可否，在他心里，抗金才是主要事务，这种内部的争斗只会削弱自己的力量，是得不偿失的。岳飞不愿意窝里斗，但他又有曾经自作主张脱离王彦的前车之鉴，因此，尽管不赞成杜充的行为，岳飞还是遵命而行，期望有一天杜留守在解决了内部矛盾之后，能像宗泽一样，带领大家将金人赶出大宋的土地。

建炎三年正月开始，遭遇黄河水而不得入东京的完颜宗翰大军，绕过汴梁城，由山东南下，先后攻下徐州、泗州，矛头直指高宗赵构所在的扬州。宋高宗大惊，紧急命令大将刘光世上前线迎战。孰料，被寄予厚望的大军刚到淮水边，便被金军的气势吓得做鸟兽散。消息传来，宋高宗惊慌失措。混乱中，来不及通知朝中大臣，高宗赵构只带着身边少数随从匆忙出逃，一路向南狂奔。失去了主心骨的扬州军民顿时陷入动乱中，上至朝臣，下至百姓，争相逃命，装满金银财物的大小船只因相互倾轧全都卡在长江岸边，长驱直入的金军不费吹灰之力就将其收入囊中，扬州百姓顿时成为屠宰场上的羔羊。

二月十三日，狂奔至杭州的宋高宗，在舆论的压力下，匆忙下了一道罪己诏，罢免黄潜善、汪伯彦的宰相之位，同时提拔不对金作战、只顾自己逃命的御营司都统制王渊为签书枢密院事（相当于今国防部副部长），但对护驾有功的臣子只字未提。宋高宗这种是非不分、颠倒黑白的言行，激怒了随身扈从的官兵。统制苗傅和武功大夫刘正彦，利用北方士兵眷恋故土、不满宋高宗只逃不战的情绪，发动兵变，废黜高宗的皇帝之位，另立新君，改元“明受”。苗、刘二人的行为并没有获得南宋朝中大臣们的支持，很快便被各地赶到的以刘光世和韩世忠为首的勤王军镇压下去，高宗复位，恢复年号“建炎”。五月，为顺应朝中上下抗金的呼声，高宗不得不做出一些姿态，将行辕由临安府迁移至江宁府，后改称建康府。

解决掉心腹大患的东京留守杜充，不仅失去了“两河豪杰”的有力支持，也使得开封城内守城实力大减。金人新一季的进攻虽然绕过了开封府，却经由山东直捣扬州，切断了开封与江淮地区之间的联系，加上河北、河东两路的彻底陷落，此时的开封城好似汪洋大海中的一座孤岛，陷入四面楚歌的境地。面对如此险恶的形势，杜充每日过得心惊胆战，一心只想早点逃离这个是非之地。

建炎三年六月，杜充找准宋高宗移驾建康的契机，打着“勤王”的旗号，率领整个东京留守司的主力部队向南撤退。将东京的防务留给了副留守郭仲荀。没过几天，郭仲荀也依样画葫芦，南下去了，留下留守判官程昌负责开封城守。程昌也不愿就地等死，遂把责任推脱给上官悟，自行出逃。在各级官员相互推诿之下，开封城岌岌可危。

岳飞出击王善一军，刚刚班师回到东京，立马接到了杜充大军南下的命令。这对一个一心抗金的将士来说，是十分难以接受的。于是，岳飞再一次冒着被撤职砍头的危险，苦苦规劝杜充。

经历了一系列的征战后，此时的岳飞已经成为杜充手下为数不多的、能用的常胜战将，尽管岳飞的劝诫听起来不怎么顺耳，但杜充并没有加以斥责，依然我行我素，率军向南开拔了。

岳飞劝谏不了自己的上司，又不敢再次违背上峰的命令，私自行动。因此，明知道此次撤离将会使整个东京府陷入万劫不复的境地，心中纵有再多的不舍，岳飞还是忍痛跟随杜充南下建康了。

建炎四年二月，开封最终还是落入金人手中，曾经的繁华只若昙花一现，永远定格在了历史中。

第四章

收复建康　建功江南

建炎三年秋，金军兵分数路分别从山东、陕西、江东、湖湘等地再度大举南侵，妄图一举消灭南宋，统一中原。尽管宋高宗等南宋统治者畏金心理严重，只知向南逃跑，但忠贞爱国的南宋将士始终坚守在江淮地区，大江南北人民不分贫富、无论贵贱纷纷起来反抗，金军在江南逐渐陷入了“人民战争”的包围。在残酷的抗金斗争中，岳飞飞速地成长，战法愈益成熟，意志愈益坚定，很快成为威震四方、独当一面的岳家军统帅。

第一节　钟山励卒挽狂澜

建炎三年春，复辟后的宋高宗暂时在建康府战战兢兢地住了下来。建康，自东吴以来，一直是南方经济、政治、文化中心，也是有名的军事重镇，长期恃长江天险而御敌于外。自宋太祖灭掉南唐一统江南，后主李煜被俘之后，建康城一直处于和平无战事的状态。从建康的战略位置来说，对于金军来说并不利于攻取，因为宋军既可以从南北夹击，也可以东西夹击，这样金军一旦进逼建康就会处处受敌。因而金军将扬州城洗劫一空后，顾忌建康的特殊位置，不敢轻易继续进军，反而回兵北撤，等待时机再挥军南下。

至于南宋朝廷在对待抗金问题上却变得更加懦弱胆小。接连经历金军侵占扬州和苗刘兵变两次大的动荡后，宋高宗患上了严重的“恐金症”。相比内部人的叛乱，宋高宗认为金人要更为可怕一些，毕竟自己是宋朝皇室的正统血脉，纵使有人像这次这样有不臣之心，朝中上下总会有人为他讨回公道，不会弃他不顾。可要是一旦被金人掳了去，那无疑是羊入虎口，父兄便是最好的例证。因此，高宗面对几次丧失失地的艰难时局，不仅没有激起报仇雪耻、收复失地的仇恨感，反而为了求得金军不再进一步南下侵犯，委曲求全，和金人维持互不侵犯的状态。几经权衡之下，一心只想保住性命和眼前富贵的高宗决定向金人求和。

宋高宗主动弃用皇帝的尊号，派使臣向金乞降，改用康王的名义向金军总指挥完颜宗翰致书，乞求其看在自己在南方“守则无人”“奔则无地”的境况下，能放自己一马，不要再南下。宋朝统治者的这种奴颜婢膝的态度更加助长了金人攻城略地的气焰。宋高宗并未因此反思自己的对金政策，相反，这种畏金如畏虎的心态一直伴随他终生。

正是在这种心态下，当假借“勤王”之命、实则擅离职守的杜充来到建康时，不但没有受到任何问责和惩罚，反而受到了宋高宗的热情接见，得到了意想不到的荣宠。八月，杜充被任命为尚书右仆射（右相）兼江淮宣辅使，留守建康，统领10万大军，负责长江一带的防守。宋高宗幻想以江淮为界，换得金兵不再南犯，他也可以在江南继续寻欢作乐，所以杜充的撤离暗合了他以河北、河东之地换取和议的心思。也正因如此，以张俊为首的朝臣曾建议在关陕一带建立抗金战场、积极抗敌的主张，同样被他搁置一旁。宋高宗在建康仅仅住了几个月，就集体搬回杭州了，并将杭州升格为临安府。

从建炎四年的后期以来，在大江南北滋扰百姓生活的就是一些游寇，而为首的就是李成这支队伍。李成原是宋军中的一名将领，勇猛彪悍，后因听信一个江湖道士的谣言，认为自己有当皇帝的面相，便在建炎初年时叛变，在淄川为非作歹，滋事扰民，随后流窜到滁州烧杀抢夺，无恶不作，当地的百姓苦不堪言。建炎三年，刘世光的部队打败了李成，招安了这支游寇队伍。但此人秉性不良，政治野心又很大，接受招安不久，就又叛变，在建炎四年，趁着金军兵马从江南撤退之际，流窜到江淮之间的六七个州郡，迅速壮大了兵马，烧杀掠夺，继而打算席卷整个东南。宋高宗感受到流寇的威胁，命令张俊负责征讨李成，并下令驻扎在江淮地区的部队，一律听从张俊的指挥。杜充派王燮的部队前往滁州平息李成的叛乱，岳飞也随之被派往协助王燮。王燮的前方部队刚行军三天就停止前进了，因为王燮此人生性懦弱，就想装装样子应付杜充，不想与李成展开正面冲突，愈发助长了李成的气焰。李成派游寇袭击了王燮的后方驻地，岳飞迅速率部队救援王燮，先发制人，直接迎击李成为首的游寇，歼灭了李成的500名轻骑。李成一方溃败后，逃到江西，再次叛变投靠了金军。这是岳飞与李成的首次交锋，小试锋芒便获大胜，经年后他们在战场上再次狭路相逢。

建炎三年秋天，金人难掩野心，背信弃义，撕破和约，分四路大军出师南侵，不到一个月的时间，已经失而复得的土地又被金人掠夺了。当时宋军主要兵力在长江沿岸部署，长江自古就是兵家必守的天堑，宋军派韩世忠的队伍和刘光世的队伍分守东西两边，南边就是杜充的军队。为了迅速灭亡南宋，占领整个宋朝领土，金军面对宋军在长江的防守，决定背水一战，全力以赴，朝建康步步逼近。

十月，完颜宗弼亲自率兵南下，先攻取寿春，逼近长江，随后占领了建康西面、长江北岸的和县。杜充眼见形势危急，立马召回了在滁州攻打游寇李成的岳飞、王燮部队，并下令淮南清野，派军6万戍守长江南岸，派统制伏之彦率300人北渡，将崇福寺院和周边民房烧毁，防止金军拆木为筏，渡江南下。而此时金军沿长江东进，与游寇李成联合起来攻打乌江，已经逼迫到建康不足百里了。此时军情甚是紧急，建康的形势岌岌可危。而此时的杜充却刚愎自用，上奏朝廷，谎报宋军已经在长江沿岸督促部队严加防守，誓不让金军过江，自己却闭门不出，整日喝酒作乐。

岳飞刚从攻打游寇李成的前线被召回，本想施展自己的军事才能，与南侵渡江的金军大战一场，却见杜充毫无应战举措。本来岳飞就对杜充从前线擅自离守，丢弃开封十分不满，又看到杜充不仅没有被惩罚，反而得到宋高宗的器重，再回顾自己从军的这几年，先后跟随不同的主将，出生入死，浴血奋战，却难以实现建功立业。一路不断南撤，自己冒着被诛杀的危险上谏，杜充充耳不闻，国仇家恨难报，自身的军事才华得不到施展，岳飞的内心充满了痛苦与愤懑。如今建康岌岌可危，朝庭和民族命悬一线，岳飞再也忍不住心中的怒火，强行闯入杜府，慷慨激昂地陈词：“如今劲敌在前，马上就要逼迫到江岸了。而相公每天宴饮，不过问兵事，如果敌人乘着我们懈怠之机举兵前来，相公您能保证将士们效力用命作战吗？如果将士们都不用拼命一战了，建康失守了，您还能高枕无忧吗？”岳飞恳求杜充以社稷和民族命运为重，积极应战，但是杜充只是漫不经心地敷衍了一句“来日便去江边视察军情”，事后仍是闭门不出，全然置江防事务于不顾，岳飞感到深深的无奈。

金军气势如虹，一路挥军南下，迅速占领了乌江县，在攻打采石时，遭遇了知太平州郭伟军队的顽强抗击。金军在几次渡江失败后，根据情报打探得知马家渡暂时没有宋军防守，便把进攻的矛头指向了马家渡。杜充眼见金军渡过马家渡，连忙派出都统制陈淬率岳飞、戚方、刘立、刘纲等17将，带兵2万拦截金军，又命王夑指挥1.3万人接应。等到陈淬率领部队抵达马家渡时，金军一大部分兵力已渡江，做好了应战准备，气焰很是嚣张。面对金军的铁骑，陈淬并没有畏惧，而是展现出英勇的战斗力，率领部下与金军展开了搏战。陈淬的奋力而战一方面是民族责任感，另一方也是自身的遭遇。他是福建莆田人，他的妻儿等八人在靖康年间全部被金军杀害，国仇家恨，使他义无反顾地率军要与金军生死一战。当时，陈淬向杜充建议“金兵虽然人数众多，但不擅长于水战，他们只有20艘大船，一艘装载不超过50人，每次只能有千人渡江。我们可以把部队埋伏在江边芦苇丛中，等他们上岸一批就抓获一批，而后面渡江的金兵又不知道。等到他们全部渡过江，就全部进入我们的埋伏了”。但是杜充心眼极小，妒忌心重，不允许别人有任何过于他之处，完全不听从陈淬的建议。等到有利时机丧失，金兵全部渡江时，两军展开了激烈的战斗，完颜宗弼更是身先士卒，亲自出战，鼓舞了金军的士气，而王夑却是胆小怯懦，率领部下在关键时刻逃跑，导致宋军阵营溃散。

陈淬率孤军力战，无奈寡不敌众，力气耗尽被俘。金兵主帅劝陈淬投降，他大骂金军誓死不降，最终被杀身亡。只剩下岳飞带领属下与敌军厮杀激战，一直打到黄昏，士卒们筋疲力尽，也不见援军相助，粮食又被王燮等溃将带走了，饥渴难耐，岳飞不得不将部队撤退到钟山。岳飞并没有气馁，又出兵与金军相战，但终寡不敌众，队伍不得不再次退回到钟山。宋军在马家渡中溃败，助长了金军的气势，义无反顾地扑向了长江天堑，建康危在旦夕。

杜充听说前线溃败，除岳飞之外的各路宋军皆被金军击溃，惊慌失措。为了保命，他不顾高宗的恩宠与厚望，率领余下的士卒渡江北逃至真州，后来，完颜宗弼诱以“中原王”的封号，招降了杜充，杜充成了大宋王朝的叛徒。宋高宗听说杜充叛变之后，想到自己对他恩宠有加，甚是恼恨自己看错了人。留守建康的宋军因为杜充的叛变，军心动摇，甚至有些将领率部下溃逃，戚方自带一路，逃到了镇江一带，成了打家劫舍的游寇。岳飞的部队也受到溃逃的影响，有的士卒叛逃。眼看部队就要溃散，而金军气势汹汹，卷土而来，岳飞为了激励部下，刺血而慷慨疾呼：“我辈生当宋人，当以忠义报国，立功沙场，才能死得其所。如果投降为金俘，或者溃逃为盗寇，就是苟且偷生，就会身败名裂。大家都知道建康对我大宋至关重要，是江左重镇，兵家必争之地，现在却被金军占据，何以立国！今天，有死无二，我们必须拼了命把建康夺回来！以后谁要再在军营惑乱军心，一律杀无赦！”岳飞慷慨激昂，义正词严，感动了士卒们，使众将士同心同德地团聚在抗金杀敌、尽忠报国这面旗帜之下，一致响应跟从岳飞抗金。

杭州岳王庙“尽忠报国”书法 周里程摄

但此时宋军大部分已溃散，完颜宗弼的军队在马家渡之战后，很快包围了建康城，到任不久的建康知府陈邦光，看到城外金人铁骑往来如飞，旌旗漫山遍野，吓破了胆子，送上了投降书，将建康府拱手送金兵，建康彻底沦陷了。完颜宗弼的目标是活捉宋高宗，攫取南宋政权，所以占领建康后，金兵乘胜追击南宋王朝，兀术更是亲自带军直追宋高宗等朝臣，南宋政权岌岌可危。

第二节　岳家军建威名扬

马家渡之战，是历史上抗金战争中的意义深远的战役，大将陈淬战死，杜充叛逃，建康失陷，宋高宗惊恐万分，连忙逃到越州。金军乘胜急追，完颜宗弼占领建康之后，趁着势头，加快步伐，由建康进军，经深水、广德、安吉、湖州，追击宋高宗，直逼临安。临安知州康允之弃城而逃，但城内的广大军民，誓死守卫，杀了畏敌投金的临安守臣刘海，钱塘县令率民兵迎战，英勇战死。临安也失陷了。宋高宗惊恐之下，采纳了宰相吕颐浩海上避敌的建议，慌忙从临安逃到明州，再从明州坐船南下航海逃走。宋高宗带领一帮人如同丧家犬一路南逃，完颜宗弼领兵10万，一路所向披靡。

岳飞部队在马家渡之战后，元气大伤，为了保存实力，牵制金军南下的步伐，伺机再战，便带领傅庆等将士们退守到茅山休整。但部队从前线撤退下来，兵心不稳，集结起来非常困难，士兵们纪律涣散，粮食匮乏，所以常常发生劫掠百姓的行为，岳飞感到不能在茅山驻扎下去，决定将部队转移到有官粮资助的广德钟村。在此过程中，岳飞率军在广德袭击了金军的后方部队，六战六捷，斩杀金军千余人，擒捉了金人汉儿王权等24人，剃头签军48人。这些剃头签军大部分是金军招募的河朔人，岳飞就利用敌军内部矛盾同俘获的签军谈话，讲道理，用真情实感和民族大义感化签军，做通思想工作，令他们回金营后做内应。回金营的这些人黑夜放火，烧毁炮车和各种武器，趁着金军混乱之际，岳飞出兵里应外合，击溃了金军。

百姓欢迎岳家军壁画 周里程摄

同时在这个时期，岳飞打探到了家人的消息，才得知自己的夫人，岳云、岳雷生母刘氏改嫁他人，而两个儿子随岳飞的母亲姚氏颠沛流离于黄河以北地区，生活拮据。岳飞很是气愤，也自责没能照顾好母亲和儿子。幸运的是一家人终于可以团聚了，岳飞把母亲和儿子接了回来，又娶了他的第二个夫人李娃。李娃聪明贤惠，对岳母姚氏非常孝顺，对岳飞前妻刘氏生的岳云、岳雷也非常疼爱，不仅操持家务，还积极做好岳飞部队家属的安抚工作，为岳飞在前线作战减少了后顾之忧。岳飞在抗金战争中能够功成名就，屡立战功，很大一部分归功于李娃全心全意的支持。她还先后为岳飞生育了岳霖、岳震、岳霭（后改名岳霆）等孩子，壮大了岳家的血脉。在接回家人之后，年仅12岁的岳云就随父从军，从此走上了抗金的道路。

岳飞率军驻屯广德钟村期间，最大的问题是朝廷拨支军粮未到位，军中粮食匮乏。士兵们缺粮，开始出现军心不稳的势头，甚至有的想逃窜去当流寇。为了解决军粮难题，暂渡难关，岳飞便捐献出自己的俸禄来购买军粮，岳飞母亲姚氏也非常支持儿子，四处去筹集粮食。尽管部队缺粮，但岳飞立下严格的纪律约束下属，不许侵掠百姓，做到“秋毫无犯”。而当时溃散的一些宋军专以掠夺为生，比如张俊的部队行军到温州的时候，所走过的地方，连鸡犬都被抢劫一空，老百姓一听说有宋军要来，纷纷逃到山里避难。王璞的部队在福建境内，走过的州县都要敲诈勒索，就连一些像韩世忠这样作风良好的抗金部队，在粮食极度匮乏的时候，也会做出掠夺百姓的事情来。而岳飞严明的纪律使得士兵不敢骚扰百姓，驻地老百姓耕作、商贸活动如常，日子安稳。所以，在百姓的心中岳飞的军队非常值得尊重，因此岳飞赢得了非常高的声望，甚至金军中的签军受到岳飞德行的感召，对岳飞非常景仰，也争着前来归降岳飞，称岳军为“岳爷爷军”。

严明的纪律作风和老百姓的良好口碑使岳飞的队伍迅速壮大起来了，士卒不少于1万人，加上家属、使臣等，岳飞军所属人马约2万。虽然人马壮大了，但缺衣少粮的问题也很严重。这时岳飞部队中有一个名叫李寅的随军效用使臣，献计说：“宜兴有足够的粮食可满足军队的物资需求，而且宜兴三面临太湖，唯有一陆路与外面相通，而且极为狭窄，金军不容易侵犯，是地理位置优越的军事要地，只需派人把守住路口即可。”岳飞听后十分高兴。此时宜兴正被在建康败下来的水军统制郭吉的溃散部队骚扰，处于水深火热之中。百姓们仰慕岳飞的威名，也纷纷请愿宜兴县官们请岳飞到宜兴驻扎。宜兴知县钱谌非常景仰岳飞，欢迎岳飞来县里保障百姓安全，于是专门去信告诉岳飞县里的存粮足够其军队人马吃上10年，欢迎他率军进驻。深受粮资困扰的岳飞全方面考虑形势发展之后，决定移军宜兴。

建炎四年二月，岳飞率军进驻宜兴，将兵营驻扎于张渚镇，初步解决了粮资问题，军心安稳了。在驻扎之后，岳飞率军马上展开了对宜兴流窜的冠匪的打击。横行于宜兴的郭吉的溃军听说岳飞军队来了，连忙带着人马、财物，乘船驶入太湖逃跑了。岳飞驻军宜兴期间，降服了马皋和林聚等散乱军队，打败了戚方为首的兵匪流寇。岳飞率军进驻宜兴之后很快平定了所有的冠匪，使宜兴县的百姓免于动荡被掠夺之苦，而部队士兵自身又军纪严明，秋毫无犯，赢得宜兴百姓的拥戴，百姓纷纷称颂岳飞的恩德，说道：“父母生我也易，公之保我也难。”

附近县邑的官吏、百姓纷纷弃家搬迁到宜兴来避难。宜兴的百姓称颂岳飞卫国保民的功业，为岳飞建起了生祠，挂起岳飞的画像，祀以香火，把岳飞尊奉为神人。岳飞的名字也深深融入两浙一带百姓的心里。在溃兵如潮的形势下，岳飞以坚定的信念、严明的军纪和自身的人格魅力，发展和壮大了自己的队伍。此时的岳飞二十七八岁，风华正茂，他没有沉醉于取得的胜利，而是时刻不忘洗刷国耻，总是以民族和国家大义来警醒自己和激励士卒。每次出征前，岳飞常常在士卒前慷慨陈词，每次讲到国仇家恨时，总是情绪激昂，将士们深受鼓舞。正是这种爱国精神的激励，岳飞才能带领将士们在敌强我弱或形势不利的时候，浴血奋战，英勇杀敌，不断取得胜利，并初具雏形，自成一军，后来广大人民群众亲切地称这支抗金劲旅为“岳家军”。“岳家军”开始建威扬名，逐渐发展成为南宋抗金历史上的中流砥柱。

此时大江南北的人民被岳家军的胜利所鼓舞，纷纷起来反抗金军，金军在南下的进程中受到日益增多的威胁，韩世忠部队屯守镇江，守住了长江下游，张俊奉宋高宗之命驻守明州，却消极抗战，担心金军的大规模进攻，率军撤离了明州，直接导致了金军占领明州之后大肆屠城掠夺。完颜宗弼此时追击宋高宗失去了方向，又遭到岳家军的重击，眼看继续南侵受阻，便在纵火焚烧明州之后，从运河经秀州、平江一线撤退。

第三节　乘胜追击收建康

宋高宗及朝臣得知金军北撤之后，到建炎四年四月在越州停留一段时间，重返杭州。金军撤兵北归时，顺路攻打了常州，岳飞受常州知州周杞邀请，从宜兴派骑兵袭击金军，四战皆胜，俘获了金军头目1名、汉儿李渭等11人。被杀死在水里的士兵死亡人数众多，岳家军取得大捷，并一路把金军追击到镇江附近。

金军撤退至镇江一带，而此时韩世忠早已经在镇江至建康一带部署了战船，只等金军来战。完颜宗弼派使者向韩世忠挑战，两方激烈会战，完颜宗弼带领的金军处于劣势。完颜宗弼派使者向韩世忠提出愿馈赠马匹等财物放他过江，遭到韩世忠的斥责。韩世忠亲自在江上指挥战斗，与金军相持在黄天荡。双方对峙达到40天之久，水路此时被韩世忠军队死死卡住。在陆地上，宋高宗命令岳飞配合驻扎镇江的韩世忠，在镇江一带迎击金军。4月25日，在清水亭，岳飞与金军展开了激烈的对战，金军大败，死伤惨烈，岳飞部队光斩获金军首级就达到175颗，缴获了马甲、弓箭、金鼓等武器装备3700多件。这是金军南侵以来遭受的第一次惨败，宋军的士气受到鼓舞，日益高涨。

金军在镇江受挫之后无法顺利渡江，只能奔向建康，但是船队必须要走水路，而此时水路被韩世忠军队死死守住，完颜宗弼举手无措，急得像热锅上的蚂蚁，便悬赏良策。这时，有个叛徒献策，趁江水上涨，在镇江西面凿开一个大沟，便可以接通长江口。于是金军连夜开掘了河道，接通江口，冲出黄天荡，向建康奔去。韩世忠急忙下令追赶，金军渡江又失败了。韩世忠与完颜宗弼在黄天荡进行了长时间的对峙，逼迫金军只能以陆路为进攻策略，建康成为首要目标。此时宋高宗害怕建康这个军事重镇失守，命令张俊全权负责收复建康，命岳飞协助张俊。五月初，金军向建康发起进攻，而岳飞早已料到并做好准备，在清水亭以西12里的牛头山扎营，伺机灭敌。岳飞选择牛头山驻扎是有原因的：清水亭是建康的外围屏障，而附近的牛头山海拔高，山势陡峭，地理位置险要，为建康城防守之战略要地。而且山上水源、物资丰富，保障了士兵们的饮水休整之需，这充分展现出岳飞自身的军事韬略，善于利用地形占据作战先机。岳飞率军进驻牛头山之后，立即发起了进攻。岳飞非常具有智谋，采用了迷惑敌军之计，首先派遣了敢死队，让100名士兵身着金军的黑衣，利用夜色，混入金军军营，偷袭金军。金军在夜色之中难以分辨敌我，慌乱之中自相攻击，伤亡损失严重。金军遭受突袭之后便加强了对营寨的防守，增设了岗哨，加强士兵巡逻。岳飞调整策略，派强壮的士卒，潜伏在营寨路旁，擒获了巡逻的金军士卒，并获知了金军要从建康撤退到静安北渡的情报，便率军进驻到静安附近，伺机伏击金军。牛头山之战以及之前的几十次交战中，岳飞以其卓尔不凡的军事才能，带领岳家军取得了胜利，给金军首领完颜宗弼造成了不小的压力。

金军在海上和陆地上都遭受重创之后，怕成为瓮中之鳖，急于过江，便在建康城悬赏渡江妙计。此时又一个叛徒献策，教金军把帆船改装为不怕火的划桨船，等划入长江后，对宋军海船发射火箭。完颜宗弼采纳了这个主意，连夜赶造了一批火箭，用火攻打败了韩世忠的船队。韩世忠的军队损失惨重，退回到了镇江下游。建炎四年四月下旬开始，完颜宗弼在建康城内外大肆屠杀，大量搜刮官民住户的财货，到五月初十，他们放火把建康全城付之一炬，纵火掠夺三日，疯狂屠杀老弱病残的百姓，抓走壮丁，发泄内心的愤恨。岳飞愤慨于金军的劣行，率军一直追杀到建康。金军见建康难以防守，便从静安渡江，把劫掠的这些人和货物，撤到六合县的宣化镇去。此时岳飞率领的部队，已被朝廷下令归属张俊所管，而且已经从宜兴向北移动，已经到达了距离建康不远的地方。当岳飞察知敌军准备渡江北返撤退，来不及等待张俊下命令，便发动追击，直逼静安，其余兵力直奔建康，趁着金军撤出建康渡江的时机，追至江边，狠狠打击金军后部。金军遭到重创，背着掠夺财物尚未登船，就统统落入水中溺死。这一战，岳家军剿灭金军3000余人，俘虏金军300多名，马匹300多匹。这在历史上被称为“静安大捷”，是岳家军独立成军后取得的首次胜利。

岳飞乘胜追击，收复了建康。而此时的建康经历了金军的疯狂洗劫，房屋烧毁，瓦砾遍地，尸体遍地。建康城从一个繁华的古城变成了死寂的废城，遭受到了毁灭性的打击。岳飞收复建康后，安抚灾民，稳定民心，做了大量的善后工作。

这场战役历时半个月。收复建康的胜利意味着金军第一次南侵的失败，极大鼓舞了南宋军民的斗志，军民联合起来迫使金军不敢渡江南侵，保证了江南的暂时安稳。岳飞的主动出击和胆识震撼了金军将士，也得到了南宋朝野的极大关注，有些官员上书朝廷，极力赞赏岳飞收复建康的功绩。收复建康也是岳家军历史发展中非常重要的一个战役，这是岳家军独立成军后以劣势兵力进攻优势敌人取得的胜利，让宋高宗刮目相看。从此岳飞成为其倚重的将领，岳家军也成为南宋初年一支重要的抗金力量，队伍逐渐壮大。

在两浙民众眼中，岳飞是阻止金军南侵渡江的大英雄；在宋高宗心目中，他是没有任何政治背景的平民子弟，是可以成为股肱之臣的培养对象，因而亲自召见了岳飞。在面圣之前，岳飞在越州见到了浙西江东制置使张俊。自建炎四年来，岳飞一直属于张俊麾下。张俊非常看重岳飞在收复建康中的表现，想进谏宋高宗把岳飞派往鄱阳，镇守江南东路、西路。但是岳飞认为驻守建康具有战略意义，就在宋高宗召见自己时上奏皇帝，指出："建康是国家形势要害之地，应该派兵固守，臣认为金人要渡江，必先取二浙，臣愿意率兵守淮，来巩固腹心。"岳飞从战略上分析了宋金局势，向宋高宗陈述了守淮的战略意义，指出建康是保障江南安全的根本。宋高宗最终采纳了岳飞的建议，并赏赐岳飞金枪、金带、鞍马、铁铠等财物。

收复建康后，岳飞率军返回宜兴张渚镇，归途中，刘经部下一个名叫王万的将官，突然跑来向岳飞揭发说，刘经正在密谋叛变，想乘着岳飞在建康战斗的时机，把岳飞的母亲妻儿等全部杀害，吞并岳飞留在宜兴的部队。刘经是岳飞的老乡，以前是杜充的后军统制，后与岳飞军合兵进驻宜兴，是有着共同出入沙场情谊的战友。此前岳飞率军由宜兴向建康进发时，要求刘经和他的部队留守在宜兴。岳飞听了密报之后，震惊万分。而当前最好的办法就是将计就计，先发制人。岳飞派遣部将姚政连夜赶回宜兴，见机行事，一定要把刘经杀掉。姚政连夜行军，抵达宜兴，经过一番布置后，将刘经诛杀。岳飞随后也率部队赶来，向刘经的部下说明了事情经过，并招抚了刘经部众。

回到张渚镇后，岳飞到其好友张大年的宅院做客，感慨于振兴宜兴、收复建康取得的胜利，便乘兴在张家大院的墙上写下了一段《题记》。

> 自中原板荡，敌寇交侵，余发愤河朔，起自相台，总发从军，历二百余战，虽未能远入龙荒，洗荡巢穴，亦且快国仇之万一。今又提一旅孤军，振起宜兴，建康之城，一鼓败敌，恨未能使匹马不回耳！
>
> 故且养兵休卒，蓄锐待敌。嗣当激励士卒，功期再战。北逾沙漠，仰极朝廷，尽复疆土，迎二圣归京阙，取故地上版图，朝廷无虞，主上奠枕，余之愿也。河朔岳飞题。①

---

① 《金陀稡编》卷十九《五岳祠盟记》。

岳飞从靖康年间抗金到收复建康，带领岳家军一步步壮大，拥军众多，其浩浩之功绩的背后是其光复民族的责任感和爱国之情。从这篇《题记》中我们可以深深感受到岳飞誓死消灭金敌，收复故土的决心和豪情壮志。岳飞在以后的抗金生涯中，不断践行着自己的诺言，举兵北伐，收复故疆、为国建功立业，一展自己的雄心壮志。

第四节　降服戚方斩傅庆

金军北撤之后，南宋政权渡过了最大的危机，暂时平稳下来，确立江南为南宋政权中心。此时对于南宋王朝来说，面临的主要威胁除了金军还会再次南侵的困扰之外，游寇和农民暴乱等问题严重困扰着南宋王朝。

游寇，原是出身于华北与关陕地区的官军，被金军打败溃散后，朝廷放任不管，任其自生自灭。一部分溃军成群结伙，流窜于江淮地区，靠抢杀掠夺百姓为生。这些游寇各据一地，称霸称雄，严重影响百姓的生活，影响社会的稳定，逐渐成为南宋政权心腹之患。因此，金军北退以后，平息骚乱江淮的游寇，成为南宋政府亟待解决的问题。游寇中势力比较大的头目如李成，在建炎四年被岳飞军打败，逃往江西并向金军叛变。在尚存的游寇中，最猖狂凶悍的就是盘踞在两浙一带的游寇戚方。

戚方此人武艺高强，勇猛彪悍，最早是充当养马的军士，后来当了盗匪，又被招抚，率众投奔杜充，升统制。戚方此前与岳飞在宣抚司当过同事，有着战友的情谊。在建康失陷之前，他率部下叛乱，再当盗匪，离开建康在两浙一带流窜抢劫，为非作歹，掠夺百姓，无恶不作。岳飞念及以往共事情谊，曾经派人劝戚方归顺官府，但戚方生性顽劣，匪性很强，拒不归顺，而且还将扈成一门全部杀死。戚方还曾在广德想火并岳飞军队，但是未能得逞。

建炎四年六月初，戚方从宣州流窜至安吉，朝廷任命张俊为招讨使，全权负责剿灭戚方的军事行动，由岳飞配合张俊大军的围剿行动。岳飞率领三千精兵离开宜兴，直下广德，在安吉县东南的苦岭扎寨。苦岭处于广德通往安吉县的重要通道上，是戚方必经之路，岳飞在此扎营是想阻截游寇戚方再次荼毒广德军民。

戚方得知岳飞前来征讨，慌了阵脚。此时岳飞的威名早已在宋军中人人皆知，而且他曾妄想吞灭岳飞军，两人之间有过矛盾。戚方料想此次岳飞肯定会报仇雪恨，一定会置他于死地，所以赶紧命令士兵将岳飞前来攻打必经之途上的一座官桥给拆除了，想阻拦岳飞的征讨。岳飞知道后，取了一支刻着“岳”字的箭，朝官桥的栏杆上射了一箭，给戚方一个下马威。戚方看到这支箭后，惊慌失措，自认无法与岳飞抗衡，连夜逃跑了。

岳飞急忙命令傅庆前方追击戚方，随后带领大军紧追而来，但并没有追上。戚方在这段时间内等到增兵之后，开始反扑。岳飞亲自率领千名士兵与戚方迎战。在交战中，戚方一箭射向岳飞，并未射中，箭镞击中了岳飞的马鞍。岳飞将马鞍上的箭镞拔出来插进箭箙中，愤恨地发誓要活捉戚方，让他折断这支箭。双方激战数十回合，戚方不敌，眼看败下阵来，便朝湖州方向逃跑，岳飞在后面紧追不舍，把戚方追得走投无路。就在此时，张俊大军赶到了湖州。张俊和岳飞联合起来，戚方一方难以抵抗，只有投降。戚方非常清楚自己和岳飞之间的过节，投降岳飞，他一定不会放过自己，而岳飞品行刚正清廉，很难用财物去打动他，于是戚方选择了投降张俊。戚方确实聪明，因为张俊这个人虽然军功赫赫，但骨子里却是一个是贪婪、卑鄙的小人。戚方刚一投降，马上就献出了600匹马和无数金银给张俊做见面礼，结果真如他所料，张俊被金钱迷花了双眼，不但没有杀戚方，反而答应会在岳飞那儿保全他的性命。

岳飞得知戚方投降以后，立刻来到张俊帐下找戚方算账，但没有料到，张俊已经被戚方收买，立意要做他们二人的和事佬。张俊为岳飞专门安排了庆功宴，酒酣兴高之际，张俊找来戚方面见岳飞谢罪。戚方一见岳飞，痛哭流涕，忏悔罪恶，极尽做小伏低之态。岳飞却不想轻易放过戚方，他历数戚方叛军以后的几大罪状，言辞激烈，掷地有声。眼见岳飞不买账，张俊只好豁出老脸为戚方百般说情。岳飞看到张俊极力庇护戚方，也无奈地答应放戚方一马，但是为了惩治戚方，岳飞从随身披挂的箭箙中取出一支箭镞，告诉张俊：广德苦岭交战的时候，戚方曾经用手弩射自己，这个仇他曾立誓要报。岳飞将箭扔给戚方，命令戚方一寸寸地将箭折断，此事就算了结。如此一来，戚方保住了性命，而且此后凭借不断贿赂而飞黄腾达。

在平息了戚方叛乱之后，岳飞在朝廷上的口碑和名气日益高涨，朝臣们纷纷上奏称颂岳飞的功绩，张俊向宰相范宗尹极力推荐岳飞，范宗尹奏禀宋高宗，认为朝廷当像重用韩世忠、刘光世一样重用岳飞。宋高宗也很赞赏岳飞的功绩与军事才能，决定提拔岳飞，升岳飞任通、泰州镇抚使兼泰州知州。

其实，岳飞对升任通、泰州镇抚使并不是很满意，因为通、泰州处于江海偏僻地域，军事战略上主要是防守性事务，不能施展岳家军抗击金敌的伟大志向。于是上书朝廷想辞免此职，可是宋高宗及众朝臣无意于民族光复、重拾山河大业，没有同意岳飞的请求。岳飞无奈只好受命。

建炎四年十一月，岳飞撤回泰州，担任通泰镇抚使。在这个时候，部队内部发生了事情。回到泰州后，岳飞就召开庆功会，表彰将士们来鼓舞士气。在会上岳飞命令军中将士们比赛射艺，其他将领射箭都未超过一百五十步[①]，而傅庆一上台连发三箭，都达一百七十步，得到大家的喝彩，岳飞赏他三杯酒。接着，岳飞又颁赏承州之战中立下战功的人，把宋高宗赏赐的战袍和金带，赏给了王贵。这时傅庆微微有些醉意，内心有些不平，从队列中擅自站了出来，大声叫喊：“当赏有功者！”岳飞问：“谁是有功者？”傅庆回答说：“我在

① 一步为五宋尺，约合1.55米。

清水亭立了大功，当然该赏我。”岳飞大怒，立即喝退傅庆。但是傅庆不服，还抢过战袍烧毁，摔坏了金带。岳飞怒不可遏，呵斥道：“不斩傅庆，何以示众！”下令将傅庆推出斩首。

岳飞为何如此震怒，对傅庆如此严惩？傅庆是岳飞的前军统制，原是卫州的一个窑户，勇猛有胆识，以前是戚方的部属，建炎三年，戚方叛逃之后被岳飞招抚。傅庆此人勇猛善战，屡立战功，建炎四年在宜兴大败郭吉，又跟随岳飞大败叛将戚方。取得了诸多战绩之后，傅庆深受岳飞赏识，平日里岳飞把他作为亲密的朋友来对待，经常赠予他财物。但是傅庆生性恃才傲物，好大喜功，屡次向岳飞索要财物，岳飞也总是慷慨解囊。这就更加助长了傅庆的傲气，经常向他人吹嘘“岳飞能有今天，完全是我傅庆的功劳”。岳飞任通泰镇抚使兼泰州知州后，为了严肃军纪，对傅庆不像以前那么纵容，对于傅庆的要求也开始不有求就应。因此，傅庆心怀不满，故意在打仗时懈怠，承州之战也没有立下任何军功，岳飞就不太重视傅庆了。傅庆感觉自己失去了恩宠，就开始动了心思，想重新投靠旧日的长官刘光世，于是就私通刘光世部将王德，密谋叛逃岳飞。有次岳家军统领张宪无意中听到傅庆要叛变的对话，就将此事报告岳飞，岳飞知道后气愤异常，但是隐忍未发，直到庆功宴上傅庆自投罗网。

傅庆目无长官，妄自尊大，甚至谋划私投他军、背主求荣，有违军法。而且岳飞杀傅庆之时，刚升任泰州知州，岳家军也经历了抗金多次战役，正是休整的时候，这时候就要凝固军心，维稳发展。傅庆的骄横在岳家军中造成了一定的消极影响，如果不整治他，一是难以服众，二是怕傅庆会成为将士们效仿的榜样。

岳飞的严明治军、依法治军为中国历史上的军队建设与管理提供了典型榜样。岳飞自己出身卑微，对百姓遭受军队掠夺的水深火热感同身受，所以在治理岳家军的时候，秋毫无犯的严明纪律是其管理军队的首要任务。他为岳家军制定了很多严厉的规矩，规定凡是损害庄稼、危害到百姓利益、买卖不公平的要判死刑。有一个士兵，只是在捆马草时拿了老百姓的一缕苎麻，岳飞认为他违反了秋毫无犯的规矩，处以斩首。岳家军行军时露宿街头，也不去惊扰当地的村民。即使住在老百姓家里，也要帮老百姓做家务，洒扫门庭，收拾整洁。

岳飞不仅为岳家军规定了铁的纪律，自己作为岳家军主帅也是严于律己，身体力行。在江西征伐游寇时，路过庐陵，当地官员特意为岳飞设宴饯行，等部队人员全部走完，也没见到岳飞踪影。原来他夹在了士卒的队伍中早已离开。在生活上，岳飞常与士卒同吃住，酒肉全部平均分配，若是酒少不能分给全军，就掺上水让每人都能喝上一口。

正是因为岳飞自身的典范作用，在岳家军非常艰难的时候，能够凝聚兵心，将士们同仇敌忾，克服困难。岳家军军纪严明，执法如山，这就是岳飞的严明用兵之道。岳家军百战百胜，取得赫赫战功，离不开岳飞作为主帅的管理能力。张俊曾问岳飞用兵之道，岳飞回答说："将帅必须具有五德：仁、信、智、勇、严。"张俊又问："何谓严？"岳飞说："有功者重赏，无功者峻罚。"[①]"小善必赏，小过必罚，待数千万人如待一人。"[②]赏者不嫌疏，罚者不避亲。只要是能立下战功的，不管其职位高低，都要奖赏。张宪的部下士兵郭进在攻打莫邪关的时候英勇冲锋在前，立了战功，岳飞当场解下金束带给他，并奖赏他各种银两，并从士兵擢升为军官。如果违反纪律，不论亲疏、地位高低，都一律问责。中军统制、提举一行事务王贵，曾经是屡立战功的将帅，深得岳飞器重，但在颍昌之战中，因完颜宗弼所统金骑兵人数众多，王贵惧怕对方的气势，一度怯战，妄想弃战，被岳云狠狠斥责一通，才使参战的岳家军将士情绪未受影响，最终重创金军。事后，岳飞怒不可遏，下令将王贵斩

① 《金佗稡编》卷九《行实编年》卷六。

② 《金佗稡编》卷三十《鄂州忠烈祠记》。

首，最后诸将恳求，王贵得免死。岳飞的严明军纪不仅体现在对将士们奖赏分明，更体现在对自己家人也能做到不徇私枉法。岳家军驻扎徽州时，有老百姓控告岳飞的舅舅姚某为非作歹，欺压平民，岳飞将此事报知给母亲姚氏，希望母亲一定要严厉惩罚她的兄弟。谁知他的舅舅心胸狭隘，被岳母责罚后怀恨在心，竟多次图谋杀死岳飞。有次出兵岳飞与姚某同行，姚某趁岳飞疏忽之时突然骑着马跑出队伍，然后回身就向岳飞猛射了一箭，幸亏箭法不准，岳飞毫发无损。岳飞大怒，拍马追上，将姚某一举拿下，斩首示众，并告诫士兵们，不服从法纪约束，即使是自己的亲舅舅也一律依法惩办。由此可以看出岳家军治理之纪律严明，岳飞本人之刚正不阿。

在中国历史上，对岳家军评价最高的是“撼山易，撼岳家军难”，一支军队的刚强除了过硬的军事技能外，将领们的德行才是凝聚军队最重要的力量。自古以来优秀将领德行的根本要求之一就是“严”——治军强调纪律严明。岳飞正是继承了古代将领的优良传统，以“冻死不拆屋，饿死不掳掠”的严明纪律建立起了一支队伍，赢得了“行师有律，几不犯于秋毫”的评价，赢得了民心，只要岳家军经过，老百姓们就相呼拥戴，夹道欢迎。受到这支抗金劲旅的吸引感召，壮丁及一些游寇散兵纷纷投向岳家军当兵，从建炎四年岳家军独立成军时的1万人的微薄力量，到绍兴四年岳家军已经壮大到3.5万多人，无疑说明了岳家军在当时百姓间的威信。岳飞为主帅的这支队伍胸怀忠义报国、光复河山的雄心壮志，驱除敌寇，拯救社稷和民族的危亡，从收复建康之后迅速发展为抗金的中流砥柱，真正成为历史上的“正义之师”和“威武之师”。

第五章

鏖兵淮东　杀敌保民

金军对南宋的第一次大举发兵以全部撤离江南而告终，南宋的政权危机安然渡过，除了川陕等路宣抚处置使张浚主张朝廷西迁外，大部分主政大臣都赞成把江南作为朝廷的根据地，从此宋金两国的国土大势以江淮为界形成对峙局势。岳飞自动请缨驻守淮东，开始了对内镇压流寇，对外抵抗金兵的常态化军事生涯。

第一节 升任通泰镇抚使

收复建康，使得岳飞进入南宋正规军高级将领的序列。战斗结束后，张俊目睹了岳飞的勇敢和智谋，且此时与岳飞尚未心生嫌隙，所以回朝后，主动向宰相范宗尹举荐岳飞。范宗尹于是上奏宋高宗：“张俊自浙西来，盛称岳飞可用。”[①]宋高宗认为，岳飞是杜充的爱将，杜充虽然临战投敌，让人颇为气愤，但是失中有得，重用岳飞，就是他给朝廷带来的最大功绩。后来，岳飞超人的才干和无私的情操也受到了士大夫们的注意，在奏章中有这样的评论：“岳飞骁武精悍，沉鸷有谋，临财廉，与士信。”岳飞自己曾对部下讲的话，也被引用来上奏给高宗：“要使后世书策中，知有岳飞之名，与关、张辈功烈相仿佛耳！”对岳飞很了解的江东人邵缉，也上书千言给朝廷，举荐岳飞，说岳飞“从军河北，曾以数骑乘险据要，阻击敌军万人。还曾在南薰门外，以八九百人破王善、张用五十万之众，威震四方”。[②]

宋高宗看了这些书奏，加上五月至六月间的朝见，对岳飞印象很深，更加欣赏岳飞的战功和才干，于是就有意提拔岳飞了。七月，南宋朝廷擢升岳飞为

---

① 《三朝北盟会编》第一四一卷。

② 《金佗续编》卷二八《孙逌编鄂王事》引建炎四年邵缉荐书。

武功大夫、吕州防御使，并任通、泰州镇抚使兼知泰州。

南宋镇抚使的成分很复杂，有一度做了“游寇”，后来又暂受南宋朝廷招安的，例如被派往扬州的郭仲威；还有起于绿林做了盗匪的，被派往舒州的李成，承州的薛庆等；还有的是因为奋勇抗击金人而声名大振的，例如被派往河南镇抚使的翟兴，楚州镇抚使的赵立，滁州镇抚使的刘位等。他们本是忠义民兵的首领，有的人在后来的抗金保城之战中打出了风骨，打出了顽强，因而青史留名。

岳飞是南宋王朝正规部队中的一员将领，可在建炎四年八月初，他也被委派为通泰镇抚使、兼知泰州，并升官至武功大夫、昌州防御使。通泰镇抚使在刘光世防区内，隶属于两浙路安抚大使司，辖区在扬州以东，是从泰州到南通一带的地方。武功大夫比原来的武德大夫高一阶，但按“双转”制度其实是半阶，防御使又比刺史高两阶，岳飞的虚衔算是连升三阶。看起来南宋王朝似乎对岳飞日益倚重，已开始要他独当一面了。然而，这个官职负责的区域不在抗金前线，虽然安全很多，但并非岳飞志向所在。再加上镇抚使成分复杂，多为流寇，岳飞自然不愿意与他们为伍。所以，他给朝廷写了一封《乞淮东重难任使申省状》，说：

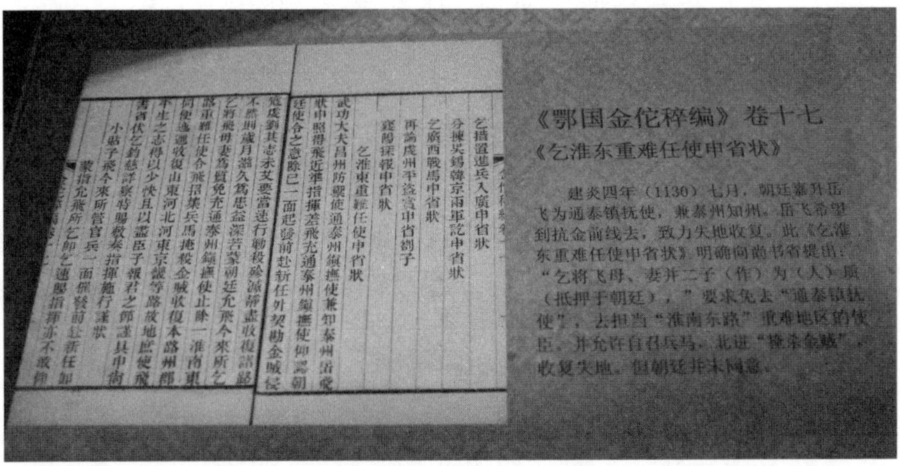

《乞淮东重难任使申省状》 周里程摄

> 照得飞近准指挥，差飞充通泰州镇抚使，仰认朝廷使令之意，除已一面起发，前赴新任外，契勘金人侵寇虔刘，其志未艾，要当速行杀，殄灭全尽，收复诸路；不然，则岁月滋久，为患益深。若蒙朝廷允飞今来所乞，乞将飞母、妻为质，免充通泰州镇抚使，止除一淮南东路重难任使，令飞招集兵马，掩杀金兵，收复本路州郡，伺便迤逦收复山东、河北、河东、京畿等路故地，庶使飞平生之志得以少快，且以尽臣子报君之节……如蒙指允飞所乞，即乞速赐指挥，亦不敢仰于朝廷，别求添益军马。伏乞钧照。[①]

可见，岳飞非常不想领受此职。这封《乞淮东重难任使申省状》中所写，一腔收复河山的英雄气，而没有一丝官场虚词。不然，他为何不欣然领命来到抗金战场的大后方，众所周知那是更安全的所在。当然同时被委派为镇抚使的有很多都是土匪头目，岳飞也许不愿与他们为伍，但也不至于想要以母、妻和两个孩子为人质，换取前线杀敌的机会。可见，在岳飞的心中，他不想领会朝廷的小恩小惠，也没有保全自己的苟且偷生，他满心的杀敌保民、多次主动请缨，这一切总是那么让人动容。然而，他的请求并没有得到南宋王朝的应允。想上前线而不得，这和那么多临阵脱逃的将领形成了多么大的反差。

奏折呈上了之后，南宋朝廷只是回复“知道了”，没有同意岳飞的提议。于是，岳飞奉命上任，在八月二十六日夜间亲自前往泰州。宋朝募兵制的惯例是，军队移屯，家属随行。岳家军历时半个多月，到九月初九，他的军队才全部进抵泰州。到任之后，岳飞治理军中事务依旧非常严整，依旧严禁军士骚扰百姓。当地老百姓遂得“室家安堵”[②]。岳飞也因此而获得居民的拥护。

---

① 《金佗稡编》卷十七《乞淮东重难任使申省状》。

② 《三朝北盟会编》第一四二卷，建炎四年九月四日。

第二节　临危驰援楚州城

完颜宗弼渡江以后，带着大量从南宋诸城掠夺的财物和珍宝，沿运河水陆并行，想要尽快将它们运往北方。但是回去的路并不是那么好走，南宋承州、天长军镇抚使兼承州知州薛庆和楚、泗州、涟水军镇抚使兼楚州知州赵立率宋军扼守运河边的要塞，截击完颜宗弼的归师。完颜昌曾率军围攻楚州，但是楚州知州赵立乃硬汉一条，坚决抵抗，完颜昌没有得逞。这次，为打通这条贯通南北的水路，主持淮南战场的金国元帅左监军完颜昌亲自来到六合县与完颜宗弼会师，两人商定了共同攻打楚州的计划。八月，金军对楚州发起了疯狂的围攻。楚州形势危在旦夕。

真、扬州镇抚使兼扬州知州郭仲威得知楚州危急，便约承州知州薛庆共同迎敌。承州，在楚州和扬州之间，承州知州名叫薛庆，是一个很得民心的抗金将领。这次战火虽然并未烧至承州，但是薛庆仍准备发兵救援。薛庆领兵至扬州，要与扬州知州郭仲威一起商讨出兵之策。哪知此时，郭仲威居然在置办宴会。见此情形，薛庆大怒，忍不住厉声呵斥："此岂纵酒之时耶？我为先锋，汝当断后！"[1]薛庆甚至都没有坐下，上马就走。然而楚州城外遍布重兵，援兵

① 《建炎以来系年要录》卷三十六，建炎四年八月庚辰条。

也在源源不断向前线输送。薛庆遭到了金军的重兵袭击，寡不敌众，边打边退向扬州东门。哪知人心叵测，扬州知州郭仲威在此时临阵变卦，拒不开城门，见死不救。薛庆孤军奋战，力尽被俘，在金军的乱箭之中，惨遭杀害。薛庆所骑的战马，失去了主人，嘶鸣着冲出了战场，老马识途，奔回承州。州吏见到战马，惊呼："薛太尉坐骑回来了，太尉战死了吗？"[①]

薛庆战死之后，金军便乘胜追击，攻占了扬州和承州，并顺势包围楚州。郭仲威弃扬州城逃至天长县境内，按兵不动，暗自观望。

此时，南宋知枢密院事张浚准备在陕西开辟第二战场，他大规模集结军队，希望能够牵制金军的兵力，减轻金军对南宋朝廷的压力。陕西宋军一向号称宋朝最精锐的部队，而且规模庞大，金军不敢轻敌。于是一番商定之后，完颜宗弼一军西调迎敌。淮南战场就由完颜昌和龙虎大王完颜突合速主持。

照此来讲，完颜宗弼大军调走，淮南的压力应该减轻不少，救援楚州看起来并不是那么不可能。但事实却是南宋朝廷的三员大将——韩世忠、张俊、刘光世之间矛盾重重，因此他们的兵力根本没有办法集中，南宋朝廷也并没有与金军在淮东决战一场的勇气和计划。在宋高宗君臣看来，韩世忠军黄天荡新败，尚需休整；刘光世与张俊关系向来不好，所以出兵只能是非此即彼。于是，伸向金兵的拳头只能是迟疑的、软弱的，根本无法形成合力对抗金兵。签书枢密院事赵鼎先找张俊，命他支援楚州。张俊立即拒绝说：金军锐不可当，楚州只有镇抚使赵立一旅孤军。一座孤城，危在旦夕，若增兵救援，如同赤手空拳与猛虎搏斗，只会一起灭亡，毫无价值。关于救援楚州，赵鼎一再坚持，张俊一再拒绝。两人争执无果，赵鼎就上奏宋高宗，说张俊畏惧金军，不愿救援楚州，自己愿与他同往。就这样张俊仍然拒不从命。张俊这样在没有任何拿得出手的理由下公然抗命，而南宋朝廷居然无可奈何，实在让人大跌眼镜。

① 《三朝北盟会编》第一四一卷。

南宋朝廷无奈之下只能改派刘光世出兵，而命岳飞、郭仲威接替薛庆任主管镇抚司公事的王林和海州、淮阳军镇抚使兼海州知州李彦先等部，都划归刘光世节制，共同救援楚州。

刘光世是南宋第一个晋升节度使的大将，官位不可谓不高。可他靠勾结宦官获得了身居高位，之后却“玩寇养尊”，根本没有一丝为将者的担当和血性。他前后接到5道宋高宗亲笔手诏，19道枢密院札。其中可以看出，宋高宗对刘光世寄予了厚望。他把事态之紧急说得很清楚，指明楚州的陷落对刘光世来说是唇亡齿寒，一定要慎重对待，最好马上派军渡大江，亲自督战，以解山阳之围。但刘光世和张俊一样，都不愿意直面金军优势兵力。而且刘光世用兵作战的惯例就是只派偏裨出战，本人却远离战场。于是他的数万兵马，都屯守在镇江府，他派部将王德和郦琼率轻兵，于八月二十四日渡江，次日便越过距离承州不远的邵伯。此处再向北行军，不远就是承州。然而行军至此，二人却不敢向北直进，而是朝西北方向行军，绕了一个大大的圈，到了与承州有重湖之隔的天长。这样的行军路线，让人简直无法相信他们是要去救援楚州。事实上，他们也确实没有救援的诚意，从刘光世，到王德和郦琼，上行下效，都在避重就轻，虚与委蛇。二人都以各种借口拒绝执行救援的命令。后来，几经绕道之后，王德终于率部来到承州城下，可是不打而退，然后借口部属不听命令，斩了左军统领刘镇和裨将王阿喜，谎报了若干战功之后，就当作自己的任务结束，于九月撤兵，一走了之。

可见，南宋在江北的军事力量，几乎是形同虚设。承州薛庆已被杀害，接替他的王林畏缩不前；郭仲威丢扬州之后更不会轻易出兵；东海镇抚使李彦先是楚州知州赵立的结义兄弟，是救援楚州最出力的一军，却在率部进到楚州山阳县的北神镇时，被金军阻截在了淮河当中，无法前进。楚州处境危急，而援兵依旧没有着落。

最后，只有岳飞，不顾一切困难，真正遵照了南宋朝廷的命令行事。八月二十二日，岳飞所部抵达江阴时，还没有接到宋廷八月十九日发出的第一道救援楚州的命令。可是，当传来金军元帅左监军完颜昌率领大军围攻楚州的哨报时，岳飞马上意识到了情势的危急。他明白金兵一旦攻陷楚州，势必立刻就会危及泰州。再往后，淮东的城池都将难守。于是八月二十六日，岳飞当即亲自率领一支轻骑兵渡江，火速赶往泰州，想要抢先部署抵御金兵进犯泰州和救援楚州的事宜。至于岳家军的大队人马，岳飞交给了部将王贵指挥，随后跟进。到九月初九，全军终于进入泰州。

岳飞和他的轻骑兵于九月初二就抵达了泰州，到了之后马上发觉这里存在着许多困难。首先粮饷供给就是个很大的问题。泰州原本管辖着四个县，即海陵县、如皋县、兴化县、泰兴县。盛产稻米的兴化县和收成较好的泰兴县已改隶承州和扬州，如今的泰州只剩下收成不好且无存粮的海陵县和如皋县。这里几次惨遭战火，连百姓的温饱都难以为继，岳家军粮饷衣物的供给就更不用说。南宋朝廷曾令较远的湖州对岳家军的粮饷予以供给，于“封桩米内支拨五千硕，应副本军起发”，却不料当地官员却绝支付[①]。岳飞和将士们的希望落了空。而临近深秋，天气见凉，将士们却依旧穿着破旧的军装，去年秋季以来的春装尚未领取，今年的冬衣也没有着落。

到泰州之后，岳飞接到了南宋朝廷要他出兵策应赵立的命令。岳飞的军队饥无粮、寒无衣，这仗该怎么打！岳飞对此忧心忡忡，但是对于救援楚州，他从未犹豫过。军中钱粮匮乏，因此人们对军容不整、流寇丛生的现象早已司空见惯，但是岳家军是一个特例，岳飞在最艰难的时刻仍然严明军纪，对百姓秋毫无犯。通泰两州百姓逐渐将这样的一支大军当成了守护神，军民之间有了一定的默契。

接下来，岳飞开始着手整顿泰州本地的军队。泰州的军伍除了效用、使臣

---

① 《金佗稡编》卷十《乞催湖州赐米奏》。

之外，还临时招募过抵抗金兵的“敢死士”[①]，为了安抚泰州将士，激励士气，岳飞在点检兵籍后，命泰州部伍的敢死士、效用和使臣逐一填写“从军愿否状”，愿意继续从军的留下，不愿的可以离开。然后集中到校场，让众将士比赛射箭和武艺。赛后，岳飞亲自挑选了100名优胜者，分为四队，每人赐给一匹战马、一副铠甲，充当自己的亲兵，“常置左右”。从这个做法可以看出岳飞对手下士兵的武艺，也就是单兵素质很看重，更可以看出岳飞深谙军队的领导之学。在当时的中国，人们的地方观念非常浓厚，不同地方的军队很难融合，士兵经常因为地方观念、生活习惯及信仰引发摩擦，这样势必影响整支军队的战斗力。空降至泰州的岳家军与本地的军伍到底能否和平共处、形成合力，这是对主将的一个考验。岳飞选择了“用人不疑”，每有活动，都将选出的100名亲兵带在身边，以示对泰州部伍的信任。于是，泰州将士不再担心自己会被另眼看待，岳家军也没有妄自尊大盲目排外，新旧部属由此团结成为了一个密不可分的整体，开始了救援楚州的危难任务。

---

① 《金佗稡编》卷五《鄂王行实编年》称“敢死士”，谢起岩《忠文王纪事实录》卷二，《金佗稡编》卷十七《鄂王传》称“敢勇士”。

第三节　承州城下苦鏖战

九月初九，岳飞命部将张宪留守泰州，自己领兵出征，率军进驻承州以东几十里的三墩，与金兵营寨对峙。这时刘光世派来的王德已经领军返回镇江府，王林和郭仲威畏缩不前，李彦先一部被金军阻截在了楚州山阳县北神镇的淮水当中，无法前进。岳飞探得了周边形势，深知救援楚州任务的艰巨。自己孤军数千人，缺衣少粮，虽然凭着一腔豪情，带着“虽千万人吾往矣”的悲壮去救援楚州，但现实问题不解决，仍然难以完成任务。于是，岳飞便写了两份奏折给两浙西路招抚大使刘光世，寻求他的援助。

但求救信送出之后，都如石沉大海，没有回音。刘光世显然一点都不想给岳飞支援，似乎楚州的存亡与己无关。

岳飞并没有因此停下救援楚州的脚步，他召集自己部下的将士，以忠义报国动员大家，激起将士们的抗金报国之志。在外援断绝、困难重重的情况下，岳飞知难而进，孤军出击。九月二十日，岳家军进抵承州，在承州及楚州外围和金兵展开激战，三战三捷，杀敌将高太保，擒金兵、契丹、渤海、汉儿军等70多人，押解到后方，献俘于行在。

但是，围攻楚州的金军势大，并且倾尽了全力攻城，昼夜不息，岳飞在承州城外的苦战没有办法使楚州幸免于难。楚州镇抚使赵立，徐州张益村人，魁梧伟岸，天性勇敢，屡立战功，平时能和士卒们同甘共苦，战时每次都是冲锋在前，是一个豪气的英雄人物。在之前的徐州保卫战中，他作战英勇，多次受伤，但仍洒血以战。在一次战斗中，赵立口中箭，不能说话，但坚持以手指挥诸军。金军的箭长有六七寸，比宋军所用长很多，而且形如凿，射入就拔不出来。赵立就命医生用铁箝把牙齿拧掉，凿骨把箭镞拔去，用了很久才把箭头取出，取出之后，流血盈襟。左右看了毛发皆耸，而赵立却颜面不变。

金人围城日久，城内军民越发难守。一天深夜，战事稍歇，赵立焚香，流泪望向东南方向而拜，发誓死守楚州，不敢负国家。又让手下击鼓，说如果援兵到了，听到鼓声，一定会应和。可是这样过了一天又一天，援军一直没有到来。城外的金兵也知道楚州没有外援，愈发把楚州城围得如铁桶一般。

楚州这座没有援兵的孤城，总会有弹尽粮绝的一天。到了九月中旬，赵立被金兵的炮石打碎了头颅，一个“贯精忠于日月，塞英气于乾坤”的英雄就此死去。临死前，赵立慷慨却又遗憾地说：“我终不能与国灭贼矣！”金军听到城内的哭声，知道赵立已死，于是更加猛烈地攻城。

九月二十五日，楚州城破，金军与楚州军民发生了激烈残酷的巷战。赵立在生前曾对破城之后的战斗进行部署，让楚州军民在每个巷口都设立砖垒，誓死抵抗。这真是一场血战。城中兵荒马乱、战火烛天，男人几乎全都上阵，一些女子也不示弱，拼却一死，拉住金兵，一起沉入河中。楚州城中，血流成河。

楚州是金军南侵以来遇到的一个意外。金军攻打大部分城市，都势如破竹，有的略做抵抗，有的甚至是不攻自破，从未像楚州之战这样，让金军破城之后还付出了伤亡几千人的代价。

楚州失守后，金军掌握了渡淮水的交通要道，两淮地区再无天险可守。完颜昌此时调动兵力，转攻前来救援但是被堵在北神镇的李彦先所部。在大量金兵包围之下，李彦先英勇奋战，最后全家都在淮水中殉难。随后，完颜昌又以重兵南下，扑向承州附近的岳家军。岳家军无险可恃，再加上衣食不能保障，只能一面抵抗，一面掩护百姓向江南撤退。

岳飞此时已经接到了退守通州和泰州的命令，无奈之下，他忍痛指挥将士们撤退。在回师途中，金军屡次追击，但是屡次被岳家军击退，伤亡众多，不得不停止了追击。岳飞的部队终于退回了泰州。

打完了仗，更残酷的斗争接踵而至。十月下旬，刘光世上奏朝廷，反诬岳飞“迁延五十余日”，贻误了军机，还不听指挥，抵抗会师，这才导致楚州的陷落。朝廷和宋高宗对此不置可否。签书枢密院事赵鼎主张问刘光世等违命不救楚州之罪。但宋高宗认为刘光世当此一面，责任重大，如果责备太重的话，怕他心不安，更没办法专心为国效力了。于是，宋高宗发布的诏旨中反而给予刘光世嘉奖，说他“体国忠勤”，令他“节制诸镇”，“戮力保守”通、泰两州。[①]宋高宗功过不分，息事宁人，让有功者愈发心寒，有过者更加胆大。果然，刘光世明白朝廷对自己无可奈何，只会姑息迁就，对纯粹是照顾体面的嘉奖，也并不真正感恩戴德，于是照旧违诏抗命。当完颜昌率20万大军转向通、泰时，曾夸口说已经把沿长江的诸处要隘严为防守，保证不会让敌人南渡的刘光世，此时闭目塞听，装作不知道敌人已大举侵入通泰军区，没有发出一兵一卒援助。整个淮东陷入危机。

① 《金佗稡编》卷二十五。

第四节　孤军无援弃泰州

金兵攻下楚州之后，攻破泰州也指日可待。因为泰州这地方，从地形上来讲，无天险，易攻难守。就守军来说，不但人数远在来攻的敌人之下，还缺少补给，连军粮都难以保障。这种情况下，泰州无法守卫是十分明显的。不过在承州和楚州之间，有樊梁、新开和白马三个湖泊，在这里的鼍潭湖，驻泊一支水军，可以作为泰州的一道军事屏障。

这支水军是当金军于建炎四年攻陷扬州时，号称“张敌万”的张荣率领其军分乘数百艘船只由清河（泗水下游）南下，转移而来。它的领袖张荣，原是梁山泊的渔民，为了反抗金军，拉起一支数百人的队伍进行斗争。当时南宋东京留守杜充任他为武功大夫、忠州刺史。这支水军，之前聚集在梁山泊时，就曾经多次跟金兵对抗，是让金人很头痛的一支抗金力量。

来到鼍潭湖后，张荣带领他的义军将当地盛产的茭草堆积成墙，建成了一座茭城。张荣以茭城作为据点，跟金军展开了神出鬼没的游击战，坚持打击金军。很快，队伍就发展壮大到一万多人，船只二三百只。他们多次主动向南侵的金军挑战，诱敌深入，使敌人追击至此，然后都深陷在泥淖之中，伤亡惨重。

建炎四年九月下旬，在攻破楚州之后，金军开始全力攻打茭城。张荣机智应战，多次打退金兵。可是金兵的机会很快来了，到建炎四年十一月初，突然天寒地冻，水面结冰，张荣的舟师失去行驶的便利，变得不再灵活。金人兵马占尽天时、地利，开始大力攻打茭城。张荣没有死守孤城，他自知力不能当，而且此时通州的地势已经不利于舟师作战，于是焚烧城内带不走的物用，弃茭城，率领梁山泊水军转往泰州兴化县的缩头湖中去了。

完颜昌攻取茭城后，便带领号称20万的大军，进逼泰州。当时，岳家军兵力与金军相差悬殊，而且缺衣少食没有保障，苦盼援兵却不可得，泰州城又没有天险可守，守城成了根本就不可能完成的任务。而刘光世坐拥大军，却公然违抗命令，不派兵救援泰州。面对这种情况，南宋朝廷只好下令给岳飞，命他相机处置，能打就打，若不能守住泰州，就保护百姓，向江岸的沙洲撤退。

岳飞的通、泰二州防区形势极为严峻，不撤离，就可能全部被金军围歼。于是，十一月初三，岳飞放弃泰州城，率军退守泰兴县的柴墟镇。柴墟镇曾经是泰兴的县治所在，有一道城墙。岳家军依托这道旧城墙，用血肉之躯筑起一道屏障，抗击金军，掩护几十万百姓和军队家属渡江向南撤退。

敌人的大军一直紧追不舍，与岳家军在南霸塘展开激战。岳飞身中两枪，却仍然没有退缩，继续指挥将士死战。最终，尽管以少敌众，岳家军还是打退了金军的进攻。柴墟镇南霸塘一带，战火焚烧，死尸累累，很多金兵在河里毙命，染红了河水。

随后，岳飞亲自率领200名精锐骑兵断后，掩护百姓撤离。在留驻柴墟镇的最后几天里，军粮不济，外援断绝，岳家军艰苦异常，想尽办法保存自己的有生力量，无奈之中割敌尸充饥，惨境难以想象。最终，十一月初七，在泰州军民全部撤离之后，岳飞这才率军渡江南撤。

泰州和通州分别在十一月十七日和二十日被金军攻陷。岳飞率军民退到沙洲之后，即刻上奏朝廷，叙述泰州失守的经过，请求朝廷治罪。南宋朝廷清楚当时泰州的局势，岳飞孤军兵少，没有得到刘光世一兵一卒的救援，却血战五日，掩护数十万泰州军民安全撤离，着实不易。朝廷谅解岳飞的处境，没有给予处分，命他率部在江阴军休整，并且负责防守江岸，阻遏金兵的进击。

金国元帅完颜昌占领泰州和通州后，想乘胜追击，消灭淮东的最后一支抗金力量——张荣的抗金义军。绍兴元年三月，完颜昌率领6000多名精兵，乘船攻击张荣水寨。张荣出动几十只小船迎敌。张荣的将士们看到金军用大战舰做前导，气势很大，顿时没有信心与之对抗，仓皇之中想要逃走。而张荣看到金人的大战舰，想法却完全不同，反而高兴起来。他对部下说，根本不必忧虑，金人只有几艘大的战舰，剩下的都是小船。现在水势刚退，隔着大片泥淖，敌船都不能登岸，必然陷于泥沼。那时，我们弃舟船，砍杀金贼，还不是像杀棺材中的人一样！于是张荣设计，佯装败逃，引诱金兵追赶，结果金军陷入泥淖，欲战不能，欲逃不得，进退两难；而张荣所部将士们早有准备，即刻弃舟登陆，怒吼着上前，逐船砍杀金兵。留在舟船中的金军见形势不好，也不攻自乱，纷纷跳船逃命，溺死了很多。

至此，张荣大获全胜，金将完颜忒里被杀，完颜昌的女婿、万户浦察鹘拔鲁被俘。完颜昌只带了2000人左右，逃去了楚州。陷入泥潭中的金兵，成了瓮中之鳖，张荣带领他的水军花了两三日工夫，才将泥沼中的金军杀尽。张荣乘胜追击金军，趁机克复泰州。完颜昌逃往楚州后，不敢多做逗留，再撤退到了淮河以北。由于金军的退却，淮东路大部分州县又重新回到了南宋朝廷的手中。

张荣获胜后，率部投奔刘光世。刘光世以其功上奏朝廷，任命张荣出任忠勇军统制兼泰州知州，其余立功将士4029人也都被授予官职、获得奖赏。

以歼敌的数量而论，缩头湖之战是淮东战场的大捷。缩头湖后来也因张荣的这场胜利而改名得胜湖。人们还在兴化城东门外龙蛇津建“四义楼”，塑像纪念张荣和他的兄弟们。清道光年间，四义楼坍塌，四人的牌位被迁至岳王庙。几百年后，当初共同保卫淮东的张荣和岳飞，以这种方式重逢了。

第六章

江湖转战　安内攘外

在岳飞一生的军事生涯中，抗金是主要的功绩，镇压流寇、平叛反抗朝廷的农民起义军也是其军事实践活动的重要内容。那些或四处流窜、或欺压一方的流寇、叛军，在当时民族危机的社会背景下，对南宋政权的稳定产生了巨大的威胁。那些被逼造反的农民起义军，则更为南宋统治者所不能忍。岳飞所领导的岳家军为了维护统治，对这些叛军、义军采取镇压、招抚等策略，虽有时代的局限性，但也确实为抗击金军起到了稳固后方的作用。

第一节　击破李成收张用

自宣和七年宋金两国战争爆发以来，经过数年的攻战，金朝虽然占领了长江以北的大片土地，但是这片地区军民此起彼伏、英勇不屈的反抗斗争，也使得他们坐立不安，难以维持。加之建炎四年完颜宗弼渡江南下的失利，使金朝认识到，单纯依靠军事力量企图使南宋政权灭亡几乎是不可能的，所以决定改变对南宋的战略方针，“以和议佐攻战，以管逆诱叛党”。建炎四年的九月初九，金朝统治者册封刘豫为“子皇帝”，定国号为大齐，建都于大名府，后迁东京，管辖今天的山东、河南、山西、陕西部分地区。伪齐政权的建立，一则可作为宋金之间的缓冲地带；二则可借以巩固金朝在北方的统治。与此同时，另一个影响历史的人物也在这一政策下粉墨登场。建炎四年十月，完颜昌在攻破楚州后不久，就把他手中的另一枚棋子——秦桧放归宋朝，开始其长达几十年的投降卖国活动。

为了适应这一政治策略的需要，金朝统治者决定将全面进攻，改为重点进攻，企图集中兵力先占陕西，然后再南下入川，迂回于江浙，最终灭亡南宋。所以，从建炎四年秋天开始，川陕地区就成为宋金战争的主要战场。九月，宋金两军在富平展开激战，宋军大败，金军进逼四川。宋将吴玠一军以少击众，奋战四年，先后取得了和尚原、仙人关两次大捷。至此，由金将完颜宗弼、撒离喝发动的多次大举进攻，均被宋川、陕军民击败。所以，从建炎四年九月开始，宋廷便利用金朝战略重点转移至川、陕，而淮东、淮西、京西三个战场暂时缓和之机，把主要精力集中到安定内部上来。宋廷认为，在其统治区内，最让人头疼的，莫过于那些流移不定、叛服无常的游寇武装。其中，以李成的一支声势最大，危害最强。

据说李成天生就力大无穷，能拉开300斤的铁弓，勇猛过人。而《宋史》中记载岳飞“生有神力，未冠，挽弓三百斤”。李成和岳飞一样都能挽弓300斤，也可以算是一员猛将。北宋徽宗宣和初年，李成在家乡担任了一名班头捕快，当时叫“弓手”，主要负责捉拿盗贼、维护地方的治安稳定。金人大举南下，掳徽钦二帝北上之后，所谓的“勤王之兵”一溃千里，百姓流离失所，中原大乱，而一些散兵游勇和无所依靠的百姓则为了生存转而啸聚山林为盗贼，四处打家劫舍，破坏社会安定，直接威胁了南宋统治政权的稳定。一向以勇猛闻名的李成也纠集了一支队伍，并逐渐扩大到10万余人。由于其作战勇敢，人数众多，其他贼寇纷纷聚拢到李成周围，以其为头领。

由于南宋国是初定，无力剿灭四方贼寇，只能以招抚为上策，并可借其“捍御外寇”。宋高宗便招抚李成，封他为舒、蕲镇抚使。李成后来趁南宋统治薄弱，叛宋作乱，占据了江淮之间的10余个州郡，拥众十数万，对外号称30万人，企图进一步席卷东南。

为了尽快消灭李成这支游寇，朝廷任命张俊为江淮路招讨使，率领王燮、陈思恭、岳飞等部军马前往征讨。绍兴元年正月，岳飞于江阴接到这一命令后，立即做出发前的准备。为了减轻部队的负担，提高行军速度，决定将留在宜兴张渚镇军营的岳家军家属迁往徽州，随后再带兵奔赴洪州。

张俊先于岳飞抵达洪州。李成部将马进于洪州西山屯驻重兵，连营布阵，屡下战书，约官军决战，大有一举踏平洪州之势。张俊畏马进势盛，拒战以待。这时，李成的另一员部将邵友挥师南下，连续攻占筠州、临江军。张俊与马进相峙月余，仍不敢出战。三月初，岳飞率军抵达洪州，才打破这种消极防御的局面。岳飞以为：马进军虽强，但此人贪功蛮干，不顾侧后。据此，他向张俊建议：如果派一支骑兵迂回至赣水上游，出其不意地从侧后实施攻击，必可一举取胜。张俊历来佩服岳飞的才智，立即采纳了他的建议。岳飞自请为先锋，率军密潜至马进之后，率先突入马进大营。马进部众顿时大乱，仓皇逃往筠州。岳飞乘势追至筠州城东，待主力部队到达后再行攻城。马进闻岳家军追至，率部号称10万大军，出城布阵，企图决战。张俊侦知马进的企图，令杨沂中、陈思恭、岳飞分率三军因势设伏击之。为了纵敌生骄，岳飞挑选200骑兵，带着用红罗纱制成的"岳"字军大旗前往诱敌。马进见岳飞兵少，不足为惧，便轻率地指挥部队上前迎战。岳飞佯作兵败后退，马进引兵穷追，进入官军预伏地域。官军蜂拥而出，杀声四起，只见岳飞居中，杨沂中居左，陈思恭居右，分别率军向马进冲杀过来。马进三面受敌，力战不能支，死伤数万人。为了尽快地瓦解其军，岳飞命令军士高声喊嚷："不从贼者坐，吾不汝杀。"[①]顿时，坐下投降者8000余人。马进兵败，张俊相继收复筠州、临江。马进率众乘夜向北逃窜，企图与李成合兵再战。岳飞得知这一消息率部急追，绕道赶在马进之前，因地设好埋伏，待马进率部抵达后，岳家军伏兵猝发，马进中伏大败，只率10余骑逃回江州，其余全部被岳家军歼灭。

李成听说马进兵败的消息，立即率众反扑。他命部将商元在洪州奉新县楼子庄的草山地区依险设伏。张俊获悉后，派军由小路冲上山顶，杀退伏兵，夺得要隘，彻底粉碎了李成的反扑，收复了江州。

李成战败后，拼命向洪州武宁县方向逃窜，时值修水暴涨，李成军还未及过河，岳家军如神兵天降，岳飞挥军奋击，杀获甚众。李成急忙率领残部由独木渡逃往淮西路的蕲州。

---

① （元）脱脱等撰：《宋史》卷365《岳飞传》，北京：中华书局，1977年，第11379页。

张俊与岳飞会师江州后，因粮食供应不及被迫停留数十日，直到五月下旬，才继续渡江追击李成。在黄梅县与李成相遇。李成占据石幢坡，居高临下，凭险以木石投击官军。张俊遣军一部佯攻石幢坡，以牵制其军，继命岳飞率军绕道突袭其后。岳飞军至，李成人马溃败，马进于乱军中被杀，李成不得已，乃率余部北逃投降了伪齐。

张俊讨平李成之后，便乘胜率部急趋鄂州，去讨伐张用率领的另一支较大的游寇。张用原在杜充麾下为将。建炎三年十一月，完颜宗弼率领军队渡江进攻南宋时，他脱离了杜充，与曹成等人率领一批人马，窜至淮北一带劫掠，民众对其恨之入骨，称之为“张莽荡”。

不久，张用与曹成分裂，率军窜至濠州，与一个名叫闾勍的官员相遇。闾勍想要说服张用抗金，便把自己剽悍、骁勇、人称“千人敌”的义女一丈青许配他为妻，但张用并未因此而归附宋朝。他虽然名义上接受了鄂州路安抚使李允文的招安，驻屯于鄂州，但在绍兴元年春，南宋朝廷讨伐李成，命他去解江州之围时，他拒不听命。所以，当张俊的大军讨平李成之后进入鄂州境内，张用便惊恐万分，预感到势头不妙，遂由鄂州渡江南下，转移到江西的分宁县驻屯。张俊得知张用的去向后，便命岳飞率军前往招降。

岳飞率军抵达分宁县后，本着先礼后兵的原则，致书张用，要他记取南薰门的教训，是战是降尽快做出抉择。提起东京南薰门之事，张用是记忆犹新的，这是当年岳飞刀劈张用部下的事情。张用和王善叛乱之时，曾在东京汴梁的南薰门与岳飞交锋。张用部下有一员大将立马横枪跳到阵前叫战，岳飞策马向前，大声喝道：“你等既叛乱为盗，岳飞前来与你等挑战！”说罢“驰骑独往”，就在二马交锋之时，岳飞猛然一刀劈下，竟将敌将连盔带甲自顶至腰分为两半，令敌军瞠目结舌，心惊胆寒。张用经与其妻“一丈青”权衡利弊，当即表示愿意降附。自此，一支拥有5万余人的部队，没用一兵一卒，便俯首帖耳地接受了改编，使岳飞骤然扩大了自己的队伍。

张俊对岳飞在讨平李成、招降张用时所表现的非凡军事才能十分赞许，班师回朝后，便禀告朝廷说："在这次军事行动中，岳飞的功劳是最大的。"宋廷受张俊的影响，于绍兴元年七月，把岳家军的番号定为神武右副军，并任命岳飞为本军的统制，驻屯洪州，以备"弹压盗贼"。

就在岳飞驻屯洪州期间，发生了一件异乎寻常的事情：一个在岳飞军中主管文字事务的人，因对岳飞的才干非常敬重，以岳飞的名义上书朝廷，说岳飞不愿做神武右副军的统制，而愿做都统制。宋高宗闻奏后，当即批准了他的请求，将神武右副军改为神武副军，升岳飞为都统制。

岳飞接到这一升迁的任命后非常高兴，因为这样他可以成为一军的首领，可以有比统制更大的权限，带领岳家军去实现自己的抗金夙愿。但是，当他听说这次任命与他的部属自做手脚有关时，立即上书朝廷说明情况，表示对此项任命力辞不受。后宋高宗下诏赞誉他"作战英勇，统兵有方"，肯定了这次除授实出朝廷之意，才勉强作罢。

在屯驻洪州期间，岳飞除厉兵秣马，加强部队的军事训练外，同时根据宋廷的命令，接收并改编了由任士安统领的一支部队。任士安平时贪图钱财，不思战守，致使其军松散消沉，战斗力极低。后经岳飞整顿、调整，严肃军纪，这支部队的面貌焕然一新，成为一支战斗力极强的队伍。

在此之后，驻屯于洪州江南西路兵马钤辖赵秉渊的部队，以及分别驻屯在江州、蕲州傅选、李山等人的部队，也由朝廷下令拨归岳飞节制。经过上述调拨合并，岳家军有了很大发展。

第二节　荆湖平叛灭曹成

岳飞在讨平李成、招降张用之时，流窜到湖东地区的游寇活动更加猖獗。其中最大的为曹成、马友、李宏和刘忠等。除刘忠外，曹成等人虽都接受了宋廷的招安，但他们不受官府的约束，经常为非作歹，鱼肉百姓。

曹成是大名内黄县人，善骑射，勇猛有力，因杀人畏罪潜逃而投军。靖康之变后，他集合了一些溃兵败军组成队伍，流窜南下，后来与张用、马友、李宏等人结义为兄弟，又因为心怀各异，在荆湖各自拥兵称雄，独霸一方。绍兴元年，南宋朝廷任命曹成为荣州团练使、知郢州，他虽然归顺朝廷，但依然带兵数万骚扰百姓，抢夺劫掠，自鄂、岳掠湖南，后屯于潭州攸县。不久，又率军攻占了安仁县城，在对民众大肆携掠，中饱私囊之后，便引军南下，占据了道州，兵势甚盛。

荆湖南、北两路，地处长江中游，近可通京西，远可接陕右，战略地位十分重要，如若任凭曹成等人长期占据此地，南宋王朝赖以偏安的江南，便有被分割的危险，对于统治稳定十分不利。所以，南宋朝廷经过一番朝议之后，以为当前的主要任务，不是急于去收复被伪齐占领的黄河以北故地，而是要依靠两广的财力，治理荆湖南、北两路，解决眼下的问题。为此，绍兴二年春，南宋朝廷做出如下决定：任命长期闲居于福州的老臣李纲，为荆湖、广南路宣抚使、兼知潭州，负责剿灭湖东游寇；同时命岳飞由洪州移军湖湘，听从李纲节制，在李纲未赴任前，代任知潭州、兼任荆湖东路安抚使、都总管，听从李纲节制。

岳飞接到这一命令后，认为洪州、道州相距遥远，倘若按一般行军速度开进，必然要多费时日，曹成一旦察觉己军的意图，则很难达到聚歼的目的。为此，他当机立断，决定把老弱士卒留在洪州，保护军中家属，自己率领精兵7000多人，取捷径、走小路，星夜兼程，直奔道州。为了保守这次军事行动的秘密，给曹成以出其不意的打击，在确定部队的开拔日期之后，岳飞于深夜率军悄悄离开了洪州。次日，当民众得知岳家军开拔的消息，蜂拥赶来为其送行时，岳家军早已无影无踪。

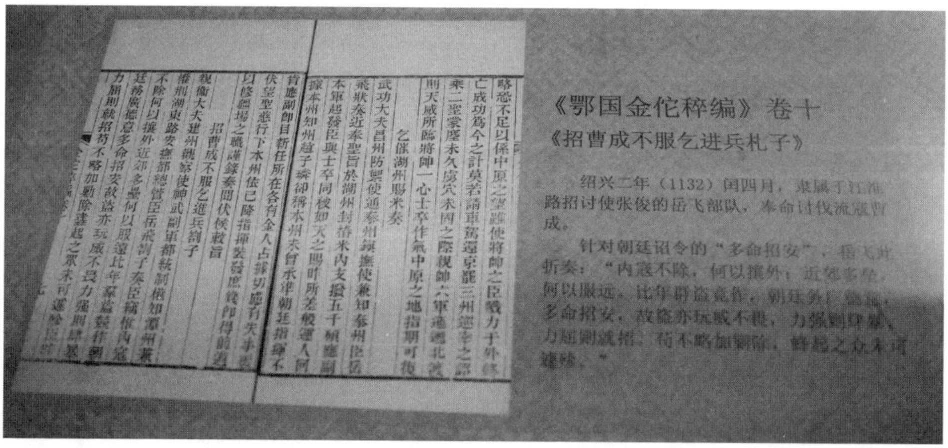

招曹成不服乞进兵札子 周里程摄

尽管岳家军开拔之后，行动隐蔽而迅速，但狡猾的曹成最终还是获得了岳飞进军荆湖的消息，遂分兵两路自道州南下：一路攻贺州、连州；一路攻桂州。岳飞闻讯后，立即命令前军统制张宪率军轻装前进，加速追赶，并命他不惜一切代价坚决拖住曹成。

进驻郴州后，岳飞于城外的报恩寺安营扎寨。在这里，他筹划了一个以少胜多的战略方案：把人马兵分四路，岳飞自己带领一路人马，张宪为前军统制带领一路人马，由郴州翻过南岭突袭贺州；张宪再迂回到连州，王贵率领左路人马由郴州、桂阳出击，徐庆率领右路人马由邵州、道州出击。

正当岳飞率军经由茶陵、郴州即将追到时，曹成先命部众控制了桂州荔浦东北的险要之地莫邪关。莫邪关建在莫邪山上，山岭峻峭、地势凶险。面对敌情，岳飞上奏请求：统一收并原来驻扎在郴州的湖南帅司统制官吴锡的部队、驻扎在茶陵的枢密院将领、安仁人韩京的部队。而且对这两支部队进行了重新整合，遣散了部队中老弱病残等战斗力比较差的人员，精心挑选了作战勇敢、能冲锋陷阵的官兵，由自己麾下的部将统一指挥训练。

岳家军中智勇双全的将领张宪，利用这支整编后的军队，挑选精壮士卒组成敢死队，并指定部下一个名叫郭进的军士充当头人。郭进骁勇过人，力大无比，在攻打莫邪关的战斗中，他和两名旗头，冒着弓箭飞矢，率先登上关头，挥刀刺死了曹成的一名旗头，曹军顿时大乱，岳家军乘机一拥而上，曹成部众争先逃命，张宪挥军一举攻占了莫邪关。

曹成有一员部将叫杨再兴，为人骁勇善战、颇有谋略。莫邪关失守后，他被迫率兵退出关外，选择了有利地形埋下伏兵，准备寻找机会反攻。杨再兴探得岳飞有一员叫韩顺夫的部将，居功自傲又喜欢饮酒，两军对阵时卸甲松鞍，与亲兵正在酣饮，杨再兴便趁夜色率部对其偷袭，在猝不及防之际，韩顺夫被杨再兴砍掉了一只胳膊而死，韩的部队也溃不成军，退出关外。

岳飞一向注重对部属的品行教育，以前他也曾不止一次地对韩顺夫贪恋酒色、不顾军纪提出过警告，要他痛改前非，好自为之。但是，韩顺夫口是心非，不改恶习，以致酿成大错，惨遭杀身。接着，岳飞命部将王某再率军攻打莫邪关，并命他一定要把杨再兴活捉回来。同时命部将张宪、王经等率军反击，以配合王某的攻关战斗。在激烈的交战中，杨再兴如虎入羊群一般，东挡西杀，左冲右突，官军都不能敌，而且还杀死了岳飞的亲弟弟岳翻。岳飞闻报勃然大怒，立即挥大军对曹成游寇发起总攻，曹成大败，死伤万余人，被迫率领残部退出桂州。岳飞率军自桂州东向追击曹成，数天后到达贺州境内，获悉曹成在距贺州几十里的太平场安营扎寨，戒备森严，准备抗击官军的追击。岳飞经与诸将计议，认为强攻不如智取，遂放出岳家军军粮告急，准备回茶陵就粮的风声。曹成闻讯，放松了警惕。不料，岳家军爬坡越岭，绕道迂回至曹成侧后，飞兵奇袭，一举攻克太平场曹成大营。

曹成不甘心失败，继而又召集了数万民众于贺州城外依险列阵，企图与官军决战。岳飞察知曹成部众情绪低落，士气不振，命步骑猛突贼阵，大获全胜，曹成率残部由贺州逃往东北的桂岭县。桂岭县境有北藏岭、上梧关、蓬岭，号为“三隘”，山险河涧，道路隘狭。曹成企图利用这险要之地重创正在追击的官军，遂令部分兵力扼守北藏岭、上梧关险隘，主力则屯扎于蓬岭待机行动。

岳飞挥军进抵北藏岭下，遣将率一部兵力于岭前挑战，主力则择有利地势隐蔽待机。南岭山势险峻、地势复杂，曹成藏身其中，而他的部下杨再兴又是一员猛将，一时难以将其剿灭。岳飞正在为难之时，前军报道，抓住了曹成的一个细作，岳飞将计就计，想到了一个破敌的良策。他命人将这名细作押进大帐，之后他到帐外要拿一份军士的饭菜，军需官报告说：“哪里还有饭菜了，粮食都已经吃光，啥也没有了，能有什么办法？”岳飞听后说：“那就大军全部返回茶陵。”说完进入大帐看到那个细作，装出说走嘴的样子，愤愤地走到了内帐中去。岳飞又暗使部下防范疏忽，让这个细作在夜晚逃跑回曹成大营，这个细作报告说岳家军粮草殆尽，不久将撤军。曹成听说后大喜，下令第二天趁势追击。而此时的岳飞，早就命令官兵各带干粮，借着月光跟踪逃跑的曹成的细作，绕过重兵把手的险关山隘，偷偷逼近了曹成营寨的太平场地区，不等天亮就发起了进攻，把曹成打得措手不及，溃不成军。岳飞亲自擂鼓助威，激励官兵。岳飞率领主力大军趁势而上，一举攻克北藏岭和上梧关，向蓬岭曹成主力发起进攻，全军将士一鼓作气，猛攻到山顶，曹成部众大乱，四散逃遁。

岳飞吩咐手下："诛其酋而抚其众，慎勿妄杀，累主上保民之仁。"接下来张宪从贺州迂回过来，徐庆从邵州、道州，王贵从郴州、桂阳，各自率兵合围连州，与岳飞会合，沿途陆续收编叛军2万余人。张宪收复连州，曹成向北逃窜，仍想进攻郴州。岳飞早已看出端倪，事先派吴锡驻守郴州，曹成只好逃奔邵州妄想重整旗鼓，结果被王贵一路追击，杀得大败，剩下的残兵败将逃往江西，叛将张全等人也在战斗中被岳飞活捉。

杨再兴见曹成逃走，大势已去，无心再战，只身一人急忙逃窜，途中被岳家军的骑兵追及。杨再兴见逃跑无望，便弃马纵身跳入山涧之中。岳家军将士急忙弯弓搭箭，准备射杀杨再兴，此时杨再兴高喊："我是好汉，不要杀我，带我去见岳元帅吧。"岳家军将士答应了他的请求，待他上得涧来，将其捆绑起来押回岳飞大寨。岳飞果然非常赏识杨再兴的勇武，一见之下，立即亲自为其松绑，绝口不提交战中杀弟之事，只是语重心长地对他说："咱俩是同乡，我也知道你是一条好汉，决不杀害你，从今以后，你应该改邪归正，为国家出力！"杨再兴听后深受感动，表示今后一定跟随岳飞杀敌立功。从此，杨再兴成为岳飞麾下一员极为忠勇的将领。

收服杨再兴并非偶然，岳飞一向重视人才，对有才能的敌人也注重以招降为主。在征讨曹成的这段时间里，岳飞接连向朝廷上奏了9道奏折。请求朝廷授予他"降"字的金牌和10副黄旗，授命他招安的权力，这也是在收服人心上做了很大工作。"除见措置剿杀外，其间若有能改行自新之人，未委合与不合招安。"[①]这也说明岳飞对待敌人不是一味杀戮，而以攻心招降为最优目标。

几经交战，曹成的部众已溃不成军。于是岳飞命部将张宪、王贵、徐庆分别率军追击曹成余部。五月的时候，久困邵州的曹成在岳飞的追击下最终走投

① 《金佗稡编续编校注》，《金佗稡编》卷十七《申审招安申省状》，第946页。

无路，为了保住性命，他万不得已投降了韩世忠。其余三支游寇，随着曹成的覆灭，也土崩瓦解。而岳飞“以盛夏行师瘴地，抚循有方，士无一人死疠者”创造了军事史上的一个奇迹。

曹成被剿灭之后，南宋朝廷授予岳飞中卫大夫武安军承宣使的职务，虽然又任命折彦质为湖南安抚使兼任潭州知州，但仍命折彦质把麾下吴全、吴锡（驻郴州）两支军队交给岳飞指挥调遣。在将近一年的时间里，岳飞率领“岳家军”转战湖南、广西和广东，往返追击数千里，彻底粉碎了兵力占绝对优势的曹成游寇。刚刚上任的荆湖、广南路宣抚使李纲，盛赞岳飞的功绩，并且对岳飞寄予厚望，认为他将来一定是振兴国家的中兴之将，前途不可限量。此后宋廷命岳飞速率军进驻江州，加强那里的防务，以防伪齐派军乘虚渡江南犯。

第三节　吉虔二州平叛乱

南宋朝廷自南迁以后，丧失了黄河以北大片土地，统治区人口锐减，经济来源也随之下降，但是朝廷为了维持其统治，横征暴敛的行为比以前有过之而无不及，老百姓生活十分困苦，各地农民揭竿而起，云集者众多。朝廷把各地的农民起义称为“民叛”或者“兵叛”，也有的称为“土寇”或者“游寇”，其意大致相同。

江西南路是岳家军驻守的地区，情况也如前面所说，农民暴动不断。其中吉、虔二州，位于江西、闽、广三路交界处，面积约占全路十一州军的一半，地形险阻，山林深密，南宋王朝统治力量薄弱。吉州的乡民彭友绰号“彭铁大”，李满绰号“李洞天”，还有尹花八、宁十二等人，一个个自立为王，一时被称为“十大王”。这些人利用得天独厚的优越条件，聚集民众，抗税抗捐，活动于江西、湖南两路之间。继又在虔州境内爆发了陈顺、钟超等人领导的农民起义。农民武装斗争蓬勃兴起，在很短的时间内，起义队伍发展至400余支，几乎遍布整个虔州境内。

南宋朝廷闻讯后大为震恐，决定采用军事手段，扑灭正在燃起的起义火焰。绍兴三年初，宋廷根据江西、闽、广三路帅臣的请求，将镇压虔州、吉州农民起义军的棘手之事交给了岳飞。岳飞接到进军虔、吉的命令，已是暮春时节，又经过一个多月的长途跋涉，于四月初到达了吉州，立即派人前往义军营寨进行招降。而此时彭友、李满等农民起义军在龙泉县境内的武陵、烈源、陈田等地安扎了十几处营寨，连营结阵，互为应援，对抗官军。彭友听说朝廷派岳飞亲自带兵来征讨，扬言说："人言岳承宣智勇为天下第一，我今破之。岳承宣且败，他人若何？"岳飞听到这些话后付之一笑，但是为了避免无谓的牺牲，他先派了两名能言善辩的"辩士"到龙泉县彭友的营寨去劝降，彭友等人回答说："为我语岳承宣，吾宁败不肯降！毋以虚声恐我也。"[①]

而此时的岳飞早已对彭友等起义军的内部情况了如指掌。招降被拒，他决定采取正面突击、各个击破的战术消灭义军。岳飞率领王贵、张宪等部，集中优势兵力，首先攻占了总隘口，切断了义军通往外界的通道，然后挥军从两翼对义军进行包抄合击，稳扎稳打，每天攻占义军一个营寨。在长达20余天的交战中，尽管义军英勇奋战，但由于受军事素质和军械装备的限制，终被岳家军攻破大部分营寨，乱军首领在与岳飞交战的过程中，被岳飞于马背之上生擒活捉。其部下2万多老弱残兵都成为俘虏，但岳飞秉承一贯原则，对这些老百姓悉数放归乡里，允许他们种田耕地，恢复生产。

在镇压了吉州的义军之后，岳飞立即将兵锋转向虔州。不久，岳家军于兴国县衣锦乡一带，与义军展开激战。在很短的时间内，岳家军攻破其大小数百座营寨，其首领全部被俘。最后，只剩下李满率众据险抵抗。李满的营寨结扎在雩都县东北的固石洞内。固石洞位于高山之巅，四面环水，地势最高，悬崖百仞。只在陡壁悬崖之上有一条小径，不要说行军用兵，就是平时单人攀登也十分困难。为了尽快攻克此洞，岳飞曾令军攻击数次，均被义军用福木滚石打了下来。岳飞见前几次攻击均未奏效，便改变了战术，用大木制作了八座天桥（一种攻城的器具），准备实施强攻。在强攻之前，不断派出部队对其进行

① 《金佗稡编续编校注》，《金佗稡编》卷十五《绍兴三年》，第205页。

佯攻，诱使义军投尽了木石。接着，岳飞派身穿前后护心铠甲的骁勇士300人组成前锋军，由部将张宪率领，强攻固石洞李满营寨。张宪督军沿着天桥鱼贯而上，岳飞令军在山下擂鼓呐喊助威。义军束手无策，边战边退入固石洞中，张宪督军直冲到山顶，固石洞天险终被攻破，李满被俘，义军大部冒死冲下山去，遭岳家军击杀。

这时岳飞接到宋廷密旨，命他赶尽杀绝，屠虔州城。宋廷之所以如此，原因是建炎四年隆祐太后在虔州避难时，因当地民众起义反抗而大受惊恐，这次宋廷密令屠城，实际上是对当地民众的报复。岳飞闻言多次上书朝廷不要枉杀百姓，只要把首犯诛杀即可，对胁从应该宽大处理。朝廷采纳岳飞建议，才使得虔州百姓免受屠杀之害。

岳家军在吉、虔二州一直维护着仁义之师的良好形象，大兵到处，秋毫无犯，特别是对被俘者的宽大处理，赢得了民心，当地百姓只要提到岳飞，都奉若神明、顶礼膜拜。

此后，岳飞上书宋廷，称虔、吉二州的“土寇”已全部讨平。从绍兴元年至绍兴三年，岳飞率军驰骋于江西、湖南等地，既讨平了游寇，又镇压了农民起义。所以，在宋廷看来，他的功绩远远超过了韩世忠、刘光世、张俊等人，拟将其擢升为大将。宋高宗为了让岳飞瞻仰“天颜”，膜拜“圣恩”，更加忠实地为自己效命，于绍兴三年九月，第二次召见了他。这次召见，15岁的

杭州岳王庙内精忠报国匾额　周里程摄

岳云也随父同行。岳云，字应祥，少时立志许国，12岁即投军，随岳飞部将张宪转战各地，屡立战功。三年戎马生涯，使岳云经受了血与火的洗礼。他英勇善战，力超人，能将两杆大铁锤舞动如飞，故军中称其为“赢官人”。

这次召见，高宗对岳飞极为亲切，经几次朝议，做出如下决定：授予岳飞为镇南军承宣使，江南西路、舒、蕲州制置使。把岳家军的称号改为神武后军，任岳飞为该军统制。宋高宗还亲笔题写了“精忠岳飞”四个大字，用金线绣成大旗，让岳飞在行军打仗时作为前导。同时还赐给岳飞衣甲、马铠、弓箭、战袍、金带、手刀、海皮鞍等物，并颁发白银2000两，用以犒赏全军，并命岳飞在江州、兴国军一带驻军守御。

第四节　平杨幺义师不义

两宋之际，社会动荡不安，很多流寇和地方武装纷纷割据，对朝廷造成了极大的威胁。北宋末南宋初年，荆湖北路地区匪患横行、百姓深受其扰，生活在深重的灾难之中。建炎三年二月，原本是京东西路东平府的孔彦舟，因为与赵宋宗室中的女子有私通被揭发了出来。他为了活命而乘势作乱，带领部卒南下流窜，烧杀抢掠、无恶不作。

荆湖北路鼎州州治武陵县有一个叫钟相的人，自称有本领通神，在家乡利用迷信活动骗得老百姓的信任，还成立了一个名为“乡社”的组织，农民只要捐献一点钱物或者粮食就可以加入该组织，“乡社”成员还实行互助互济政策，以达到产品丰富、生活富足的目的。钟相宣称：“法分贵贱贫富，非善法也。我行法，当等贵贱，均贫富。”这些主张在一定程度上表达了农民要求均田地、均财富的想法。钟相因此得到了老百姓的支持和拥护，被他们遵奉为“老爷”或者“天大圣”。临近一些地区的乡民百姓陆续加入“乡社”组织，声势浩大。为了保卫乡邻，抗拒孔彦舟等叛军的骚扰，钟相也借此机会在混乱之时纠集一些人结成队伍，并且自立为楚王，改元天载。就这样历经20多年，钟相的影响扩大到洞庭湖周边各个州县地区，围绕着洞庭沿岸，建立了与朝廷对峙的政权，势力强大，逐渐形成了一股反抗朝廷的巨大势力。

建炎三年初，钟相在保卫营寨的过程中与孔彦舟的叛军交战，钟相与长子钟子昂都在交战中被俘遇害。钟相的次子钟子义被其部下杨太、杨钦等人推戴为首领，由于钟子义难以服众，真正的领导人物则是杨太。因为杨太此时尚年轻，起义军上下都不称呼他的名字，而按照当地习俗称他为杨幺郎，或者杨幺。

杨幺，虽然出身农家，但自幼聪明伶俐，好学上进。他青年时期，正值南宋王朝初建，金军渡江南进之时，金人铁骑的践踏，朝廷的盘剥，使江南百姓生活在水深火热之中，气血方刚的杨幺因不堪忍受这残酷的压迫，便参加了由钟相领导的农民起义军。

钟相死后，杨幺年轻有为，继续坚持钟相制定的“等贵贱，均贫富”的斗争纲领，并在“陆耕水战”的斗争方针指导下，领导义军夺取富户的土地，修堤筑坝，发展生产。为坚持武装斗争，打下雄厚的物质基础。一面根据龙阳地区多水网沟渠的特点，因地制宜，令部众分建水寨，不逾数月，便建成了大小水寨30余处，形成对官军斗争的坚固堡垒。

绍兴二年，杨幺领导义军曾先后击退镇抚使程昌寓、制置使王燮的数次“围剿”，取得了威震朝野的阳武口之捷。杨幺在打败宋军过程中缴获了官军的车船和造船工匠等人，并充分利用他们的才能，在自己的水寨建造车船等装备，总计打造了10余艘大车船。这种车船的优点是：船舱两侧各带一个翼轮，翼轮轴上设有踏板，专供“人夫蹬踩”，使翼轮翻水产生动力，前进如飞，这其实就是古人将农业灌溉中的发明应用到军事上来。这种车船载重量大，一般可载二三百人，多则上千人。有了这些车船，起义军如虎添翼，大大提高了战斗力。起义军在杨幺领导下，由小到大，由弱变强，迅速发展到20多万人，杨幺农民起义军规模的不断扩大，逐渐成为南宋朝廷的隐患。

宋军接连的败绩，也使南宋朝廷大为震恐。就在岳飞收复襄阳等6郡不久，宋廷便决定遣军进攻湖庭，把杨幺领导的这支义军一网打尽。绍兴五年二月，宋高宗任命岳飞为荆湖南、北、襄阳府路制置使，充神武后军都统制，率军“围剿”杨幺起义军。同年三月，岳飞率军从池州出发奔赴潭州。按照宋朝旧例，宰相张浚以都督诸路军马的身份，亲临湖庭，参与指挥战斗。

四月下旬，岳飞率军抵达潭州，又经过一个月的行军，到达了鼎州。在商讨用兵之计时，岳飞吸取了之前程昌寓、折彦质、王燮等人失败的教训，改变了战略战术：一是采用长久围困的策略，封锁交通，断绝粮道，使起义军陷于孤立状态，以耗其斗志，瓦解军心，让起义军内乱，使之不攻自破。二是采取“恩威并济”“且捕且招”的策略，包括招降起义军中的不坚定分子，采取所谓“以水寇攻水寇”；利用起义军中的叛者，里应外合。三是对长于水战的起义军，利用天旱水枯之机，采取陆攻之策。说来事也凑巧，此时虽系四五月间，但天时反常，正值干旱，湖水之浅竟和冬季一般。据此，岳飞当即决定从陆路四面进军“围剿”。

在岳家军大兵压境之时，杨幺仍然采取对付程昌寓和王燮的旧法，墨守成规，命令大小水寨各自为守，各自为战，因而不能最大限度地集中兵力。由于天旱水浅，浅涸的湖水严重地影响了杨幺车船的行驶，为宋军各个击破创造了有利的条件。宋军在实施大规模军事进攻之前，岳飞选取了一些兵卒，乔装改扮成小商小贩在岸边假装做生意，诱捕了数百名上岸交易的起义军群众，并将其陆续押回岳飞的大营。岳飞对起义军群众说：“你们犯的都是死罪，我念你们每人都有妻儿老小在水寨之中，不忍心杀害你们，现在决定放你们回去，希望你们说服各自的首领，接受朝廷招安才好。”随后，岳飞吩咐发给每人一些银两，要他们各自购买一些货物，带回营寨，分送给各自的家人老小。暗中却派人告知市井商人，要他们以最低的价格出售商品，所赔之数，均由军中负责补偿。这批被释的起义军群众，回到水寨大讲岳飞的好话，并且绘声绘色地宣传水寨外面的物价如何低廉，生活如何富足。与此同时，岳飞加紧对杨幺军队的经济封锁，所有进出水寨的通路一律派军把守，从各个方面断绝起义军的粮食来源，使其坐吃山空。接下来，岳飞便派人携带皇榜前去招安。

第一个接受招安的是杨幺的部将黄佐。岳飞当即设盛宴款待了他，赞许黄佐识时务，希望他能够立功。岳飞安排他继续回到洞庭湖水寨之中，如果有机会能够争取劝降一些头目，争取里应外合，并且向朝廷保举黄佐为正七品武义大夫、閤门宣赞舍人。黄佐感动得痛哭流涕，表示要以死相报，忠心为朝廷效命。对于这件事，岳飞军中的参政席益向都督军事的张浚进行了汇报，深怕岳飞上当，延误战机。而张浚对岳飞的安排却很信任，他认为岳飞精忠报国，忠勇仁义，而且作为主帅用兵自然有他的道理，不能随便猜测揣度。而黄佐果然带兵攻打其他的水寨，首先攻破了周伦的大营，将其斩杀并抓住了统制陈贵等，同时俘获大量起义军，还将周伦营寨连同粮食船只全部烧毁。张浚对岳飞的谋略大为赞赏，参政席益在深感惭愧的同时也更加佩服岳飞。

正当岳飞按照恩威兼济的两手"围剿"杨幺起义军之时，宋高宗又唯恐金与伪齐再度遣军南进，便发下诏旨，命张浚回临安商议边塞防秋。张浚看岳家军虽然取得了一定胜利，但是想要剿灭杨幺起义军一时并非容易，所以想把岳飞召回潭州，欲意先行罢兵。岳飞拿出战略草图给张浚看，张浚打算等第二年再从长计议，岳飞很坚决地说："都督且少留，十天之后，便可把军事行动全部结束。"岳飞进一步解释说：王燮等人用正规军攻打水寇，很难打；我用水寇打水寇，就容易打了。水上作战，对于我军来说并不擅长，而敌人是很擅长的，用我们的短处去攻打别人长处，所以难以成功。如果能借助敌人自己内部的力量，将其左膀右臂和心腹之人逐渐瓦解，让敌人陷于孤立的地位，然后我们的军队乘胜袭击，我有信心十天之内就能擒获敌首。张浚听了岳飞的话，虽然有些将信将疑，但十天的时间尚不至于耽误回朝议事，而且岳飞一向深谋远虑，便依从了岳飞的请求。

岳飞返回鼎州军营，抓紧"围剿"部署。杨钦是杨幺起义之初的重要臂膀，骁勇善战，也是杨幺恃以为强的一员勇将。岳飞深知，如若能诱降杨钦，则是对起义军的一个重大打击。因此，他曾经不止一次派黄佐去做争取工作。表面上杨钦也表示愿意接受招安，但他认为，起义军水寨防守严密，固若金汤，在这场围剿与反围剿的战斗中，宋军未必能够取胜，所以对于是否招抚犹豫不定，一直处于观望态度。岳飞见招安不成，便派人到杨钦的水寨，声称岳元帅等待招安的时间是有限的，如果不能够遵守听命，岳家军已经在水寨周边布置了大量军队，安排强弓硬弩、火弓火箭，一旦开战就会将全水寨所有茅屋竹舍化为灰烬。杨钦经不住岳飞的威胁，终于率领全寨1万余众弃戈投降。岳飞上奏，请求朝廷授予杨钦武义大夫的官职，并给杨钦很丰厚的待遇，接着让杨钦回到洞庭湖大营继续游说劝降。过了几天，杨钦又把全琮、刘锐等人也劝说来降。而岳飞故意上演“苦肉计”，大骂二人道：“敌人还没有全部投降，你们两个来了有什么用？”还让军士把两个人打了一顿，遣回洞庭。结果当晚岳飞率军偷袭敌人营寨，俘获了数万敌军。

杨钦投降后，尽管杨幺起义军的实力受到很大的削弱，但他面对官军的强大攻势，并无惧色，仍率领起义军英勇战斗。这时杨饮向岳飞献计说：“杨幺大车船非水深不能行，一旦水浅则不能动。”岳飞听了杨钦的话，立即命军开闸放水，用巨筏堵塞湖中各港；并把千万束青草撒在湖中，继而遣军骂阵，诱起义部来攻。杨幺立即率水军出战，腐木杂草缠住车船翼轮，致车船无法行动。岳飞抓住战机，命牛皋等将率军急攻，起义军不能支，杨幺想冲出包围，不料被各港的巨筏拦住，岳家军杀声震天，一起向杨幺大车船冲杀过来。杨幺一看无力回天，为了逃命纵身跳入湖中，被牛皋从水中捉住，当即被杀。最后只剩下夏诚的水寨。夏诚为人甚是机警，是起义军中很有智谋的人物。他的水寨地据芷江，背靠峻岭，三面环水，同时又因地势设置重城，以及大量的壕沟、陷阱，易守难攻，很难对付。针对这种情况，岳飞吸取攻破杨幺的经验教训，令军于芷江上游投放了诸多树枝、杂草，使其顺流而下，充盈于水面。接着选择口齿伶俐之士卒上千人，站在浅水中骂阵，诱使夏诚命部众一起向岳家军投掷瓦石。未几，草木和瓦石铺出一条通往水寨的通路。岳飞命令士卒沿路冲杀过去，经过激烈的搏战，岳家军终于攻破了义军最后的一个水寨。坚持与宋廷斗争5年之久的这支规模巨大的农民起义军队伍，在多次击败官军“围剿”之后，最后终于被岳飞镇压。

这次“围剿”行动，共俘获杨幺部众连同家属10余万人，缴获战船数千支，岳飞把强壮者编入岳家军，老弱者给予一定的钱财让其归业，同时命一批起义者去服苦役、垦荒。然后，将30多座起义军营寨全部烧毁，以防止有别的贼寇利用作乱。岳飞按照给张浚许诺的日期完成“围剿”任务之后，率领大军，离开湖庭，返回了鄂州。张浚对岳飞的智谋深表钦佩，称赞：“岳侯真神算！”

其实，岳飞并非神算，而是能够广泛听取各方意见，利用有利条件进行军事准备，这是一个军事家必备的优良品质。杨幺等起义军在洞庭湖地区盘踞多年，已经形成了一套在陆地上耕种、在水中作战的方法策略；其修建的战船高达十几丈，官军船只只能仰视，无法靠近作战。虽然在前期准备中，岳飞也想同样建造大船与其抗衡，但是湖南运判薛弼建议岳飞不要硬碰硬，造船会耗费很长时间，即便建造大船也不一定能够战胜敌人。现在天旱水浅，不急于开战，不如通过重金收买，许以高官厚禄来分化瓦解起义军内部集团，分化各个战船首领，然后把入江的各个水路要道都切断，再从上游投下大量杂草树木等，用这些东西堵塞江面，让敌人的大船无法行进，而此时我军再派精锐部队和骑兵进攻敌营，那敌人必然不攻自破。岳飞也正是采纳了薛弼的建议，剿灭了杨幺起义军。古往今来，有名的军事将领总会吸纳和听取多方面的意见建议，综合分析，最后取得成功。所谓“君子性非异也，善假于物也。”

岳飞兵临荆湖两月余即平叛了农民起义之乱，解决了南宋朝廷积压许久的心病。为了安抚荆湖一带百姓，朝廷做出了一些减免赋税的决定，使生产力得到了恢复，也逐渐缓解了紧张的社会矛盾，这也为后来岳家军在抗金的奋战中保留了一个比较安定的大后方。

岳飞镇压了杨幺起义军，博得宋高宗的欢心，为了褒奖其功，朝廷命他兼任淮南西路蕲州和黄州制置使，并在两镇节度使以外，另授予他检校少保虚衔，晋封开国公。绍兴五年十二月又改命他为荆湖北路、襄阳府路招讨使。

关于岳飞镇压杨幺起义的事情，后世评价众说纷纭，有人就以此认定是岳飞镇压农民起义，有违“民族英雄”的称号。如果把事情放到具体的历史中去考察，可能会更客观一些。

杨幺起义后期，首领内部已经发生了变化。农民起义军的领导集团内部早就背离了当初“等贵贱、均贫富”的宗旨，他们锦衣玉食、穷奢极欲，而普通的士兵和占领地区的老百姓生活异常穷苦艰难。

另一方面，在金人大举南下，国家危亡民族危难之时，杨幺等人竟然不顾民族大义，派人暗中与金人扶植的伪齐傀儡政权勾结，妄想南北夹击南宋政权，以达到他不可告人的目的。

岳飞判断，如果伪齐李成暗中勾结杨幺，充当走狗，为虎作伥，还积极配合金人南侵，那么南宋政权将会面临南北夹击、外忧内患的严重危险，在绍兴四年初上书宋高宗：

> 今外有强敌之寇攘，内有杨幺之窃发，俱为大患，上轸宸襟。然以臣观之，杨幺虽近为腹心之忧，其实外假李成，以为唇齿之援。今日之计，正当进兵襄阳，先取六郡，李成不就絷缚，则亦丧师远逃。于是加兵湖湘，以殄群盗，要不为难。[①]

南宋朝廷在丞相赵鼎的坚持下采纳了岳飞的策略，所以才有了岳飞大败李

① 《金佗稡编续编校注》，《金佗稡编》卷十《乞复襄阳劄子》。

成，收复襄汉六郡，继而平定杨幺之乱等战事。所以，无论杨幺与伪齐勾结的史料是否真实、准确，在当时的历史背景下，杨幺起义确实威胁到了南宋政权的稳定和安全，而岳飞平定杨幺的“起义军”，在客观上巩固了抗金后方，使内部稳定统一，使前方作战将士得以全力抗击金人侵略。当然，我们也不能否认，岳飞的手上也沾满了农民起义军的鲜血，这是他的阶级立场局限，也是历史的局限。

第七章

收复襄汉　克敌陈蔡

南宋政府定都临安，以苏南、浙江、闽北为京畿辅地，以江淮之间的皖北、苏北为捍御东南的屏障，形成了东、中、西三线，在江淮地区严密防守。绍兴三年，南宋政府命韩世忠、刘光世屯兵10万于建康、镇江，并置帅府，使得处于江淮的东线，与鄂州、江州一带的中线平安无战事。绍兴四年，吴玠在仙人关大胜金军，金军退据凤翔，5年内未敢轻动，西线稳定。然而，稳定只是暂时的，平静水面下暗藏波涛汹涌。

第一节　重收襄阳六州郡

绍兴二年四月，金朝傀儡皇帝、伪齐国主刘豫废弃大名府，立东京为新都城；征集乡兵十数万，在黄河、淮河一带和陕西、山东等地屯扎，对南宋虎视眈眈。金人扶植刘豫伪齐政权前后，京西、河朔的有识之士始终坚持抗金和打击伪齐政权的斗争，其中力量最强大、斗争最坚决的是驻守伊阳县风牛山寨的翟兴。绍兴二年，伪齐国主刘豫在诱降翟兴不得之后，买通叛将杨伟，暗杀翟兴，企图以伊阳县为基础举兵攻打南宋。翟兴之子翟琮忍痛发愤，继承父亲遗志，联合宋神武左副军统制襄阳镇府使李横、随州知州李道，于绍兴三年初讨伐伪齐。

翟琮会同李横，像一把利钳，从西、南两个方向直插伪齐京都东京，东京收复。金元帅左都监完颜宗弼会同伪齐将领李成，带领两万伪齐大军进行反击。义军与金齐联军在开封城西北的羊驰岗展开激烈交战。义军装备、粮草短缺，援兵不足，被装备精良的金军重甲骑兵击溃。是年十月，伊阳县的风牛山寨、邓州、随州、襄阳、唐州、郢州接连失守。战略重镇襄阳也被伪齐将领李成攻破。江汉一带战略要地被牢牢控制在伪齐手里，南宋连接川、陕的交通要道被生生切断，中线形势顿时紧张。金人进攻仙人关失利后用兵重点转移到鄂州、江州一带。刘豫喜形于色，蠢蠢欲动，准备在第二年麦熟之后，与进攻川、陕的金军相互策应，并联合洞庭湖地区的杨幺，大举南侵，意欲率先攻占荆湖，再顺长江东下，灭亡南宋。南宋群臣闻之俱骇。

襄阳位于湖北省西北部，处于汉江中游，为平原腹地。襄汉平原地理位置相当重要，向西可以连接秦蜀，向东可以俯瞰吴越，进可攻退可守，历来是兵家必争之地。在中国浩如烟海的历史长河中，和襄阳有关的战役不胜枚举，如白起水灌鄢城之战、关羽水淹七军之战、朱序抗拒苻丕之战等。战略重镇襄阳落入伪齐手中，南宋朝廷更加风雨飘摇。尽快选定中线防守主帅，成为南宋朝廷面临的最为迫切的问题。

越是在危急存亡之时越能彰显英雄本色，岳飞此时展现了自己卓越的军事才华。在中线危机出现之前，岳飞就已对敌情进行了深入研究，他认为李成和杨幺的关系是唇齿相依的，如果大破李成，李成必会弃师外逃，从而使杨幺失去支援，落得个唇亡齿寒。所以，岳飞主张打消以保守城池为主的消极作战方式，取而代之以外线作战，先发制人、主动出击，收复襄阳六州郡，粉碎李成、杨幺南北加攻诡计，从根本上解除南宋朝廷的战争威胁。为此，岳飞屡次上书，请求进军襄阳，先取六郡（襄阳府、郢州、随州、唐州、邓州、信阳军），再加兵湖湘，则恢复中原、实现中兴指日可待。为此，岳飞已厉兵秣马、严阵以待，只等待朝廷一声令下。

不仅如此，此时的岳飞还展现了他的高瞻远瞩。岳飞不排斥起义军，不因他们非官军的身份而拒之于千里之外。他反而非常重视起义军，笃定起义军能够在日后的北伐中发挥重要作用。为此，他提出了“连结河朔”的政策。

河朔，古代泛指黄河以北地域广阔的平原地区。《宋史·地理志》记载：“河朔幅员二千里，地平夷无险阻。”自南宋王朝建立以来，金军三次派兵南下，占领河朔地区并进行野蛮残暴的统治，种种暴行激起河朔地区广大民众的强烈反抗。许多地方的百姓纷纷揭竿而起，占领高山险谷，保卫乡里，据守城寨，展开风起云涌的抗金斗争。

为了赢得抗金战争的胜利，以李纲、宗泽为代表的主战派，始终主张联合民众抗击金军。李纲为此设置了河北招抚司和河东经制司以招募义军；宗泽则积极联络活动于河南、河北的各支义军，组成上百万人的抗金武装，在东京附近多次击败金军。李纲、宗泽的政治抱负和军事主张，对于力主抗金的岳飞影响之大是不言而喻的，而且他本人曾在太行山与义军并肩战斗过，从而他深刻认识到，要举行大规模的反抗金军侵略的斗争，就必须联合河北、河东、京东三路的忠义民兵，“用事于金贼腹心之中，而收功于疆场千里之外”[①]，才能在黄河南北，形成一个强大的整体力量，陷金军于四面楚歌、南北夹击的境地，到那时何愁家仇不能报，国耻不能雪。

鉴于这样的战略设想，早在李横转战于襄、邓一带斗争之时，岳飞就派部下张宪前往襄阳府联络李横，以便进军时得到李横部的军事配合。在李横、牛皋、董先、李道、翟琮等起义军被金、伪齐军队反扑不得已退至汉阳军界，湖北安抚使刘洪道拒绝收留之时，岳飞挺身而出，联合参知政事赵鼎，助义军过江，并遣送粮草，安定义军。

毫不夸张地说，岳飞能成为一代抗金名将，与他提出并有效实施“连结河朔”的战略有很大关系。他根据当时的抗金斗争，充分接纳、联合、发动金统治区内的民间抗金力量，共同组成一支可与岳家军密切协作的抗金“奇兵”。平时，这些忠义军把情报提供给岳家军，一旦岳家军大举北伐之时，就可以里应外合，与岳家军形成夹击之势，最终在河朔地区形成一个广泛的敌后抗金战场，让金军在河朔地区陷入重重的军事包围之中。在岳飞的连结河朔方针指导下，此后的很多年，岳家军联系到了很多支抗金忠义军队，其中不少忠义军首领更是亲自进入宋境，带部归附岳家军。

---

① （宋）岳珂编、王曾瑜校注：《金佗稡编续编校注》，《鄂国金佗续编》卷十《令措置河北河东京东三路忠义军马省劄》[M]. 北京：中华书局，1989年，第1278页。

绍兴四年春，宋高宗就中线挂帅出征人选问题与群臣讨论。由于岳飞资历尚浅，并未能得到朝中众臣首肯，但知晓岳飞的赵鼎力排众议，认为北伐一役，非岳飞莫属。经过数次激烈讨论，最终宋高宗正式任命岳飞为荆湖北路前沿统帅，兼任荆州、鄂、岳州制置使，出师襄汉，举兵北伐；命刘光世派兵增援岳飞，王燮钳制洞庭湖杨幺，牛皋、董先、李道等部归入岳飞；命户部员外郎沈昭远筹措粮饷，荆湖北路安抚使司颜孝恭、崔邦弼的兵马以及荆南镇抚使司的兵马，暂调拨岳飞节制使唤。

宗高宗虽然给了岳飞兵力、粮草支撑，但宋高宗也明确了岳飞此次出征的禁忌：不得越出六州军界，不得远追，不得提“北伐”或“收复开封”；否则即便立下赫赫战功，势必遭受责罚。可以看出，宋高宗和岳飞对于此次北伐有着不同的心理取向：岳飞志在以襄汉为起点剑指中原，宋高宗旨在保住长江防线，维护南宋小朝廷，赢得议和资本。

虽不尽如人意，但能够挥军北上，是岳飞的夙愿。绍兴四年五月，岳飞率领浩浩荡荡的南宋大军渡江北上，旌旆逶迤。南宋朝廷对金的第一次主动出击开始了。画着“精忠岳飞”的军旗熠熠闪光猎猎生风，投注在夹道迎送的人们眼中；慷慨激昂的“飞不擒贼，不涉此江”的豪言壮语彰显着岳家军的势在必得。

绍兴四年五月，岳家军先发制人围攻郢州。郢州是伪齐最南端的要塞，刘豫重视非常，选派骁勇强悍素有“万人敌”之称的荆超驻守，并为荆超配置了包括金兵在内的1万多人马，自诩固若金汤。五月初五，战斗一触即发。岳飞策马绕城侦察敌情，张宪劝降荆超。张宪晓以民族大义，质问荆超为何叛宋降伪齐。荆超军师——伪齐长寿知县刘楫在城墙上大喊“各事其主”，并肆无忌惮地谩骂。五月初六，晨光熹微之中，战鼓如雷鸣般响起。岳飞稳坐帅台，指挥若定，带领队伍发动总攻。将士们齐声呐喊，奋勇争先，浑然不顾城墙上箭如雨下，相互踩踏着同伴肩膀登城作战。伪齐军队早已听闻岳家军威名，勉强抵抗之后争先逃命。固若金汤的城池被攻破，郢州城内尸横遍野。荆超走投无路跳崖自杀，刘楫遭生擒被押入岳飞帐前。岳飞喝令刘楫面向南下跪，斥责其枉顾民族大义，亲自处决了刘楫。此前因伪齐军队占领而逃离家乡的郢州民户再次回到故居，心情激动。

岳飞初战告捷，乘胜兵分两路：张宪、徐庆分兵东向攻取随州，岳飞率主力部队往西北方向猛扑襄阳府。

张宪和徐庆兵临随州，驻守随州的伪齐知州王嵩采取防守措施，据城墙之利，龟缩于内，拒绝出城迎战。张宪和徐庆连攻数日，都被阻挡于高大的城墙之外，未能克捷。彼时牛皋已在克复郢州的战斗中大显身手，此时更是自告奋勇，请求领兵支援张宪和徐庆，并命令军队只带3天口粮。牛皋异常坚定并势在必得，但临行之前遭到了部分人的怀疑甚至是讥讽。因为以善战和才勇出众而闻名的两员大将用了几乎一个多月都没能攻克的随州，怎么可能会在三天之内被一个初露锋芒的“新人”攻破呢？然而，毋庸置疑，牛皋是有这个军事才华的！牛皋一把弓箭百步穿杨，他曾经在京西一带和敌军交战十余次，完胜。随州之战中，牛皋五月十六日出发，到五月十八日，3日口粮尚未吃完，便与张宪、徐庆合力攻下随州城，俘杀伪齐守将5000余人，伪齐知州王嵩在被俘之列。

杭州岳王庙岳云墓　周里程摄

攻克随州，牛皋功不可没，但牛皋没有邀功，反而把战功都推到张宪身上。他心思单纯、志向高远，认为为国效力，不用计较功劳得失。在攻打随州的战役中，岳飞的儿子岳云两把铁锥枪上下、左右翻飞，枪到人落。冲锋阵中，岳云抛开个人安危，一马当先，第一个冲上城头。岳云“勇冠三军”，声名鹊起。

岳飞率主力攻打襄阳。驻守襄阳的伪齐将领李成，曾经是岳飞的手下败将。闻及岳飞率兵北上，李成已极度恐惧，及至得知岳飞大克郢州，并将率领军队主力大举攻打襄阳之后，李成引军北遁仓皇出逃。岳飞不费一兵一卒，和平收复襄阳，震惊伪齐政权。襄阳乃战略要地，以岳飞对战争的了解，伪齐国主刘豫不可能坐以待毙，必将有大动作。果不其然，六月初，刘豫增兵李成，集结重兵30万，屯驻于新野、龙陂、枣阳等地，目标直指襄阳。岳飞谙熟兵法，采取“饵兵合围之计”，命王万率领部分队伍赶赴襄阳西北的清水河，引诱李成出兵。李成倾全力向王万队伍发动总攻，却没想到遭到岳飞主力部队的侧翼包抄。岳飞、王万夹攻李成，李成败走。翌日，李成又率步兵、骑兵十数万再一次攻打宋军。岳飞观阵笑语部下：步兵的优势在于险阻之地，骑兵的优势在平旷之处；现在李成的骑兵列阵江岸丛林，步兵列阵平旷之地，即便有十万众，又能做什么呢！岳飞抓住李成违背兵法常规的布阵漏洞，挥鞭下令：王贵以长枪步卒迎击李成右翼骑兵，牛皋以骑兵攻打李成左翼步兵。李成遭到左右夹击，溃不成军，大败北逃，再不敢窥伺襄阳府。

岳飞接连攻下郢州、随州、襄阳，士气高涨、气贯长虹，欲一举渡江北上收复唐州、邓州、信阳军三地。

绍兴四年七月，岳飞兵临邓州。对于岳飞来讲，邓州是攻坚之战。胜则占据长江中游，打通川陕通道，打下统一北方的坚实基础；败则被金予取予求，甚或南宋朝廷地位不保。对于刘豫来讲，邓州是遏制岳飞北上最重要的屏障，双方皆严阵以待。

刘豫又一次将目光转向金朝，向金朝求援。虽然金朝刚刚经历了仙人关的失利，元气不足，不得不休养生息，但是仍派遣二等战将刘合孛堇增援刘豫，同时调遣屯驻在陕西、河北的番军、伪军，列阵邓州西北，试图遏制岳飞北上。

岳飞重在战略部署。面对即将到来的恶战，岳飞命王贵取道光化，张宪师出横林，双面夹击敌军。七月十五日，岳家军与金齐联军数万人在邓州城外30里酣战；王万、董先率领精锐骑兵冲锋陷阵所向披靡，金齐联军大败而走。金将刘合孛堇只身败逃，金将杨德胜等200余人被俘，伪齐部将高仲退守邓州。七月十七日，岳飞乘胜收复邓州城。邓州城上石头翻飞、矢如雨下，岳家军个个英雄虎胆，不畏强敌、顽强拼搏，邓州被攻克、高仲被活捉。此次战役，岳云再一次显示了他"勇冠三军"绝非浪得虚名。他一马当先冲上城墙，手舞铁枪冲锋陷阵。邓州一役，岳家军大获全胜，缴获战马200多匹，兵器、盔甲数以万计。

大破邓州，对收复襄阳六州郡具有重要战略意义。邓州一破，收复唐州和信阳指日可待。七月二十三日，王贵、张宪与金齐联军在唐州以北三十里率先开战，以掩护李道收复唐州。同一天，暂归岳飞调遣的荆湖北路安抚使司统制崔邦弼率军攻打信阳军，大胜。

从五月初五到七月二十三，不足三个月，岳飞就相继收复郢州、随州、襄阳、邓州，原先由伪齐控制的唐州和信阳也归入南宋统治，南宋第一次主动收复失地取得圆满成功。统观襄汉一役，岳飞击要破点，以迅雷不及掩耳之势，闪电出击，先攻伪齐重点设防的郢州，大获全胜震撼全局；再采用心理战，使得昔日手下败将李成闻风丧胆、弃城而逃，兵不血刃轻取襄阳；然后及时把握战机，充分利用李成排兵布阵的失误，痛击敌军反扑；最后分进合击，奇兵突袭，一举击败金齐联军，收复邓州。这次战役充分显示了岳飞作为军事统帅的卓越才华和岳家军所向披靡的强大战斗力。

捷报频传，宋高宗既感慨又惊讶："朕素闻飞行军极有纪律，未知能破敌如此！"[1]在宋高宗的心里，也许从来没有想到过岳飞带兵打仗会如此出神入

① 《建炎以来系年要录》卷七九，绍兴四年八月癸未条。

化；更没有想到，南宋八年以来的历史，会因为岳飞而创造出一个按照计划收复失地的神话。按原定计划收复失地，这在南宋历史上是第一次。襄阳大捷，在南宋历史上具有重要地位。“岳飞收复襄阳六郡，从此控制了长江上游，东可进援淮西，西可联结川陕，北可图复中原，南可屏蔽湖广，具有重要的战略意义。”①

绍兴四年八月二十五日，岳飞被“特授为清远军节度使、湖北路荆襄潭州制置使，依前神武后军统制，特封武昌县开国子②”。岳飞成为继刘光世、韩世忠、张俊、吴玠之后，南宋历史上第五个建节的人，也是继吴玠之后，第二个因抗金战功而建节的人，且是宋代以来最年轻的建节者。岳飞再三请辞未果。当制作精良、装饰精美的“旌节”自临安府一路发到岳飞驻守的鄂州之时，民众交口称赞，岳飞全军将士引以为荣。

岳飞并不热衷于功名，即便在而立之年建节，即便在他人看来已是了不得的壮举，但在岳飞看来，功名从来都是过眼云烟。岳飞念念不忘的是挥师北上，恢复中原。他屡次上书宋高宗，铺陈直捣中原、收复故土之策，无奈这些良言美策却被宋高宗束之高阁。某日，岳飞登上鄂州黄鹤楼，举目远眺，万里河山，仅存半壁，一腔抱负，无以施展，胸中郁闷，挥笔而就《满江红·登黄鹤楼有感》。

遥望中原，荒烟外，许多城郭。想当年，花遮柳护，凤楼龙阁。万岁山前珠翠绕，蓬壶殿里笙歌作。到而今，铁骑满郊畿，风尘恶。

兵安在？膏锋锷。民安在？填沟壑。叹江山如故，千村寥落。何日请缨提锐旅，一鞭直渡清河洛！却归来，再续汉阳游，骑黄鹤。

---

① 龚延明，《岳飞研究》[M]. 北京：人民出版社，2008年，第112页。

② 《金佗稡编》卷二。

第二节 援驰淮西助友军

绍兴三年四月，南宋徐文叛逃。徐文叛逃之前是南宋水军都统制，明州守将。他叛逃的路线由定海向北，直奔伪齐。徐文叛逃时所携带官兵700余人，战船60余艘。徐文的叛逃使宋高宗的海上计划公之于世。徐文报告刘豫，宋高宗扁舟航海，迤逦奔逃于沿海各地，给自己预留了一条海上逃生之路，并明确指出宋高宗聚集船只、积攒粮草的地点就在临安府和明州昌国县。刘豫将这一重大情报汇报给金朝都元帅完颜宗翰，并指出从海道进攻南宋是首选，先袭击昌国县，再趋明州，直抵钱塘江口，截断宋高宗后路。再和陆路上的南犯兵马相配合，可一举攻下南宋。此番建议获得完颜宗翰首肯。

然而，就像南宋最高统治阶层在对金政策上分别形成的“主战”和“主和”一样，金朝最高统治集团内部在对待南宋问题上也同样存在分歧。金朝此时手握重兵的左副元帅完颜宗辅和元帅左都监完颜宗弼认为南进军马已困惫不堪，粮储也不充足，袭击潮湿之地恐难取胜，故坚决认为陆路进攻更有效。金太宗听取完颜宗辅和完颜宗弼的建议，确定了下一步攻宋计划：避开岳飞、吴玠防守严密的中、西部防区，主攻东线战场。为何会避开只有3万兵力的中线战区和吴玠防守的西线战区呢？因为半年时间内，在西部和中线战区，金人连遭两次失败，他们不敢再硬拼，只能避实击虚，主攻东线。

是年，金齐联军即将大举进犯两淮的重要情报震惊南宋朝廷。岳飞派王大节入伪齐，混入刘豫之子刘麟的“皇子府”，本意是同李成接触，争取李成。然而，由于身份卑微，王大节难以见到李成，可他却凭借机智勇猛逐渐取得刘麟的信任。刘麟开始向王大节征询“征江南之策”。王大节企图使敌、伪军绕行四川攻其险阻，自我损耗，即言自宋朝设置川陕宣抚使司以来，征兵、征粮不断，人民苛税沉重、处境痛苦，极盼大齐以重兵入川，好乘机起兵响应。刘麟认为“不然。大金已有命令传来，要会同本地之兵，趋淮南，渡长江，直捣吴会。”[①]刘麟不可能按照王大节的建议更改行军路线，冒重蹈仙人关覆辙的风险。

绍兴四年九月十五日，金齐联军开始了又一轮对南宋的大规模进攻。金军由完颜宗辅、完颜昌和完颜宗弼任统帅，伪齐军由刘麟指挥，分别由开封向东南走徐州，到泗州渡淮河，在扬州渡江南下，直冲刘光世、韩世忠守御的东线。消息传来，宋廷举朝震恐。官员们各怀私心，纷纷建议宋高宗解散所有人员外逃避难，唯有宰相赵鼎力排众议，坚决支持“主战”。在一片“外逃”声中，赵鼎最终不得不妥协：“战而不捷，去未晚也。”[②]交战失利再逃也不迟！并且即便是外逃，又能逃到哪里呢！能够逃往的地方，敌人的兵马难道不可以追到吗？迫于无奈，宋高宗匆忙间调兵遣将：命张俊遣兵支援淮东，命韩世忠进驻扬州，刘光世扼守当涂，张浚总制各路军马。

实事上，东线战场兵力雄厚。韩世忠、刘光世、张俊三支大军以及杨沂的中神武中军皆屯驻于此，兵力总数不下15万人，明显高出镇守西线战场的吴玠、中线战场的岳飞。然而，这里却弥漫着无边无尽的悲观失败主义情绪。刘光世率领部下退避江南，金齐联军不费吹灰之力占领淮南西路。张俊表面上反

---

① 《三朝北盟会编》卷一六二，九月十五日辛酉记事。

② 《建炎以来系年要录》卷八十绍兴四年九月乙丑，《宋史》卷三六〇。

对不战而逃，实质上主张划江而守、分江而治，积聚南宋所有官兵镇守平江，等敌军后退再从长计议。张俊自己以从马上坠落手臂受伤为借口，拒绝出兵。赵鼎大怒，派监军督促张俊发兵，并上奏宋高宗对张俊严惩不贷。①

是月，金将聂儿孛堇率领数百骑疾驰扬州，企图从南宋背后实施突袭，攻其不备。韩世忠诱敌深入大打伏击战，在金军陷入大仪镇泥淖无法自拔之时，率领精锐骑兵包抄合围，大败金军，活捉金军铁骑将官挞也。次日，韩世忠部下谢元率军在承州迎击金军，擒获金军150余人。其后，庐州守臣仇悆大败金人于寿春府。虽然取得了几次胜利，但是面对强大的金齐联军，南宋朝廷终究独力难支。此次战役以张俊退守常州，韩世忠退守镇江，刘光世退守建康而告终。最终，大江天堑成了南宋朝廷阻遏金人的天壤屏障。②

十一月中旬，滁州被攻陷。十二月初，庐州告急。

李纲上奏宋廷，建议宋高宗降旨岳飞，率全军之力急赴淮南，参知政事沈与求、宰相张浚赞同，宋高宗向岳飞发布手诏，表达了自己对岳飞的殷切期待，无限盼望岳飞日夜兼程率全军东下以解庐州之急。

宋高宗一纸调令为解燃眉之急，却没有考虑到岳飞率军东下势必造成中线空虚，以致敌人乘虚而入控制长江上游的可能性。岳飞接到宋高宗手诏后做了防守和东下两方面准备：他并没有率“全军东下”，而是将兵力一分为二，既部署襄汉防务又支援淮西。一切部署停当，徐庆和牛皋作为先锋队率先奔赴淮西战场，岳飞和李山率大军紧随其后。

此时的庐州知州兼淮西宣抚使仇悆正处于危险的境地。仇悆，字泰然，益都人，为官清正廉洁，爱民如子，南宋抗金名臣。两三个月以来，一封

---

① 《金佗稡编》卷八《鄂王行实编年》；《三朝北盟会编》卷一六四；《建炎以来系年要录》卷八〇绍兴四年，九月乙丑；《宋史》卷三六九《张俊传》。

② 《三朝北盟会编》卷一六五；《建炎以来系年要录》卷八二绍兴四年十一月戊午；《宋史》卷二七；《高宗纪》卷三七〇。

牛皋庐州大败金军　周里程摄

封来自刘光世的急件飞奔于漫漫烟尘中，内容无一例外，都是命令仇悆烧掉现有粮草，放弃庐州。仇悆拒绝执行，以致刘光世派统制张琦赴庐州武力劫持。仇悆大怒，慷慨陈词："你们不承担守卫国土的责任也就罢了，我却要以死殉国！敌人还没来就要逃，老百姓依靠谁来保护？"张琦只好一走了之。

仇悆积极应战，他招募庐州和寿州守军、乡兵近3000人，抗击敌军。十二月，敌军兵力大增，完颜宗弼亲自率领后援部队增兵刘麟攻打庐州。仇悆派千余人阻击，败。庐州危急。事已至此，即便是仇悆，也认为自己即将要以身殉国了。

此时岳家军已在奔赴淮西的路途之中。岳飞听到消息，立刻派遣徐庆、牛皋率领2000名骁勇善战之士马不停地蹄前往支援。十二月十八日，徐庆、牛皋到达庐州，同仇悆会合。不待坐定，5000名敌军骑兵已逼临城下。虽然岳家军大军未到，贸然出击可能会陷于孤军奋战，但徐庆、牛皋仍然奋勇当先，带领先头部队出城迎敌。当看到岳家军军旗出现在眼前时，敌骑大为惊愕，他们一心想要躲避的劲旅竟然就在自己面前！敌军震慑于岳家军的威名，又疑心前后左右埋伏大量兵士，打起仗来瞻前顾后、缩手缩脚。岳家军骑兵在徐庆、牛皋带领下列队严整，他们与敌军短兵相接，以少击众，前后交锋三个回合，所向披靡。交战中徐庆不慎坠下战马，敌军骑兵蜂拥而上，企图生擒徐庆。危急之时，牛皋眼明手快，抢先赶到，连杀数敌，急拉徐庆上马。牛皋脱去头胄，大声呼喝："我是牛皋，曾经四次打败完颜宗弼，谁来和我决一死战！"挥矟直贯敌阵。岳家军众将士在牛皋的强大气势下一鼓作气、争先恐后、奋勇拼杀，把敌军打得七零八落，溃不成军，得战马80余匹，刀枪军械不计其数，敌军撤退30余里。仇悆对岳家军的骁勇善战无比佩服，立即写信致谢岳飞，并盛赞牛皋神勇。翌日，岳飞率大军抵达庐州，双方再次激战，敌军大败。

时值严寒岁尾，大雪纷飞。恶劣的环境加上庐州的惨败使得金齐联军遭受重大打击。彼时北方传来金太宗吴乞买病危的消息，金人不敢在淮西战场再做停留，慌忙撤出庐州。伪齐主将刘麟没了金人支持，更是慌乱无主，立即抛弃全部辎重，昼夜兼程，一口气逃奔到200余里外。伪齐出兵前"直捣僭垒，务使六合混一"[①]的大话至此成为笑柄。

金齐联军撤出淮西，岳飞将士暂时在江南东路池州驻扎。淮西前线已无较大战事，张俊和刘光世抓住机会紧急派兵渡江，收拾小股残敌以报军功。刘光世派副将王德支援庐州，在看到恢复平静的庐州时，王德羞愧难当："当形势十万火急时，我们竟然没有一个人渡江击贼。现在没事了才到这儿，我们有什么面目见仇公啊！"

庐州之战，中线战场的岳飞孤军进援，东线战场的三大主力退缩江南。庐州之战虽非大战，却将金齐联军击退。绍兴五年二月，由于援驰淮西有功，岳飞被擢升为镇宁、崇信军节度使。至此，岳飞被授予两镇节度使。

绍兴五年的春天，因为金军撤离，淮西地区享受到了少有的安宁，戎马倥偬的岳飞也得以偷闲到池州郊外的翠微亭踏青。沐浴着和风煦日，流连于满目

---

① 《建炎以来系年要录》卷八三。

青翠、生机盎然的山水美景，岳飞心情愉悦，诗兴大发，一首《池州翠微亭》一挥而就：

经年尘土满征衣，特特寻芳上翠微。
好水好山看不足，马蹄催趁月明归。

第三节　复克伊洛继商虢

从仙人关大捷、收复襄汉等战役来看，南宋朝廷在对付金与伪齐政权的战事上，已然取得一些胜利；从镇压洞庭湖杨幺等起义军来看，南宋朝廷在处理内部游寇和镇压武装反抗方面，也取得了一定成功。从靖康之祸到绍兴五年，十数年征讨，南宋政权逐渐稳固。

虽则南北依然分裂，宋徽宗、宋钦宗依然被幽禁在金朝，淮河以北被金朝霸占；虽然刘豫盘踞着中原虎视眈眈，但南宋政权的稳定迎来了民族气势的高涨。绍兴五年，要求进取中原、收复故土、迎回二帝、一雪国耻的呼声越来越高。即便是沦陷区人民，也在翘首以盼南宋朝廷解救自己于水火。

然而，这些愿望和呼声，是否恰恰表达出了宋高宗的心声呢？

南宋偏安一隅十年，虽取得了一定成绩，但国土范围并没有扩展，除收复襄汉六州郡为南宋主动出击以外，其余抗金战斗大多为被迫应战。这些引起了爱国志士的不满，进士黄中甚至斗胆指责宋高宗："人生天地之间，如白驹过隙。所谓十年者，岂可多得……然臣恐陛下有思念忧惧之言，而未有思念忧惧之诚心也。"[①]在赵构，也许他更乐意苟安于东南半壁，能和金与伪齐分江而治

① 《建炎以来系年要录》卷九三，绍兴五年九月己亥条。

互不侵犯，已然很满足；在赵构，高祖杯酒释兵权的记忆如此新鲜，各统军将领如若战功赫赫、功高震主，对自己又会是一种威胁；在赵构，也许存在一个不足为外人道的更为隐秘的心理：把徽、钦二帝迎回以后，皇位是谁的？

黄中的指责可谓击中了宋高宗言行不一的要害。宋高宗的愤怒可想而知。然而就客观形势而言，此时的南宋确实具备反攻能力了。为了适应新形势新变化，南宋王朝对军队进行全面改编：直接统属军队一律由“神武军”改称“行营护军”；张俊部队改称“中护军”，韩世忠部队改称“前护军”，岳飞部队改称“后护军”，刘光世部队改称“左护军”，吴玠部队改称“右护军”，王彦的“八字军”改称“前护副军”。[①]高宗还对各防区重新做了划分：“韩世忠部屯驻承、楚两州，张俊部屯驻建康，刘光世部屯驻太平州，他们的防线分布在淮河流域、长江中下游。王彦部屯驻荆南，岳飞部屯驻鄂州，防线处在长江中、下游；吴玠部守川陕。”[②]

岳飞部队原有3万余人，为步兵、骑兵，没有水兵。瓦解杨幺叛军后岳飞不仅兵力得到扩充，更重要的是增加了水军。岳飞把杨幺军中的精壮人士五六万人全部编入岳家军，壮大队伍。军中出现了大批弄潮儿，又缴获1000多艘

岳飞与将士们

① 《建炎以来系年要录》卷九六，绍兴五年十二月庚子条。

② 龚延明，岳飞研究[M]. 北京：人民出版社，2008年，114页。

战船，岳飞把弄潮的健儿改编成水军，从此岳家军有了水军，同时也弥补了南宋水军战斗力薄弱的缺憾。此外，南宋朝廷又拨隶各路兵马给岳飞，岳飞的兵力由3万多人陡增至10万人以上。在往后的征战岁月里，岳家军的人数基本维持在此。10万岳家军铮铮铁骨，效命于抗金战场，涌现出了王贵、张宪、徐庆、牛皋、董先等重要将领。与当时各大军相比，岳家军的兵力虽然不是最多的，但军容之盛，却是沿江诸军的冠冕，成为名副其实的抗金主力。由于岳家军兵力大增，朝廷命岳飞将之前的十将增加至三十将；军一级的编制也由原来的几个扩展成12军。其中背嵬军是岳飞亲自挑选的无坚不摧的精锐力量。

“腹心之患既除，进取之图可议”，宋高宗的手谕已经慢慢渗透进岳飞的身体、骨血里，他渴盼着这一日的到来。经过认真而冷静地分析局势、估算双方军事实力，岳飞认为：大举北伐的时机已趋成熟，恢复中原的夙愿不日即将实现。此时的岳飞和岳家军，名震天下，那些想要回归南宋的豪侠忠义之士，都把鄂州作为目的地，只因鄂州为岳家军军营。

绍兴四、五年间，金人铁骑攻破太原，河东等地的义军寡不敌众。为保存抗金力量，太行忠义社首领梁兴、赵云等先后率部南下，投奔岳飞。

梁兴，人称梁小哥，靖康以后，联合爱国青年结为太行山忠义保社，同敌军大小交战几百次，屡败金军，以致“金军遥见小哥旗帜，不敢进”[①]。在平阳府神山县，金朝总管判官邓奭曾经带领数千精兵妄图围剿忠义保社，金兵听说梁兴夜袭，惊溃得四散逃窜。金将耶律马五为提振士气，亲临战场与梁兴鏖战，大败，耶律马五被杀。这个数年前金军西路渡江酋领，曾被牛皋活捉过的手下败将，曾经屠戮洪州城的罪魁祸首，终于魂归西天。是年冬天，梁兴和数百名精锐骑兵一起，投奔岳家军。

赵云，铮铮铁汉，屡次阻击敌军而胜，断然拒绝金人给予的“平阳府路副

① 《中兴小记》卷一九。

总管”的诱惑；在面对父亲被金人杀死、母亲被金人关进监牢的惨痛事实时，他斩钉截铁，拒绝投降。绍兴四年十一月，赵云投奔岳飞。日后，赵云率人马北渡黄河，从金人监狱中救出母亲。

民间志士投奔岳飞，宋高宗非常高兴，表示：“梁兴等既来归，当优与官赏，以劝来者。派往敌方的间探，其报告多半不甚可信，只有这些忠义之士来归，才可借以了解敌方真实情况。”[①]梁兴的到来，增强了北方人民抗金的信心，同时也为岳飞开展“连结河朔”的工作带来更大便利。

绍兴六年春天，宋高宗和宰相张浚商议部署北伐：韩世忠自承州、楚州出发，进图淮阳；刘光世屯兵庐州以扼伪军；张俊屯驻盱眙做策应；岳飞进屯襄阳做直捣中原之计。[②]对于这个军事部署，以韩世忠、岳飞为代表的朝中主战派都非常兴奋。

左右两翼的北伐开始了。右翼由韩世忠率领，他们自楚州渡淮河北上，长驱直入攻下宿迁，却在攻打淮阳军时败下阵来。伪齐军队严密防守淮阳，韩世忠苦攻六天未竟，第七天金军援兵赶到，韩世忠不得已退回楚州。两个月后，韩世忠与金人再战淮阳军，却因为张俊私心不肯增援无功而返。东线北伐受阻。

宰相张浚谏言宋高宗，岳飞忠勇果敢、沉稳刚毅，可以倚重办理大事。宋高宗遂任命岳飞为湖北、京西路宣抚副史，并移镇为武胜、定国军节度使。北伐一直是岳飞的夙愿，现在朝廷主战，又重用自己，岳飞兴奋无比，他马不停蹄地筹措军务、研究进攻路线。然而，两件事迫使岳飞不得不延迟北伐。

第一件是目疾。最近五六年来，岳飞的眼睛承受了巨大的痛苦。行军环境恶劣使得岳飞的眼睛畏光、刺痛，尤其是平定杨幺之后，岳飞眼睛的病情加

① 《建炎以来系年要录》卷九七，绍兴六年正月癸酉记事。

② 《建炎以来系年要录》卷九八，绍兴六年正月丙辰记事。

重。他觉得自己职掌兵马大权，关系到国家利害，如果贪婪地享受着国君的荣宠而不知进退，最终耽误收复故土的大计，会问心有愧。因此，岳飞再三恳请宋高宗解除军务。

宋高宗没有答应。宋高宗和金人的对峙进入关键时期，战争胜利成为宋高宗向金人求取和平共处、求取自身生存筹码的关键。回绝申请的诏书和省札沿着官道疾驰而来，其中言辞恳恳又态度坚决：岳飞措置长江上游事务，责任繁重，应当厉兵秣马、一雪国耻，辅助皇帝达成中兴志愿，成就更大功勋；告诫岳飞不要再提解除军务之事；并派御医治疗岳飞眼疾。经过精心诊治，伴随夏去冬来，岳飞的眼疾开始有所好转。

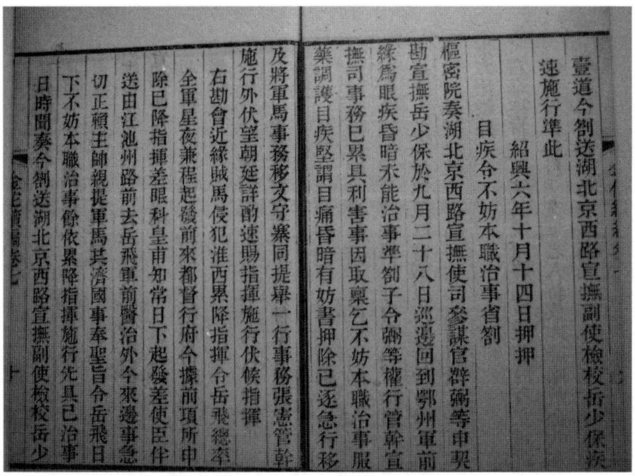
壹道今劄送湖北京西路宣撫副使檢校岳少保疾
速施行準此
紹興六年十月十四日押押
目疾令不妨本職治事省劄
樞密院奏湖北京西路宣撫使司參謀官薛弼等申契
勘宣撫岳少保於九月二十八日巡邊回到鄂州軍前
緣為眼疾昏暗未能治事準劄子令弼等權行管幹宣
撫司事務已累具利害事因取稟乞不妨本職治事服
藥調護目疾堅謂目痛昏暗有妨書押除已逐急行移
及將軍馬事務移文守寨同提舉一行事務張憲管幹
施行外伏望朝廷詳酌速賜指揮施行伏候指揮
右勘會近緣賊馬侵犯淮西累降指揮令岳飛總率
全軍星夜兼程起發前來都督行府今據前項所申
除已降指揮差眼科皇甫知常日下起發差使臣伴
送由江池州路前去岳飛軍前醫治外今來邊事急
切正賴主帥親提軍馬共濟國事奉聖旨令岳飛日
下不妨本職治事餘依累降指揮施行先具已治事
日時聞奏今劄送湖北京西路宣撫副使檢校岳少

《目疾令不妨本职治事省札》 孙远征摄

绍兴六年正月，南宋朝廷北伐启动。宰相张浚兼任都督诸路军马事，召韩世忠、刘光世、张俊商议军事，并沿江巡视部署防务。二月，岳飞抵达“行在”临安府，建议恢复京西南路旧名，用以表达朝廷不忘恢复中原之意，得到批准。

岳飞从临安回到鄂州，惊闻噩耗：母亲病逝。连年征战使得岳飞和母亲分离，孤母在沦陷区饱受忧患、惊悸和折磨。原以为找到母亲，接母亲和自己同住能让母亲生活得更好，没想到母亲在南方水土不服。绍兴六年三月二十六日，岳飞年过七旬、常年卧床的母亲溘然而逝。岳飞素来以孝为先，可想而知，岳飞多么悲恸！三天痛哭不止、滴水未进，眼疾复发。母亲一去世，岳飞即奏报南宋朝廷解除自己军职，并且不等朝廷回复即先自解除，遂携带家眷，扶护灵柩，往庐山安葬。[①]

中国传统礼法注重孝道，长辈去世，小辈需守丧三年。作为儿子，岳飞坚持守丧；作为人臣，岳飞的守丧能否被批准呢？当时，南宋重兵屯于江淮之间，江西制置使李纲已为岳飞北伐筹集了部分钱粮发往郢州[②]。郢州与伪齐相邻，如不出兵，粮道可能被伪齐袭击，贻误战事。四月，宋高宗特地派遣宦官邓琮前往庐山，名为慰问实则敦促岳飞赴任。五月中旬，宋高宗下诏书明确要求岳飞赴任，并下令岳飞如延误赴任，岳家军全体属官将佐将受到严厉处分。在岳飞身上，切切实实感受到了“忠孝不能两全”。岳飞只得“移孝作忠”，拖着疲惫的身躯返回鄂州。

七月流火，岳飞北伐。秋天，草长马肥，金人最容易在这个时节挥军南下，南宋一般在秋季进入防御。岳飞没有听从张浚放弃进攻转入秋防的命令，而是打破惯常做法，奇兵突袭。

岳家军兵分两路向东北、西北出兵。熟悉京西地形的牛皋挥师东北方向，直插伪齐新设的镇汝军。伪齐守将薛亨，素有“悍勇善战”之称，牛皋在大军出发前就向岳飞保证，一定要活捉薛亨献给朝廷。昔日曾在此地打败过南侵金军的牛皋，今日率部重返故地，精神振奋。他带领左军以雷霆万钧之力，迅速击破镇汝军的坚固堡垒。牛皋派将领冯赛迂回到薛亨军身后，自己与薛亨接战数次佯败逃走，引薛亨穷追不舍。牛皋和冯赛前后夹击，大败伪齐，活捉薛亨。当薛亨作为战俘被押解到宣抚司时，就连岳飞也感到十分震惊。[③]牛皋乘胜向东追击伪齐敌兵，攻克颍昌府、蔡州，大胜而归。牛皋成为岳家军北伐的头号功臣。

---

① 《建炎以来系年要录》卷一〇〇，绍兴六年四月乙巳记事。

② 《梁溪集》卷八六《乞催起岳飞马札子》。

③ 《三朝北盟会编》卷一六九，绍兴六年八月条。

西北方向，由王贵、郝晸、董先领兵，沿汉水、淅水北上，穿过熊耳山，攻取伪齐统治的卢氏县。岳飞根据每个人的特点分派任务。派遣熟知当地地理民情、曾在虢州地区活动的将领带兵攻打西北方向。结果自然不出所料，马到成功。卢氏县被攻下，获缴粮食15万斛之多。占领卢氏县后，岳家军进入商洛地区。王贵在取得虢州胜利后，继续挥师向西，收复商州五县：上洛、商洛、洛南、丰阳、上津。伪齐惨败，自乱阵脚。刘豫于惊慌恐惧之中，派遣军队攻击德安府应山县，劫掠邓州高安镇，企图切断岳飞后方物资供给，迫使岳飞退兵。

王贵命令杨再兴向长水县进发。这里成了杨再兴大展雄风的沙场。八月十三日，杨再兴一马当先、彪悍勇猛，斩杀伪齐顺州安抚司孙都统等500余人，活捉伪齐后军统制满在等100多人。十四日，杨再兴率军在孙洪涧与伪齐军队2000余人隔涧列阵，互射箭矢，杨再兴勇猛顽强指挥得当，敌军溃败。十五日，杨再兴夜夺长水县城，缴获粮食2万石，全部分给士兵与百姓。随后，永宁县和福昌县相继收复。①

商洛、虢州、卢氏、长水、伊阳等地，地处河南西部、黄河沿岸、伊水洛水之间，是名副其实的战略要冲。这一地区的收复，对于控扼黄河、经营关中具有重要战略意义。此次出兵，南宋朝廷收复了伊洛险要之地，给伪齐以军事、政治、经济上的沉重打击。

南宋朝廷对岳家军此次收复伊洛商虢的嘉奖充满了溢美之词："长驱将入于三川，震响傍惊于五路"。此种评价，确非过誉。

然而，岳飞很快就发觉，岳家军面临着孤军深入的形势，既无援军，又缺粮饷。承载了数十年战争的京西两路，人口锐减，此地已经成为荒凉萧条、地偏人稀之地。交通不便带来了粮食供应的明显短缺。岳飞固然已经设法缴获了

---

① 《金佗稡编》卷一六，《复西京长水县捷奏》。

敌军大批粮草，但马多人众，兼要赈济百姓，岳飞截获再多军粮也难以满足需求。岳飞不得已暂停进攻，率领主力重新返回鄂州，仅留少量部队戍守前线。也因此，前期收复的少量土地不久后又被伪齐重新占领。虽然此次北伐并不如预想的完美，但商洛全境和虢州的部分地区牢牢控制在南宋手里已实属不易。岳飞的第二次北伐，是南宋和金双方实力对比继续变化的标志：南宋朝廷光复故土、问鼎中原已非可望而不可即之事；南宋朝廷要想避免北伐中途夭折，彻底改变战略指导成为必须。

绍兴六年九月下旬，岳飞返回鄂州，眼疾复发，不能见光。岳飞的居室，挂上了厚重的帘幕用以遮蔽光线。尽管岳飞卧病在床，饱受眼疾之苦，然而时代并没有给他更多休息的时间，他不得不再次戎装上阵。

第四节　陈蔡退敌巧用兵

绍兴六年，岳家军夺回商、虢之地，在伪齐腹部插入了一把钢刀。伪齐自绍兴四年冬天襄汉大败以来，休养生息、重整军备，刚刚恢复的元气却在一年多之后再次被岳家军以迅雷不及掩耳之势击垮，损兵折将，一蹶不振。伪齐国主刘豫自然不肯善罢甘休，匆忙间硬着头皮向金朝乞求援军。但是，对于这次求援，刘豫并不能确定能否成功，刘豫心里有一种隐隐的担忧。这种担忧不久后变成了现实。

一年前金太宗吴乞买去世，其侄孙完颜亶继位，是为金熙宗。金熙宗统领金国大权，自然不愿听凭旁人摆布。他即位不久便依靠完颜宗辅、完颜昌、完颜宗弼三个军事实权人物，抗衡飞扬跋扈的完颜宗翰。完颜宗翰在一系列军事调整中逐渐失势，最终被免去“都元帅”的最高军职。绍兴五年夏天，伴随着完颜宗辅的去世，金朝权倾一时的将领是右副元帅完颜昌、元帅左监军完颜宗弼。同南宋朝廷一样，金朝在南宋问题上也一直存在着相互矛盾的两种声音：主战和议和。此时金朝接连吃了败仗，金朝内部要求和南宋和议的声音渐高。加之刘豫又是依赖完颜宗翰一派，完颜宗翰的失势使得刘豫此次的求援告急遭到前所未有的冷遇。金熙宗派完颜宗弼屯兵黎阳观望，拒绝出兵攻宋，刘豫求援碰壁。

无奈之下，刘豫决定孤注一掷铤而走险。他强行签发乡兵20万，号称70万，于绍兴六年九月中旬，兵分三路进攻淮西。来势汹汹的伪齐军队重点攻击方向正是南宋战斗力最为薄弱的刘光世、张俊军的防守区域。不仅如此，刘豫还采取伪装术，用胡服装扮自己的两三千乡兵，招摇于京西各州县，既为自己壮胆，又恐吓宋军。

此时的南宋王朝，听闻金军和伪齐率大军联合攻击南下，早已六神无主。宋高宗将行在由临安转移至平江府，名为鼓励军士奋勇杀敌，实为逃跑做准备。张俊、刘光世惊恐万分，他们虚报敌情，夸大伪齐军势，争先恐后要求朝廷派兵增援，其实不过是为遁逃制造借口：刘光世打算放弃庐州、张俊想要丢掉盱眙。左相赵鼎完全相信张俊和刘光世的谎报，匆忙做出三项决定并得到宋高宗完全同意：第一，允许刘光世、张俊等军撤至大江以南；第二，火速调遣岳家军东援淮西；第三，宋高宗的“行在”撤回临安府。①

宰相张浚抵达镇江府，得知伪齐南侵并无金军配合，而刘麟率领的中路伪军也不过区区6万人。就在张浚把握战机部署反击之时，却接连收到了赵鼎等人要求撤军的七八封书信，以及宋高宗传令张俊、刘光世、杨沂中后撤退守长江的手诏。

如果张俊、刘光世、杨沂中撤退到长江南岸，那么长江天堑将不再是南宋的保护屏障。如果贼寇占领淮南，自由便利地来往运送粮草，江南地区还能够保全吗？偏安一隅的南宋朝廷还能够保全吗？淮南失守则江南失守，江南失守则南宋朝廷荡然无存。张浚认为现在南宋士气高涨，正是诸位将领合力迎击伪齐、保全南宋的关键时期，机会稍纵即逝。在调防岳飞问题上，张浚也有清醒的认识。他直陈岳飞控制长江上游地区，关系重大，倘若率领全军离开驻地鄂州，敌人乘虚而入攻占襄汉，南宋拿什么来遏制敌人呢？

---

① 王曾瑜，岳飞新传[M]. 北京：中国书籍出版社，2016年，第287页。

宋高宗得知并无金军南下的确切讯息，惶恐的心慢慢安定下来，也终于认识到了淮南对于南宋朝廷的重要作用，同意了张浚统合各兵力相互掩护攻击淮西敌寇的建议，但在是否调离岳飞的问题上，宋高宗没有听从张浚建议，而是下诏岳飞带兵应援淮西。

绍兴六年十月，已经撤出庐州的刘光世在张浚“如有一人渡江，斩以殉”的严令和宋高宗“立刻法办”的诏令下，立刻回防。

十月上旬，伪齐中路军被刘光世部将王德、郦琼在霍邱、正阳一带击退，刘麟的攻势被遏制。伪齐东路军在藕塘遭到宋将杨沂中军的严重打击，仓皇北逃。宋叛将孔彦舟听闻中、东路军已败，慌忙带领西路军北撤。

彼时，屯兵鄂州的岳飞正在忍受眼病折磨。宋高宗要求进援淮西的命令一到，岳飞立刻拖着病体调集襄阳等地部队，沿江东下。待到达江州时，适逢伪齐军主力撤退，战事已基本结束。高宗下令：淮西已经没有战事之忧，岳飞不必前来。岳飞料知金齐联军会因岳家军离开鄂州而趁机攻打，因此当接到宋高宗无须再东援的命令后即刻下令还军鄂州。

正如岳飞和张浚所料，岳飞从襄阳前线抽调了大量兵力奔赴淮西，忠实地执行了宋高宗的错误军事调遣，从而造成了襄汉防御的空虚。十月底，岳家军尚未回防之际，金熙宗派金军配合伪齐军，分数路向岳家军防区实施全面反扑，企图夺取淮河上游地区。虢州、商州、唐州、邓州、信阳军等地重燃战火。

战火向两个方向强势蔓延：一是岳飞新收复的商州、虢州等西京地区；一是唐州、邓州、襄阳等地。后者也成为此次战役的主要目标。这一次，金齐出动的人马相当雄厚：仅进攻虢州的金军就达1.5万余人，战马3000匹，伪齐军2万余人，马2000匹；进攻商州的金齐联军也有1万多人。[①]抓住岳飞东下淮西，南宋中线空虚的漏洞，金齐部署雄厚兵力志在必得。

① 龚延明，岳飞研究[M]. 北京：人民出版社，2008，第122页。

十月二十七日，虢州铁岭关，岳家军统制寇成率部迎击兵力3.5万人、战马5000匹的金齐联军。鉴于兵力悬殊，寇成遂于横涧设伏，展开伏击战。两日后，寇成伏击敌军骑兵1000多人，杀死100多人，其中包括二三十名金军，缴获战马200多匹。十月三十日，寇成再次大胜敌军。然而，伴随越来越多的敌军，铁岭关形势日益严峻。寇成拔营至朱阳县五里川，向岳飞连上四道救令，请求救援。

十一月初，襄阳、邓州，伪齐军自恃兵力强盛，猛扑岳家军。董先采取示弱骄兵之策，率领牛皋、傅选等将沉着应战。交战中，董先命部队佯装逃跑，一天后退百余里，伪齐军不疑有诈，“乘胜”紧追不舍，直至天黑。第二天，董先依然命令军队后退，伪齐军也照旧紧追不舍。第三天，岳家军退至有利地势，反击战终于打响。董先运筹帷幄指挥若定，岳家军一鼓作气，前后夹击，势不可挡，伪齐军撤退至唐州牛蹄。疲惫不堪的伪齐士卒放下武器准备就餐，却突然发现岳家军的旗帜早已漫山遍野。伪齐士卒误以为被包围，不等主将发令就争先恐后四散逃散。董先督军冲杀，俘虏伪齐军千余人，缴获战马3000匹。

同一时间，伪齐“五大王”刘复率领雄厚的主力军依山布阵。刘复，刘豫之弟，善于聚敛财物，缺乏远见。岳家军前线主将王贵应战。王贵排兵布阵沉着冷静、冲锋陷阵一马当先，在兵力悬殊的情况下大败刘复，刘复只身遁逃，岳家军大获全胜。

岳飞在返鄂途中不断收到部下请求增兵的战报，才知在自己整个防区，从西到东，前沿部队与敌军展开了全面交锋。岳飞立刻调集2万精兵渡江。到十一月十五日，即岳飞从九江回师鄂州的第八天，岳飞的雄师已经驰骋在襄汉古道上了。[①]当敌军看到“岳”字旗和“精忠岳飞”旗时，无不目瞪口呆，面如土

① 龚延明，岳飞研究[M]. 北京：人民出版社，2008年，第123页。

色。当是时，王贵已率部直取蔡州。岳飞收到朝廷降旨“前去相渡，若蔡州可下，即行收复”后，精神抖擞意气风发，在寒冬腊月领兵2万、携10日口粮直指蔡州。

天光微亮，岳飞策马扬鞭侦察全城。蔡州城墙既高且阔，易守难攻。城头上一片平静，不见防守士卒往来，唯有几面黑色旌旗随风轻轻摇摆。岳飞下令攻城，城墙上隐现士卒往来展开抵御，黑旗也随之激烈晃动；岳飞下令后退，敌军士卒便也下城隐蔽，城上依然仅余黑旗轻摆。如此重复数次。战场的敏锐性让岳飞瞬间警觉：敌军有诈，遂下令鸣金收兵。

因蔡州城池坚固，非一朝一夕可以攻下，岳家军又仅带10日粮食，不易久战。岳飞下令大军撤退，董先断后。撤退途中，董先抓的一名伪齐士兵泄露了刘豫的军事意图：刘豫决定以蔡州城为诱饵，促使岳家军进攻。待岳家军久攻不下，锐气顿挫之时，埋伏在蔡州城外围的李成等10员大将率军同时杀出，里外合击，围歼岳家军，直捣鄂州。李成发给伪军每人一条绳索，规定用绳索穿过被捉住的岳家军战士手掌，捉到的人越多，功劳越大，赏赐越高。

董先派人驰告岳飞敌情，岳飞将计就计，令董先选择牛蹄险要之地，部分人马在密林伏击，部分人马守住桥头，拖住伪齐追兵，等待大军回师。果然，李成引军追至桥头，见董先单枪匹马横立，甚是震惊，遂高举绳索大声狂喊：“奴勿走，我今先擒奴！”董先中气十足：“我定不走，只恐奴走尔！”董先强大的气势令李成疑窦丛生，李成决定进行试探性进攻。李成数次调出小部兵力交战，董先便数次挥舞旗帜指挥林中军士摆出厮杀架势。只要李成一退后，林中军士便隐匿树林。数次下来，李成丧失大好时机。待岳飞率领大军从群山间疾驰而来增援董先，李成终于意识到自己上当了。然而为时已晚，岳飞指挥大军横扫李成军，追击30余里，所向披靡。李成骑马而逃，敌军数千人被俘。岳飞对俘虏施行宽待政策，除伪齐将领被押赴平江府行在外，其余人员一律发给钱物放回。正确的俘虏政策，为南宋朝廷争取了民心。

岳飞接到宋高宗的命令，即刻挥师南下支援淮西，展示了一个将领对皇帝的忠诚；岳飞在远赴淮西后能够快速回师襄阳，击溃金齐联军直捣鄂州的企图，展现了一个将领用兵如神的天赋。

绍兴四年至绍兴六年，三年内岳飞共进行了三次北伐：收复襄汉六州郡、克复伊洛继商虢、用兵陈蔡。岳飞在竭力探索北伐最佳路线。通过北伐，岳飞清醒地认识到：古老的南北交通要道——襄阳北上直取洛阳，已经不再是北伐最佳路线。常年征战致使这条曾经繁忙的商贸路线人烟稀少，加上山高林密，补给困难，这里不能成为理想战场；相反，京西路以东的平坦原野也许会是不错的选择。作为新的进军路线，第三次北伐战果虽不及第一、二次显著，却为日后积累了作战经验。

第八章

反对议和　功高震主

绍兴七年，南宋的对金政策再次发生重大变化，这一变化不仅来自朝廷内部，而且也与金人改变对南宋的政策密切相关。对于宋高宗进行的绍兴和议，南宋统治集团迅速撕裂为水火不容的两大阵营，主和者与金人暗通款曲，主战者犯颜直谏，百般坚持。岳飞与宋高宗，两个政治信仰完全不同的人开始从“君臣同心”逐渐走向分裂。

第一节　庐山守丧惹猜忌

绍兴七年年初，南宋朝廷内部并不太平，两位宰相张浚和赵鼎在多项重要事务上存在重大分歧。左相张浚力主将行在迁往建康府以激励前线将士，提议借着对伪齐作战的有利形势，乘胜追击，擒拿刘豫父子，并强调在淮西之役中刘光世畏战避战的表现，理应免除其一军统帅之职。而右相赵鼎提议将行在后撤到临安府，并认为伪齐的存在可以作为宋金的缓冲地带，如一味攻打刘豫，会将金国军队拖入战局，无益于己，同时认为不应该随意更换武将，刘光世若无故而罢免，恐怕引起全军上下的不安情绪。

面对朝廷中对刘光世的批评声浪，宋高宗也想罢免刘光世。因此当他接到刘光世自请解除兵权的奏章后，并未表现出任何挽留之意，只不过对谁接替刘光世，高宗一直没有下定决心。就在当年三月初，岳飞应诏，抵达建康并受到赵构的接见。这说明，宋高宗在考虑接替刘光世人选时，把岳飞纳入了自己的考虑范围，但最终是否下定决心，还要等君前奏对后再考虑。

此次召见具体谈了什么不得而知，但是宋高宗之后对大臣提及岳飞近来的见识大有进步，关于时局的议论很有可取之处，这说明此时宋高宗对岳飞显然比较满意。张浚在大举北进的计划里，也把岳飞摆到了重要的位置，打算把刘光世的军队交给岳飞。因此，至少在这一时段，不论是宋高宗还是张浚，在接替刘光世的人选上，倾向是很明确的。

二月二十五日，岳飞被擢拔为太尉，职务由湖北京西路宣抚副使升为宣抚使、兼营田大使。岳飞的实职与韩世忠、张俊、刘光世平列。

三月中旬，岳飞收到了两份朝廷的公文。一份为张浚执掌的诸路军事都督府的《令收掌刘少保下官兵札》，明言“淮西宣抚刘少保下官兵等，共五万二千三百一十二人，马三千一十九匹，须至指挥”①，明确了岳飞对刘光世部的统领权，但是公文结尾又说，令岳飞妥帖收好文件，暂时不能公布。另一份是宋高宗给淮西军统制王德、郦琼的御笔信，要求他们以后听从岳飞的指派，所以应该是要求岳飞在接收刘光世统领的兵马时转交给王德等人。亲笔信中，宋高宗对王德、郦琼二将强调要团结同心，不忘国耻，“听飞号令，如朕亲行”。②两份文件清楚表明：宋高宗及张浚已经下定决心，将原刘光世统领的人马，交给岳飞。

这段时间，是岳飞与宋高宗短暂的君臣相得的和谐期。刘家军兵马数量，几乎是岳家军的2倍，如果岳家军与刘家军合并，以岳飞为帅，那么南宋王朝大约七分之五的兵力归于岳飞指挥，岳飞心心念念的北伐大业，实现的可能性必将增加了不少。得到这个喜讯，岳飞难以掩饰内心的欣喜与激动，向宋高宗进呈了一份奏章，提出了恢复中兴的完整作战计划。这就是著名的《乞出师札子》。

> 臣自国家变故以来，起于白屋，从陛下于戎伍，实有致捐躯报国、复雠雪耻之心……臣窃揣敌情，所以立刘豫于河南，而付之齐、秦之地，盖欲荼毒中原，以中国而攻中国。宗翰因得休兵养马，观衅乘隙，包藏不

① 岳珂：《金佗续编》卷八，《丝纶传信录》卷七。

② 岳珂：《金佗粹编》卷一，《高宗皇帝辰翰》。

浅。臣谓不以此时禀陛下睿算妙略，以伐其谋，使刘豫父子隔绝，五路叛将，还归两河，故地渐复，则人之诡计日生，浸益难图……

从奏章中能够看出，岳飞认为现在的伪齐政权不得人心，又刚经历大败，政局不稳，北地民众期盼南宋官兵的到来，局势对南宋来说一片大好。此时出兵，天时、地利、人和均在己方。他计划用两三年时间，收复北方大好河山，迎回“钦宗”（宋徽宗在绍兴七年正月已死）。

然而，让岳飞想不到的是，宋高宗君臣变脸如翻书。事实上，岳飞一直未得到来自朝廷对他新职务公开正式的任命。之前岳飞收到的两份明确他淮西行营左护军统帅的文件要求他秘而不宣。这就相当于，领导口头通知你当军区司令，但是没有公开的行政命令落实这件事，名不正言不顺，你军区司令就当不成。从岳飞收到朝廷公文的保密要求本身就说明，在对他的任命上，宋高宗及张浚心存疑虑，为日后可能变卦留了一手。

岳飞的新任命何以如此反复？主要与张浚及秦桧的反对及宋高宗自身的疑虑有关。

此前，张浚一直很欣赏岳飞，之前巡查宋军时，张浚对岳家军的兵卒面貌十分满意。回到朝廷，对宋高宗汇报时说，对敌前线，唯有韩世忠和岳飞的军队可用。张浚本人也一直是朝廷中抗战派的代表，按说他与岳飞的大目标一致，彼此不应该有什么纠纷。但是，张浚为什么会跳出来反对岳飞取代刘光世呢？

原来张浚名义为诸路军都督，实际上却是光杆司令，手下无兵，因此他很想借机亲掌一支直属都督府的部队。对岳飞的任命一旦公布，不仅他直接掌兵希望落空，岳飞更是将宋朝七分之五的兵力握在手中，实际上成了无形的兵马大元帅，可能架空张浚现有的都督权力。张浚为人刚愎自用又志大才疏，无论如何不能容忍这样的局面出现。

至于秦桧，作为金人的奸细，尽可能破坏抗金事业是他职责所在，一旦岳飞掌握足够的实力，必将实现其心心念念的北伐事业，这是秦桧最为忧心的事情。因此，他附和张浚提议，想方设法说服宋高宗推翻自己的决定。

对宋高宗来说，从内心深处他信任岳飞这样一个由军中低级校尉逐渐成长为手握重兵的武人并不容易。宋太祖立国之初即以“杯酒释兵权”，有宋一代，对武臣严加防范，唯恐重蹈唐朝节度使作乱之覆辙。尽管赵构从小并未作为皇位继承人培养，但赵氏祖训仍牢记心中，该有的政治算计和手腕一点不缺乏。观察赵构后来的第二次“杯酒释兵权”，可知他对“中兴四将”既有任用，也有忌惮。当局势紧张需要四员大将出力时，慨然付之以信任，如对岳飞说“中兴之事，朕一以委卿”[①]，可一旦宋金南北对峙的格局相对稳定下来时，又开始削兵权，以求皇权的稳固。

经过自己的反复思虑，并听取了张浚、秦桧对此事意见，宋高宗推翻了之前的决定，打算提升淮西军原统制王德为都统制，并受都督府直接统领。谋划既定，那么宋高宗如何跟岳飞交代呢？要知道君无戏言，岂能允许如此重大的决定再三反复？但在宋朝那个皇权至上的年代，即便是皇帝反悔，又岂能容大臣与之说理辩驳？宋高宗接连给岳飞发了三道手诏。

诏书明确表示推翻了对此前议定的事项。接到宋高宗的亲笔信，岳飞一腔北伐热血如浇了冰水一般透心凉。他还希望能努力挽回局面，上疏表达异议。也许宋高宗自认理亏，将其奏章原封不动地退还，并让他找张浚协商此事。

张浚早已与宋高宗议定此事，见岳飞找来，没有什么推辞，只能假意向岳飞征求意见道：“王德淮西军所服，浚欲以为都统，而命吕祉以督府参谋领之，如何？”岳飞认为，王德和郦琼二人能力不相上下，都想争一争都统一职，如果擢拔王德却不能好好安抚郦琼，两人必然起纷争，吕祉乃一介书生，

① 《金佗续编》卷二十七，黄元振编岳飞事迹。

不通军事，其才德不足以统率一军，否定了张浚的这几位人选。张浚又说："张宣抚如何？"岳飞说："张俊是久经战场的将领，也是我从前的元帅，但是他的为人凶暴少有谋算，郦琼等人一向不服他，派他去未必能稳定军心。"张浚又问岳飞杨沂中怎么样。岳飞回答说，杨沂中跟王德等将领才干年资相近，王德如果不合适，杨沂中也不够格。在岳飞看来，张浚提到的几名候选人资历才德军功还不足以担当一军主帅之职。张浚本来就不是在征求岳飞对此事的意见，而是没话找话，敷衍搪塞。听得岳飞接连否认这些人选，大概也怒从心头起，讥讽道："浚固知非太尉不可也。"意思就是说，你岳飞说这个不行那个不好，无非就是说你自己就是最合适接掌淮西军的人选。岳飞听到此处也非常愤怒，直接顶了回去："您正式询问我，我也不敢不认真回答，怎么会是为了我自己要兵权而否定您提出的人选呢！"两个人不欢而散。

对宋高宗的朝令夕改，岳飞极度失望。此前宋高宗对他的许诺就像是他人生中最大的美梦即将要实现，突然又被唤醒，跌回冰冷的现实当中，内心情绪激荡可以想见。大概是受到了这种情绪的影响，他一气之下，上奏朝廷，请求解除兵权，原因是与宰相张浚议事不合。他于三月下旬在离开建康的路上，递交了辞职的奏章。不等朝廷回复，直接回到了庐山的府邸中，将之前因夺情而中断的守丧继续下去。

宋高宗内心的恼怒可想而知，然而衡量利弊，他也清楚地知道，现在还不是跟岳飞翻脸的时机。在近年来的一系列征战中，无论是平定内乱还是伐齐抗金，岳飞统帅的岳家军勇毅过人，势难抵挡，其军功赫赫，威名远扬。既然在军事上倚重岳飞，自己又理亏在先，这口气宋高宗不得不暂时咽下。他一方面亲笔回信给岳飞，不同意岳飞的辞呈，让其以大局为重，赶紧复职；接着又指派湖北、京西路宣抚司参议官李若虚和统制王贵到庐山，代表朝廷去做安抚工作，劝岳飞早日回军营。同时，宋高宗派出兵部侍郎兼都督府参议军事张宗元任湖北、京西路宣抚判官，或许意在找寻机会夺取岳家军兵权。他曾对左司谏陈公辅抱怨此事，认为岳飞此举大为不敬。陈公辅素来敬佩岳飞“忠义可用”，因此委婉地为岳飞辩护说，岳飞本是行伍之人，说话直来直去，欠缺考虑，但是其为人还是可以信任的。此言宋高宗是否听进去不得而知，至少表面上，他维持了对岳飞的礼遇态度。

在庐山东林寺为母守丧的岳飞，迎来了朝廷的使者王贵和李若虚。王、李二人没有料到的是，这次的安抚工作要比想象中更困难一些。不管他们说什么，岳飞都没有点头同意回营复职。谈判拖了六天，李若虚按捺不住批评岳飞说：“岳宣抚到底要做什么？谋反吗？不听从朝廷的旨意，绝非好事，如此固执己见，朝廷就会怀疑你的意图。更何况你不过是河南的一个农夫，受到皇上的信任，才做了一军的统帅，难道您以为还可以跟朝廷相抗衡吗？如果您坚持守丧，我们势必将因办事不力受处罚而死，我们有什么对不起您的地方吗？我们被处死宣抚难道就不感到惭愧吗？”听到此处，岳飞终于明白原有立场无法再坚持下去，他放弃守丧打算，准备重返军营。

为了顾全皇帝的脸面，回营前，岳飞先赴行在建康，向宋高宗为自己的罪过请罪。宋高宗召见岳飞时，对岳飞请罪的回答意味深长。他一方面说岳飞的请辞轻率，自己并不责怪，如果责怪就不会让他重返原职，一面又说，宋太祖曾说，违背吾朝律法之人，只能以刀剑对待之。宋高宗此语软硬兼施，看似依旧信任岳飞，实际上暗含警告。

庐山守丧一事以岳飞的屈服赔罪宣告结束，然而君臣二人关系的蜜月期却因此转瞬即逝，宋高宗对岳飞的态度也从赏识、信任变为猜忌、戒备。

淮西军处，正如岳飞所料，刘光世自请解除兵权后，手下两员大将王德和郦琼彼此不服，都想当主帅，闹得不可开交。张浚为了自身掌兵的需求，力排众议，派遣不懂军事的吕祉节制淮西军，同时将王德由统制升为都统制，而对郦琼状告王德一事不闻不问。郦琼联络了军中的一批将领，向吕祉表态希望能够得到张浚的宽谅，吕祉假意安抚，却暗中传递书信，请求朝廷暗中监视郦琼的部队。

不料，吕祉的密信被郦琼截获，在郦琼军中宣扬开来，军内上下哗然。郦琼索性趁机反出朝廷，杀掉吕祉，率领4万军马投降了刘豫政权。当时，整个南宋的兵力加起来也不过20万，一下子五分之一的兵马投到了敌营。一时之间，淮南西路的防卫顿时空虚，整个朝野震惊。

淮西兵变证明了岳飞的先见之明，但带来的后果，却使局面朝着更不利于岳飞北伐大业的方向发展。

第二节 请立太子嫌隙深

对于一个帝王来说，最大的梦想应该就是江山稳固、流传千秋万代了。但是古往今来，不少皇帝没那么幸运，他们面对的最棘手的问题之一就是：没有健康合格的后裔继承皇位。远的不说，北宋仁宗皇帝三个儿子无一长大成人，全部夭折。无奈之下，宋仁宗只好过继宗室子弟赵曙，并传位给他，成为后来的宋英宗。无独有偶，宋哲宗也是在子嗣艰难的情况下，传位给自己的弟弟赵佶，也就是后来的宋徽宗。

赵构面对着跟他伯父同样的棘手局面。他有一儿五女，女性在中国古代社会没有皇位继承权，暂且不提。唯一的儿子赵旉三岁时赶上了苗、刘兵变，受到惊吓，叛乱平息后，赵旉发起了高烧，一个伺候的宫女不小心踢翻了铜炉，发出巨大的声响，居然把病中的赵旉给吓死了。其实，即便赵旉能活到成年，就这样脆弱的神经和身体，能否承担压力繁重的帝王职位，也是很让人怀疑的。但是，此刻独子赵旉的死，对宋高宗来说，简直如晴天霹雳，个中滋味，想必除了苦涩还是苦涩。

绍兴元年，上虞县丞娄寅亮——一位颇有勇气的低级官员——首先挑明了此事，他给赵构的奏折上谈到了立嗣这个敏感话题。

娄寅亮的奏章援引赵宋皇位传承的先例，宋太祖传位于其弟宋太宗，宋仁宗无后传位于养子，也就是后来的宋英宗，他建议宋高宗考虑先从宋太祖的后裔“伯”字辈中挑选一个德才兼备的孩子作为养子，一旦宋高宗自己的儿子出生了，皇位还是由亲儿子继承。娄寅亮的说法非常漂亮，给进退维谷的宋高宗解决皇位继承人问题指出了一条可行的思路。

宋高宗看到这道奏章之后，立即把娄寅亮提拔为监察御使。这说明，宋高宗并不特别忌讳谈及他无后这个话题。

大计已定，之后就是挑选合适的继承人了。挑选的过程并不顺利。与子嗣上尤为艰难的赵光义后人相比，太祖香火特别旺盛，符合条件的“伯”字辈七世孙有1600余人。朝廷从7岁以下儿童中选出10人，让高宗逐一审看。最后定下来的有两个孩子：7岁的赵伯琮和5岁的赵伯玖。两个孩子没有马上被确定身份，暂时都作为养子接入后宫由妃嫔抚养，再慢慢观察。赵伯琮毕竟年龄大一些，入学读书比较早，因此在皇储的竞争中显得更有胜算。

绍兴七年秋，岳飞奉命赶赴建康。此前，岳飞曾去过赵伯琮读书的学堂，见到过这个聪慧可爱的男孩，感叹地说：“中兴基本，其在是乎！”[①]在觐见的途中，与一同被召入朝觐见皇帝的薛弼相遇。岳飞向薛弼透露自己此行要向皇帝提出的一项重要的建议：请立赵伯琮为太子。

岳飞说，根据情报，金朝密谋要把宋钦宗之子赵谌送回南朝。金人为什么要送还赵谌？其用意显然是威胁草草创建立足未稳的南宋政权。在北宋未灭亡前，赵谌曾被正式立太子，而宋高宗没有亲儿子，也没有法定继承人，赵谌一旦真被送回建康，人们将以什么身份迎接他？不管承不承认赵谌，南宋君臣都面对一个难以躲避的陷阱，处理不当，也许还会影响到南宋政权的合法性。金人此计可谓毒辣，想要破解，最好的策略就是争取主动，早立太子，这样金人的阴谋自然不攻自破。

---

① 《金佗稡编》卷二十一《建储辩》。

薛弼听后，有些担忧，说："身为大将，似不应干预此事。"岳飞回道："臣子一体，也不当顾虑形迹。"因此，即便知道可能犯忌讳触怒宋高宗，为国家计，岳飞仍然挺身而出，直言其事，显现出一名军人的忠诚与担当。

岳飞到达建康后，觐见宋高宗，在宋高宗面前诵读自己关于立储的奏章。在诵读的过程中，他也许感觉到薛弼言之有理，自己擅自建言立储行为莽撞。因此，内心不由得惶恐起来，读奏章时也断断续续，几乎不成句子。果然，宋高宗听后，很不高兴，他责备岳飞说：

> 卿言虽忠，然握重兵于外，此事非卿所当预也。

这就是责怪岳飞"越职"了。岳飞退下时"面如死灰"，可见宋高宗对此事相当不高兴，与随后入见的薛弼还说起"飞意似不悦，卿自以意开谕之"。让薛弼去安慰开导岳飞。或许高宗也意识到，之前对岳飞态度过于峻急，毕竟岳飞是出于公心才提出这样的建议的。

第二天，赵鼎得知此事，惊道："飞不循分守，乃至于此！"赵鼎找到薛弼，对他说："大将总兵在外，岂可干预朝廷大事？宁不避嫌？飞武人，不知为此，殆幕中村秀才教之。公归语幕中，毋令作此态，非保全功名终始之理。"将岳飞失措之举归咎于其幕僚水平太差，也算是帮岳飞说好话了。

再说宋高宗，岳飞不是臣子之中唯一一个建议立储的，为何娄寅亮的提议宋高宗欣然接受，而岳飞却因此当面遭到训斥呢？就是因为，岳飞作为手握重兵的武将，在如此敏感的问题上，坦率明言，戳中了宋高宗的心病。

宋高宗为什么迟迟不立赵伯琮？难道他不知道早立太子能固国本，安民心吗？他当然知道，但是，宋高宗能拖就拖，这一拖就是好几年，也许是因为他从未放弃自己生子的希望。赵构也曾经千方百计，求医问药，期望有喜讯传来。然而，多种尝试宣告失败，未尝不沉重地打击了赵构，成为他心中的隐痛。加之在赵构看来，岳飞武将的身份，居然不谨言慎行，专于职守，而擅言立储之事，他想干什么？为自己的未来铺路吗？选定了继承人准备进行政治投机吗？以赵构的政治心胸，也只可能这样揣度岳飞建言的用意。

在中兴四将中，宋高宗曾经对岳飞最为倚重，给岳飞写了几百封亲笔信，君臣彼此信赖。然而，好景不常在，从岳飞未能实现合军愤然辞职，再到建言立储，赵构对岳飞猜忌和不信任与日俱增。两人最大的矛盾在于，岳飞一心一意想北伐收复中原，赵构却只想偏安东南，做太平天子。理想道路的不同，必然促使二人逐渐离心。岳飞未来的悲剧命运，此刻已然暗暗浮现。

第三节　金废刘豫屡请战

绍兴七年的秋天，统治中国北方大片土地的伪齐皇帝刘豫很闹心，因为他在金国最大的靠山——完颜宗翰死了。

金太宗完颜吴乞买病死后，金熙宗完颜亶在完颜宗翰、完颜宗幹等人的支持下成为继任者。完颜亶继位后，极其忌惮重兵在握且有拥立之功的宗翰，于是借机把宗翰调回京城，转任文官，并将兵权收归己有。

绍兴七年，完颜亶以贪赃罪杀死了宗翰的属下高庆裔。很快，宗翰自己也获罪，并"恚闷而死"。[①]金国破辽灭宋最得力功臣宗翰，下场竟然如此，也真非常人所料。宗翰的死亡几乎宣告了刘豫政治生命的终结。

伪齐政权建立以来，一直依赖金朝的军事援助，不仅不能稳住局面，反而让金人不断输出财力、人力。赔钱买卖自然无人愿做，伪齐的倒台自然是意料之中了。

于是，接到刘豫乞求救兵的急报时，金国假意同意派兵协助伪齐，但实际已经决定放弃伪齐，抓捕刘豫了。金兀术和挞懒抵达开封后，先假借议事之名，俘虏了自投罗网的刘豫之子刘麟。随后，大军直入开封皇宫，捉拿了刘豫。

① 《三朝北盟会编》卷一七八，绍兴七年八月记事。

紧接着，金朝颁布了诏令，正式宣布废掉刘豫，也废除了存在八年的伪齐政权。

从此，宋金之间再无其他残存势力，两个政权进入正面对峙之中。

伪齐政权既然为金国所废，南宋朝廷自然也产生了一番震动。南宋绝大多数的臣子，都认为这是一个收复北方故地的良机。南宋殿中侍御史金安节就上书宋高宗，认为金人废除伪齐政权，为南宋驱除祸患，是上天的安置，以此可开启国家兴盛的局面，眼下就是南北重新复合的最好时机，不能失去。他认为现在朝廷应该严令守边大将严阵以待，多派遣间谍到敌境活动，招降那些想投宋之人，暂缓派遣和议的使者，不要轻易将行在从建康迁回杭州，应该从长计议，以此来安稳军心和民心。

然而，他的想法终归不能为南宋小朝廷里的核心政治圈的那几个人接受。无论是赵构，还是赵鼎，或是刚被召回到南宋枢密院的秦桧，都是坚定的主和一派。

对宋高宗来说，伪齐政府倒台，不仅不是什么好事情，反而让南宋朝廷失去了屏障，直接正面面对金人的兵马。北宋还不曾灭亡时，宋高宗曾作为质子在金国的军营待过一段时间，他也曾在建炎元年以后被金兵步步紧逼，仓皇逃亡，差点性命不保。因此，他对金国的兵马实力产成了极大的恐惧，一旦正面对抗，胜算能有多少？对此他是持悲观态度的。也正因此，虽然随着伪齐政权被废，不少伪齐官吏和将士纷纷起义投宋，但当宋高宗得知伪齐亳州知州宋超要率众南归时，认为此事对朝廷有害无益。他说做孩子的要归来，当父亲的怎能往外推不接受呢。然而他已派遣使者与金人协商议事（打算和议），就通知沿淮水一带军民，不得擅自派人过淮水招纳伪齐人马，以免引起事端。宋高宗的意思很清楚，为了不惹怒金人破坏和议之事，原伪齐统治地区人马可以置之不理。

大概是在绍兴七年的冬天，朝见过宋高宗的岳飞，快快而返。回到鄂州军营后，听闻伪齐政权倒台，内心大为激动。原伪齐知临汝崔虎和知蔡州刘永寿，先后归附岳飞，之后还有起义将领知镇汝胡清、统制王镇、统领崔庆等，陆续率部投奔岳飞。敌人势力的进一步分化，己方实力的壮大，使岳飞无法按捺自己进兵中原的决心。然而，此前合并刘光世淮西军的曲折经历，以及朝廷对伪齐倒台后所采取的应对措施，使岳飞心中清楚，他的北伐心愿，朝廷未必能够支持，可平生夙愿又岂能轻易放弃？因此，他趁此机会，向朝廷上书说“宜乘废立之际，捣其不备，长驱以取中原”。朝廷却根本不予理睬。绍兴八年正月，他又上奏说，他所驻防的地区面积过大而兵力严重不足，一旦金人重启战端，难以兼顾全部防区。为了避免敌人乘虚而入，他向朝廷提出了增兵的请求。他的请求再次触犯了宋高宗对他的猜忌。

宋高宗的意思很明确，给你岳飞增了兵，势力过大容易形成尾大不掉之势。这种事情自古以来一直为君王所忌惮，宋高宗心里想必也是一样的，因此，宁可失掉土地，也绝不增兵。宋高宗对岳飞既使用又防范的心理由此话可见一斑。

绍兴八年四月，新任枢密副使王庶受命赴江、淮一带视察前线军队，并安排调动了部队以防金人秋季侵袭。岳飞听闻王庶视察军队的消息后，写信给他，直截了当地表示：

> “今岁若不举兵，当纳节请闲。”①

他在与王庶会面时，慷慨陈词，具陈利害，希望朝廷万万不要放弃今日的有利时机，日后北伐，必将劳民伤财且事倍功半。

王庶对朝廷恶浊的和谈政治气氛相当厌恶，唯有对岳飞、韩世忠等人主战的激昂态度格外赞赏。他决心回朝以后，不计成败利害，奋力一争。

---

① 《建炎以来系年要录》卷一百二十，绍兴八年六月癸酉所载王庶奏章。

第四节　力反和议请辞职

如前所述，宋军在抗金斗争中取得了一连串的胜利。岳飞率部攻复了襄阳六郡后，又攻克了镇汝、颍州、商州等地，吴玠、吴璘在仙人关大败金军，韩世忠的军队也取得了大仪镇之捷。这些都显示出南宋军队及将领有较强的战斗力。金人不仅在军事上连连失利，绍兴七、八年间，其统治集团内部的派系斗争尤为激烈，政局动荡不安，刘豫被罢黜，中原地区防守面积增加。在这种形势下，金人加紧了对南宋的诱降活动。完颜昌按照“以和议佐攻战”[①]的策略，对南宋使者王伦说：“好报江南（金人不承认宋国），既道途无壅，和议自此平达。”[②]

宋高宗听闻此事，对群臣说：“徽宗皇帝的梓宫、皇太后及钦宗皇帝尚未迎回，这是我日夜忧惧担心的事，半点不敢忘记此事，如果金人能同意我所请求的，其余的一切我都不会计较。”从宋高宗的言辞中能够看出，他不惜一切代价，也要决意促成和议。

此时枢密院中的四位宰执，赵鼎、秦桧、刘大中及王庶，分属抗战派与主

① 《大金国志》卷七。

② 《建炎以来系年要录》卷一一七，绍兴七年十二月壬午条。

和派两大阵营。左相赵鼎与参政知事刘大中是温和的主和派，希望在不失朝廷和皇帝体面的情况下达成和议。枢密副使王庶地位最低，却坚持抗金，他多次上奏抗金前线将领岳飞、韩世忠等踊跃求战的事实，说：“观此则人情思奋，皆愿为陛下一战，望陛下英断而力行之。”他还坚决表示，绝不在和议书上签字，盼望陛下不要将讲和的事交付给他，而应让他厉兵秣马，负责修整部队。但他在枢密院中势单力孤，独木难支。而右相秦桧，俨然成为金人贵族的代言人，无所不用其极地推进与金国的和谈。在这种情况下，宋高宗知道唯有秦桧才能够忠实执行他的议和政策，也唯有他能够凭借与金朝贵族（主要是完颜昌）维持的“良好关系”使和议变为可能。君臣二人狼狈为奸，不顾朝臣极力反对，不顾临安城内军民的群情激愤，采用高压手段打击迫害和欺压蒙蔽等卑劣手法压制臣民，大搞投降活动。

绍兴八年夏，金国派遣使者乌陵思谋和石庆赴临安与宋朝谈判。与南宋政府高层会面时，金国使者表现得极为傲慢，当赵鼎询问两国的分界线时，乌陵思谋立刻说；“你们通过请求是无法获得土地的，看大金国给你们多少土地罢了。”言外之意，南宋没有任何资格在议和时谈条件。听着赵鼎、秦桧与金人有问有答，在场的王庶气愤之极却毫无办法，只能不发一言以示抗议。

宋高宗收到乌陵思谋递交的国书后，并未当场表态。国书中，有些极苛刻的条件，如宋要卑躬屈膝地向金国称臣，宋不能作为独立国家存在，只能作为金的藩属国，赵构的皇帝身份也要取消等。

等闲人都无法接受的条件，在宋高宗这里却不是问题，他早已下定了对金投降的决心，愿意不惜任何代价换取金人军队不再南侵，好让他在残山剩水中继续歌舞升平，潇潇洒洒地做个太平天子。因而对于金朝所提之条件，无论多苛刻他都倾向于接受。他之所以尚未在满朝文武大臣跟前明确表达个人态度，恐怕也是希望能有哪个大臣主动出面提出和议，他摆出姿态顺水推舟将此事做成。

然而，事情并不像宋高宗想象的那么顺利。阻力首先来自于宰相赵鼎，赵鼎虽然在宋金关系上一直是“主和派”的，但他是温和的“主和派”，无法容忍无条件的全面投降，因此坚决不能接受金人的过分要求。而秦桧呢，本为读书人出身，却如被人抽取了脊梁骨一般，全无半点气节，主张全盘接受金人的条件。也正是在第一次宋金和议期间，这条潜伏良久的毒蛇把握时机，旋即登上了历史舞台，以其拙劣的表演为自己“赢得了”遗臭万年的骂名。

宋高宗决意讲和，虽不乏力排众议的勇气，但也要考虑手握重兵的三员大将的态度。为了减少对金求和的阻力，宋高宗下令召岳飞、韩世忠和张俊三人赴行在。

岳飞对朝廷用心一清二楚，也明白宋高宗对金乞和的心思已经坚定不可动摇，但是他仍然坚持此前向王庶表达的辞职立场，上报宋高宗，乞求解甲归田，“以养残躯”。宋高宗对他的请辞依旧置之不理，却发出金字牌要求其尽快赴行在奏事。岳飞无奈，勉强上路，路上却不断上奏，希望能够闲居山林，宋高宗却告知说，已经三番五次地不允其辞职，不许再说请辞的话了。

君臣见面后，宋高宗不仅没有说服岳飞，反而迎来了岳飞掷地有声的表态：

> 夷狄不可信，和好不可恃，相臣谋国不臧，恐贻后世讥议。

韩世忠也与岳飞意见相同，坚决反对和谈，甚至主张立即与金人决战。唯有张俊，摸清宋高宗及秦桧求和心切的心思，对朝廷的决议绝对支持。最后，不管朝廷里又有多少人上书激烈反对议和，宋高宗仍然一意孤行地推进和议进程。

绍兴八年七月，王伦出使金国，名义上是迎回宋徽宗赵佶的棺木，实际却是按照宋高宗的指示向金人重申修好的强烈意愿。而在南宋朝廷之上，有关议和问题，却还继续在争辩不休。

到十月上旬，朝廷里不少官员已经听到消息说金国朝廷已批准了两国和谈的条款，而且又派出使者南下，预备正式签订和谈条约了。这消息如热油滴水，瞬时使南宋朝廷炸开了锅，主战派和主和派矛盾空前激化起来。

一日散朝后，秦桧向宋高宗奏议和谈之事。秦桧说："和谈之事，众位大臣意见不一致，各持一端，畏首畏尾，这样很难决断大事。如果陛下想要和谈，希乞陛下英明决断，只与我商议此事，其他大臣不能干预，那么和谈必然能成功。"秦桧此言是向皇帝要求对和谈一事的专断之权，宋高宗答应了秦桧的请求。秦桧又说："希望陛下再认真考虑三天。"三天之后，秦桧又要求宋高宗考虑三天。三天后，秦桧知道宋高宗议和心思坚定不可动摇，于是才进呈和议方案，全权负责议和事务。反对卑躬屈膝求和的赵鼎三人，被皇帝罢免。从此，秦桧在朝堂上只手遮天，把持朝政，监控百官，控制言路，"挟虏势以要君"，甚至连宋高宗要做出什么决定也要看秦桧的脸色，何止于一人之下万人之上，简直是权倾朝野，无冕之王。

十一月，大金和谈使张通古携带诏书，抵达行在临安。金国未把南宋作为与金对等的对象看待，因此两方和议文书居然能称之为"诏书"，称南宋为"江南"。更让南宋朝臣无法容忍的是，金方规定宋高宗必须脱下皇袍，跪拜于张通古的面前接受诏书，"奉表称臣"。也就是说，金人同样不承认宋高宗帝王身份的合法性。如此屈辱条件，宋高宗仍表示愿意接受，"若使百姓免于兵革之苦，得安其生，朕亦何爱一己之屈"。

《国语》有云：为人臣者，君忧臣劳，君辱臣死。高宗愿意忍垢乞和，群臣并不答应。稍有血性的官员，无不怒火满腔。一时间，奏章如雪片般飞向宋高宗和秦桧，不管文臣武将，都据理力争，希望能力挽狂澜。

在群臣的奏折中，言辞最激烈的，引起反响最大的是枢密院编修胡铨的奏折。文中一开始就痛骂宋朝议和使者王伦，认为王伦不过是因为秦桧的亲信而得到重用，本为"狎邪小人"，如今身居高位且欺君罔上，理应斩杀王伦。

他痛心疾首地呼吁，切不可答应议和条件，一旦答应，英名尽毁，“天下后世谓陛下为何如主也！”他坚决要求处斩秦桧、孙近和王伦三个卖国奸佞。“不然，臣有赴东海而死耳，宁能处小朝廷求活耶！”奏折一出，迅速传遍临安城。秦桧、王伦等人迫于舆论压力，不得不上表请罪。

秦桧等人的议和是得到了宋高宗的授意和公开支持的，当宋高宗发现朝廷的反对声浪远远超出了他的想象后，一改对金人的绵软屈服态度，降下旨意，态度强硬，立场鲜明，公开批驳胡铨，并喝令文武百官，再不得擅议和谈之事。

高宗虽然可以君王之无上威权，统一朝堂的意志，然而却堵不住悠悠天下之口，民心之所向。千百年以后，徒留骂名而已。

此前，金人使者张通古要求高宗皇帝跪接国书，如此屈辱，即便是负责和谈的秦桧也不敢轻易答应。给事中楼炤给他出了一个主意，说《尚书》上曾有过记载，皇帝守丧，三年不言不语，百官可以听从宰相的吩咐。如今宋高宗正在为徽宗守丧，不是正可以此名义，由宰相替代皇帝去接受“国书”。

于是，绍兴八年年底，秦桧依计行事，代表宋高宗跪拜于张通古面前，勉强完成了和议仪式，引起轩然大波的和议就这样草草收场。

达成和议的宋高宗欣喜若狂。在和议完成后第7天，即绍兴九年元月初五，就迫不及待地发布诏令，大肆宣布取得的成功。

诏书中不提朝庭地位的严重下滑，不提南宋君臣受到金人的严重侮辱，也不提每年向金人进献的大量岁贡，有的只是粉饰太平、自我标榜的言辞。随着诏书下发的，还有大量大赦的条款。

岳飞收到赦书后，按例应上谢表。岳飞的幕僚张节夫为其起草该文。张节夫性格豪爽，疾恶如仇，谢表恰如其人，尤显激越悲壮。

谢表中，岳飞反复重申了金人的不可信，强调自己期望收复故地的决心和胆气。与其说这是谢表，不如说这是自剖书，是激励广大南宋军民持久战斗的檄文。当然，岳飞的谢表自然也引来秦桧之流的投降派咬牙切齿的痛恨。

岳飞半身像 周里程摄

此谢表刚刚上呈，朝廷为了庆祝和谈成功，对武将大加封赏。岳飞的官阶由正二品太尉晋升为从一品的开府仪同三司。按惯例，升职总要上表辞谢，辞谢数次后才可接受，岳飞也不例外，此番升官也上表几次请求辞免。然而，岳飞上谢表绝不是履行公事，而是言辞恳切，态度坚决推辞晋职。因为作为一名武将，岳飞所理解的军人的荣誉是征战沙场，誓死杀敌，收复故地，即便马革裹尸也毫不退缩。而不是如现在这般卑躬屈膝，屈辱求和，这是对军人最大的侮辱。因此，岳飞绝不愿意接受这样的封赏。

尽管岳飞再三恳请推辞封赏，然而未能获得朝廷的允许，只得勉强接受。

按照和议的内容，金朝将陕西和黄河以南的广大土地归还给南宋。开封、洛阳等北宋的宗庙社稷、各代皇帝陵墓所在地也在其中。绍兴九年正月，宋高宗派同判大宗正寺的赵士㒟和兵部侍郎张焘一同到洛阳朝拜陵墓。岳飞得知此事后，上奏章请求一同前往“躬诣洒扫”，朝廷批准岳飞与之同行。岳飞此行的目的，并非单纯的祭扫八陵，也想趁机深入了解敌方情况。当他在另一份奏章中表达此行的真正目的时，宋高宗与秦桧慌了手脚，于是就改了主意，特意下诏，不允他前往，甚至连其军队中的高级将领也不许陪同，只能选择低级将领一两人，“军马共一千人”随使者前往护送。[1]毫无疑问，朝廷之所以变卦不允岳飞谒陵，主要是他们心里清楚，岳飞在议和问题上一贯坚定的反对立场，唯恐岳飞此行有意向金人“寻衅滋事”，破坏好不容易取得的和议的“大好局面”。

这两三年，岳飞的心情随着局势的变化而剧烈动荡。从合并刘光世军失败到愤然离职守丧，从伪齐政权倒台迎来北伐的有利时机到痛失时机，从激烈反对议和到宋高宗、秦桧之流屈膝求和成功，岳飞总是在稍微出现一点曙光的情形下，眼睁睁地看着收复故地良机转瞬即逝。满腹愁郁之下，唯有将心曲诉诸一首《小重山》：

> 昨夜寒蛩不住鸣。惊回千里梦，已三更。起来独自绕阶行。人悄悄，帘外月胧明。 白首为功名，旧山松竹老，阻归程。欲将心事付瑶琴。知音少，弦断有谁听？

绍兴九年二三月间，岳飞向朝廷进呈奏章，恳请解除军职。从岳飞递上去的奏章来看，表面上，岳飞请求免除军务的缘由是十多年来未立寸功，且身体有疾，唯恐因此耽误军队事务。然而从“比者修盟漠北，割地河南，既不复于用兵，且无嫌于避事”诸句中，能看出岳飞愤懑的心情与不甘，言辞不无讥讽。岳飞等待良久，其奏章如泥牛入海，全无回音。不得已之下，岳飞再度上折表达同一要求。宋高宗依旧是不准。

进退不得，岳飞只得继续留在原职，整饬军营，寻找机会，以全其志。

---

① 《金佗稡编》卷四，《以将阃不可久虚不须亲自祇谒陵寝诏》。

第九章

北伐中原　功亏一篑

绍兴十年，是宋金对决的关键一年，也是充满戏剧性的一年。这一年，金人毁约南侵，直接导致了完颜宗弼与岳飞之间的一次正面较量。岳飞率岳家军主力，在郾城以及颍昌两地与金国的完颜宗弼所率领的亲军展开决战，金军大败。岳飞英雄忠烈的一生以及他的军事才能在这次北伐中得到了完美的展现。与此同时，宋军在其他战线上也捷报频传，在战略态势上逐渐由守势转为攻势。完颜宗弼不禁哀叹“自我起北方以来，未有如今日之挫衄”。他率军退缩至开封附近，一面做最后的抵抗，一面准备尽弃辎重，渡河北撤。然而，转眼之间风云突变，一心求和的宋高宗连发十二道班师诏，命令岳飞“措置班师”，中原收复在即的大好形势就这样轻易被葬送了。

第一节 金人毁约再南侵

绍兴九年秋天，金朝内部再度生变，完颜宗弼、完颜宗幹等人发动了政变，杀死主和的完颜昌等人。完颜宗弼拜都元帅，兼领行台尚书省，变成了金朝新的掌权者，被授予军政大权，统领全国兵马。主战派的完颜宗弼完全推翻与南宋签署的和议，并且主张再次向南攻打宋朝。这一主张得到了金熙宗的大力支持。于是在第二年五月，金熙宗以完颜昌擅自割让河南的土地为由撕毁和约，命令完颜宗弼再次攻打陕西、河南。完颜宗弼得诏令后，率领10万兵马自黎阳发兵，兵锋直指开封，并以聂黎孛堇军为左翼，以河南的李成军为右翼，从开封取道，准备直下两淮，而元帅右监军完颜撒离喝则率西路军，从同州向陕西发动进攻。

其实，在金朝政变之前，出使金朝的南宋使者王伦已经在金朝谈判过程中发现蛛丝马迹，推测出金朝的政局十分动荡，并不如表面上所表现的那样平静。于是，他立即上奏宋廷，请求速调韩世忠、张俊、岳飞、吴玠等各位大将，率军镇守住河南各处，防止金朝内部政变后，单方面撕毁现有的和约对南宋发动进攻。王伦上奏之后，又有毛叔度、陈渊、许忻等大臣向宋高宗进谏，请求增兵加紧战备。此时韩世忠得知淮扬一带兵力不强守备空虚，更主张趁虚出击一举收复淮阳一带。但遗憾的是，宋高宗和秦桧对这些毫不理会，只下诏令东京副留守刘锜率领近2万人马和随军家眷，前往开封附近驻防，其余不再有所变动。而宋使王伦却因上奏之事被金人扣押，无法返回南宋。

金军对南宋的讨伐，由于宋廷在河南的毫不作为，从而打得非常顺利；大军如摧枯拉朽般，很快就占领了河南各州县。在金国兵临城下的情况下，宋高宗和秦桧只得改变为谋求议和而不抵抗的政策，声讨金都元帅完颜兀术撕毁和约，出尔反尔，并命令诸位大将率军反击，甚至颁布了赏格；于绍兴十年六月一日命三大宣抚使张俊、韩世忠、岳飞再兼任北诸路、河南招讨使之衔，并且分别晋封为少师、太保、少保。

岳飞接到诏书后，立刻派张宪以及姚政两位将军率领其下的岳家军迅速向东进军，希望可以牵制金军，暂时缓解顺昌府的巨大压力。在解除了顺昌府被困的局面后，岳飞又亲自率领岳家军的主力出师北伐，以图恢复中原领土。

陕西战场却一直处于胶着状态。宋军主将韩世忠下令统制王胜攻取海州，他亲自率部迎战东路金军，虽然很快就击退了金军，但淮阳久攻不下，随后双方处于对峙的状态，宋军未取得重大的成果。行营右护军在吴玠病逝后由其副手胡世将统领，吴璘、杨政和郭浩三个都统在与完颜撒离喝所率领的金军在关中僵持，双方谁也无法打败对方。

东京副留守刘锜奉命率部向开封进发，在途经淮河涡口的时候，得知金人已经撕毁了和约，当即下令停止进军，向顺昌府退守。他一方面向宋廷告急，请求增援，另一方面又督促军队备战，准备抵御金军的进攻。

果然，不久后完颜宗弼率领的10余万大军来围攻顺昌。六月九日，刘锜与完颜宗弼两军展开决战，刘锜军充分利用暑热天气，以逸待劳，在完颜宗弼的军马以及士兵将要饮水的地方下毒，导致金军大部分发生中毒，战斗力锐减。刘锜部趁机出兵向金军发起进攻，大败金朝精锐的骑兵部队。这一役金军死5000多人，伤1万多人，战马死3000多匹。完颜宗弼大败，只得带领剩下的军队狼狈逃回开封府。此后，完颜宗弼将战略由进攻为主调整为防御为主，他与完颜突合镇守开封府，命令大将韩常守颍昌府，翟将军守淮宁府，完颜宗敏守应天府，妄图以这三个要地形成拱卫之势，而以开封大军为后盾力量，继续负隅顽抗。

自绍兴七年岳飞北伐计划均被朝廷否决后，岳家军就一直留守鄂州进行整顿训练，未得到任何作战任务。其间，岳飞多次上奏要求宋高宗同意发兵，大举北伐，恢复南宋在北方的领土，但宋高宗一直没有出兵收复领土的意愿，甚至还下诏警告岳飞不准深入河南的领地，去招纳活跃在当地的抗金义军。虽然此次宋高宗同意出兵，且在诏书中说明“左可图复京师，右谋援关陕，外与河北相应，此乃中兴大计，唯是机会不可不乘”，但懦弱的宋高宗还是担心岳飞求胜心切，会造成不利于后续与金国议和的局面，于是派司农少卿李若虚赶往岳飞军中，传达诏命，明确指示岳飞“兵不可轻动，宜且班师”。

到了六月下旬，岳飞已率领岳家军赶到了德阳府，李若虚此时才赶到了岳飞军中。在得知其来意之后，岳飞却表示不想再错失良机，而是应该趁此机会，继续北伐。李若虚的故乡洺州一直处于沦陷当中，他的弟弟李若水抗金殉国已经有14年。看到岳家军慷慨激昂，满怀家国理想奔赴前线，李若虚感慨万分，他衷心希望岳家军能够早传捷报，于是就毅然决定：“事既尔，势不可还。矫诏之罪，若虚当任之！”之后，便独自返回朝廷复命。

第二节　挺进中原收河朔

绍兴十年六月下旬，岳飞在李若虚的支持下，挥师北上，拉开了第四次北伐的序幕。岳飞对这次北伐做出了十分详细的计划和部署：由岳飞率主力正面推进，攻打蔡州、颍昌府、淮宁府、郑州、河南府；由梁兴、孙彦、李宝、孟邦杰、董荣等人率游弈军深入金军后方，攻取城池，并且斩断金军的补给线；由武赳率领军队向虢州进逼，目的是与商州的知州邵隆、陕州忠义军的首领吴琦会合，并协同作战，切断完颜宗弼与驻守关中的完颜撒离喝之间的联系；后方留守的部队，包括全部水军，主要接管岳家军出发之前所负责的防区直至江南西路江州和江南东路池州的江防。岳飞打算先逐一攻克开封外围的城池，对开封形成合围之势，待诸军合力攻克开封后，找到合适的机会渡河作战，以恢复中原故土。

完颜宗弼在顺昌之战失败后，不敢再贸然推进，他本人与“龙虎大王”完颜突合迅速将大军撤回到开封府，并且命令大将韩常镇守颍昌，翟将军守淮宁府，三路都统完颜宗敏守应天府。完颜宗弼以此三地为开封的前卫战力点，而开封府也为此三地的后盾，从而相互依托，继续负隅顽抗，维持本地区的统治。

根据完颜宗弼的部署，岳家军第一步作战的主要目标就是将开封府外围的各个城池逐一攻克，而后就可以对开封府形成合围。六月初，张宪和姚政率领前方部队与游奕军抵达了光州，抵达光州之后开始向东北的顺昌方向迅速开进。因为顺昌在十二日的大战之后已经解围，张宪就率兵掉转方向，挥师指向西北，并且迅速击破金军，攻克了蔡州。这是岳家军此次大举北伐的第一个胜利，这次胜利也为岳家军的北伐打下了很好的基础。岳飞得到张宪首战大捷的消息后，立即派马羽去镇守蔡州。而后牛皋的左军也对金军发起了攻击，并于十三日的时候，在京西路打败金军，击破金军以后，目标直击汝州。牛皋率领左军攻克了自己的故乡鲁山等地，然后即刻率领军队向东前进，同岳飞大军会合。二十三日，统领孙显在蔡州和淮宁府之间，与金朝裴满千夫长的军队发生了大战，并且大破敌军，这实际上仅仅只是对淮宁府进行了一次试探性的军事侦察。闰六月，岳家军在经过了新一轮的集结和准备后，又准备向金军发起新一轮更为猛烈的进攻。

岳家军中张宪的部队能征善战，在新一轮的攻势中，其部首先对金军发起攻击。闰六月十九日，前军统制张宪指挥傅选等将，在离颍昌府不远的地方，将金兵韩常军部杀得四散而逃，溃不成军。战胜韩常后，张宪挥师北上，在二十日时，顺势夺取了颍昌府。张宪留姚政的游奕军和董先的踏白军驻守颍昌府，自己率部与牛皋、徐庆等军会合，向东进军，意图攻取淮宁府。二十四日中午，张宪等人所率领的军队在淮宁府城外与大约3000名金军骑兵发生了一场遭遇战。岳家军迅速击败了金军，此后兵分数路，对金军进行了追击。

杭州岳王庙张宪像　周里程摄

金军的翟将军率淮宁府驻军与从开封府赶来的金军援军，在城外摆起了大阵，以图与宋军对峙。张宪率领全军，分成多路，英勇对敌，很快就击败了负隅顽抗的金军，乘胜占据了淮宁府城。岳家军除俘获了王太保等一些金军军官，还缴获了一批战马。

南宋绍兴十年的六月二十五日上午，金军从长葛县发兵进犯，得知消息的踏白军统制董先和游奕军统制姚政一同出城迎敌。宋军与金酋镇国大王、韩常和邪也孛堇的6000余骑在城北的七里店摆开了军阵对峙。韩常在得到开封府的金军增援后，企图通过此战夺回颍昌府城。董先和姚政率领部队分头行动直指敌阵，迅速出击，双方激战一个时辰后，金兵渐渐抵挡不住宋军的猛烈进攻而败下阵来，岳家军直至追杀敌军到三十几里之外才鸣金收兵。至此，金军妄图作为开封府前卫的三个城池，已被岳家军攻破了两个，仅仅只剩下本应该是张俊麾下军队作战地区的南京应天府。岳飞希望刘锜和张俊两军能够北上支援，因为他知道仅仅凭借岳家军还是势单力薄，无法在与完颜宗弼的大军进行战略大决战时取得胜利。

张宪率领的岳家军以辉煌的战果完成了开封以南地区的收复，而中军统制王贵则率领另一支岳家军进攻开封府以西的地区。十五日，王贵命将官杨成等率兵向郑州进发，岳家军在之前胜绩的士气鼓励下，一鼓作气，打败了金军万夫长漫独化的5000余骑，占领了郑州。二十九日，刘政又率兵突然攻进开封府中牟县，趁着夜色袭击了金军漫独化的营寨。此役，岳家军趁乱杀死了许多的金兵，而金军首领漫独化则生死不明；岳家军缴获了大批物资，包括大量衣物器甲、350多匹战马、100多头骡子和驴。

岳家军中军副统制郝晸统领手下的军队，向西京疾进，在河南府城附近扎营。金国河南知府李成的部队中有7000多番人、3000多食粮军以及5000多匹战马。七月初，李成率领几千骑兵前来挑战，妄图驱赶岳家军。郝晸命将官张应和韩清指挥骑兵向金军发起攻击，给金军以迎头痛击，大败了李成的军队之后，又继续追赶敌军，一直追到了西京河南府城下，郝晸也率领军队赶来不断鼓励全军誓死奋战。李成看到岳家军如此阵势，竟然吓得肝胆俱裂，只得带领手下剩余的军队连夜弃城狂逃。岳家军也在第二日收复了西京河南府。

在此次北伐中，岳飞的“连结河朔”战略再次爆发出巨大的能量。

李兴为翟兴的部将，曾在商州等地组织忠义军抗金。绍兴三年，翟琮军向南撤兵，伪齐军占领襄汉一带后，李兴被迫向伪齐投降。在和议之后，南宋收回了黄河以南的地区，于是李兴也就重新担任了宋朝西京河南府的兵马钤辖。此次金军撕毁和约举兵南下，宋朝西京留守李利用和副总管孙晖都选择了弃城逃跑，然而承信郎李靓却率兵英勇抗击金军，并且还俘虏了金军的翟将军，但终究寡不敌众，李靓最终战败牺牲。李兴只带着7名骑兵，一路从天津桥转战到定鼎门，到达定鼎门时已经因为额颅受伤，晕倒在地。然而，李兴没有放弃战斗，甚至在半夜苏醒后，跑到伊阳、福昌、永宁三县，重新招集民众，组织抗金的民间武装，继续与金军作战。

岳飞得知李兴的事迹之后，特别命令中军统领苏坚前往与李兴联络，要求双方在日后同心协力，并肩作战。苏坚和李兴率军攻占了西京河南府另外5个县，并且在河清县战胜金军，乘胜收复了汝州城。在与郝晸的部队会合后，岳飞又命令李兴与苏坚共同镇守西京河南府。在不足半个月的时间内，岳家军雄赳赳，气昂昂，高歌猛进，席卷京西，兵临大河，扫清了开封府外围的诸多城池，也终于对于开封府形成了合围之势。

归附于岳家军的义军首领李宝在五、六月时率部两次打败金军。五月二十四日夜，李宝乘着夜色率众突袭了完颜宗弼驻扎在宛亭县的军队，完颜宗弼前军的4000多户骑兵全部被打败，李宝部还杀掉了四千夫长金宗室完颜鹘旋以及三个千夫长，并且缴获了千匹战马。六月初李宝打退了再次前来围剿的金军，此役为岳家军大举北伐打响了前奏。

民间抗金组织太行山忠义保社首领、兼岳家军忠义军统领梁兴和另一名统领董荣等也接受岳飞“渡越黄河，剿杀金贼，占夺州县”的任命在七月初两次大败金军。七月初一的时候，梁兴、董荣率部到达黄河南岸后，于七月初二又渡河返回了北岸，与河北的豪杰李进、赵云、张峪、牛显等会合，并且在收复了绛州垣曲县后，率领大军沿着黄河北岸越过孟州王屋县继续挥师东进，在孟州济源县西曲阳与金将高太尉率领的5000余金军发生了激战，双方自辰时战到午时，金军尸横遍野，堆在旁路竟达到了10多里长，溃不成军。高太尉依旧不死心，又调来孟州、卫州和怀州的1万多兵马，再次与忠义军决战。梁兴等人只得再次迎击血战，双方这次的战斗更为激烈，一直从未时持续到了酉时。最终，梁兴等率领忠义军杀散金兵大部分，高太尉见大势已去只得带领残军败逃。忠义军因连续几日的作战，官兵已疲惫不堪，于是暂时在济源县的燕川驻军歇兵。在河北民众的支援和配合下，梁兴、董荣等所部忠义军在击破高太尉之后又攻取了绛州翼城县、泽州沁水县等地，带领大军深入了怀州和卫州地界。

忠义军统制孟邦杰在河南府地区大战金兵，收复了北宋皇陵所在地永安军。七月初四夜，其部将杨遇率领部队对南城发动突袭，金军毫无防备，南城也被攻克。

岳家军的忠义统制乔握坚率部会合了河北路卫州的岳家军忠义统制赵俊出，两军共同收复了庆源府。同时，一直活跃于河东路北部的民间抗金组织也在首领王忠植的领导下向金军发起了攻击，并迅速击败了石州、保德、岚州等11个州的金军。而在西线战场上各忠义军统领也取得了十分骄人的战绩，陕州忠义军统制吴琦也派统领侯信渡河，击破了金军在中条山柏梯谷的营寨，之后又转战到解州境内，一战击败金军7000多人，俘虏了500多人，杀掉了金军千夫长。

“连结河朔”的战略有效团结了相州、开德府、冀州、大名府、汾州、隰州等黄河北岸广大地区的忠义民兵，他们相互之间取得了联络，约好以“岳”

字旗为号，所有的忠义军同一时间发兵，等待岳飞大军过河。而中原地区的百姓也纷纷自发组织，慰劳在各地奔波作战的岳家军以及忠义军的将士们，黄河两岸地区共计数十万人更是要求加入义军，共伐金朝。金朝自燕山以南，控制力越来越弱，中原的百姓们满心期待着岳家军能够尽快收复中原。在短短不到两个月的时间里，岳家军以及忠义军就对完颜宗弼盘踞的东京形成了南、西南、西、西北、北、东北六个方向的威胁，将完颜宗弼完全置于岳家军以及忠义军的包围之下。

李若虚在回到临安复命时上奏“敌人不日授首矣，而所忧者他将不相为援”。正如此言，随着攻克的城池越来越多，而援军迟迟不到，岳家军不得不分散兵力来镇守新收复的失地。而正在东部战场作战的韩世忠和在西部战场作战的吴璘等军却与金军陷入了对峙的状态，进攻极为不顺，更不可能分散出兵力对岳家军进行支援。同在中部战场作战的张洵则在闰六月底收复宿州和亳州之后选择了尽快班师南撤。而宋廷在顺昌之战后，命令刘锜全军南撤到镇江府，但刘锜选择了既不进攻金军，也不奉诏南撤，他只是让家属和伤员等先撤离，自己仍带领1万余主力屯驻顺昌府。在这种局势下，岳家军北伐变成了孤军深入，随时面临被金军包围的危险，而这个阶段光复的地区还在日益扩大，岳家军的兵力也日益分散，到时候岳家军更加难以自保。宋高宗和秦桧借口顺昌府原属京西路之名，诏令岳飞分散部队，只对顺昌府一带严加把守。

抗金进行到这一阶段，岳飞面临的是孤军深入，而又兵力极为分散的局势；同时金军又将主力集结在开封府，岳飞必须要稍微集中兵力，以防金军突然发动大规模进攻，导致全军覆没。实际上，在收复西京河南府后，岳家军已经暂时停止了进攻，而是准备收缩兵力进攻开封府，岳家军集结地点一是岳飞亲驻的郾城县，二是王贵驻守的颍昌府。做出选择后，岳飞上奏朝廷，希望刘琦的部队不要南撤，以及将当时由岳家军镇守的原属陕西路的陕、虢两州交付川、陕宣抚司管辖，又主张由李兴独自负责洛阳和新设河南府路的防务，蕲、光、黄三州的防务也移交给张俊的淮西宣抚司。为实现合围开封、渡河收复开封的目标，岳飞盼望友军前来支援，在七月五日再次上奏《乞乘机进兵札子》：“民心皆愿归朝廷，乞遣发大兵前来措置”，“伏望速降指挥，令诸路之兵火急并进，庶几早见成功”。但是，宋高宗只担心自己的皇位，根本无意于收复中原，甚至在得知岳飞主动出师收复蔡州后，下诏申饬让其“迟速进退，卿当慎处所宜”，此后岳飞收到的数道手诏中也几乎都是“轻骑一来为佳”“军事可以委之僚属，即便就途”这样的语言，并不要求岳飞进攻，更不派给他援军。而宋廷的种种做派，给了完颜宗弼可乘之机，没等岳家军集结完毕，就抢先发动了大规模的反攻。之后就发生了郾城之战和颍昌之战。这两场大战也就是南宋北伐作战中空前的大胜利。

第三节　郾颍大捷宗弼哀

绍兴十年七月初，岳飞带领岳家军驻扎在郾城，由于岳家军兵力分散，且孤军深入，驻扎在郾城的兵力并不多。金国都元帅完颜宗弼获悉此事后，率领金国大军，“盖天大王”完颜宗贤等人前来支援，直击郾城，想要趁郾城防备空虚，给岳家军以致命的打击。

七月初八早，岳飞得知这一探报，深知在敌众我寡、敌强我弱的情况下，这必将是一场恶战、硬仗，然而岳飞也深深地知道岳家军必须通过这场战斗的胜利来赢得信心。岳飞亲点自己儿子岳云，带领8000名背嵬军出城迎敌，他激励自己的儿子说道：“必胜而后返，如不用命，吾先斩汝！”

完颜宗弼投入战场的是金军骑兵中的精锐“铁浮屠”和“拐子马”，这些骑兵全部是金人，尤其“铁浮屠”还是完颜宗弼的亲兵。佛家有云“救人一命，胜造七世浮屠”，“浮屠”在此的意思也就是铁塔，用“铁浮屠”来形容披着重甲的骑兵，也就是说不管是人是马全部身披重铠，而后每三匹马用皮索连接在一起，像铁塔一样逼近敌人，像一堵墙一样向敌军正面冲锋。“拐子马”则是轻骑兵，这类骑兵的机动性极强，在作战时从两侧迂回攻击敌人。“铁浮屠”由于身披重甲，负责正面冲击，“拐子马”在迂回冲击的同时又使用弓箭等为“铁浮屠”提供支援。

面对金人的顽强进攻，岳飞则采取了“或角其前，或掎其侧”的战术对付“拐子马”，又派出了身强体壮的步兵手持麻扎刀、提刀、大斧这样一类的兵器，只攻击金军骑兵的马足。“铁浮屠”虽然防护力极强，但是，由于士兵与马匹皆身披重甲，只要有一匹马倒地，整个体系便乱作一团，任人宰割。

这场战斗于宋军而言极为艰难，但岳家军在岳飞的带领下未有任何退缩。下午时分，岳云先率领背嵬军直冲金军，与金军的骑兵展开了你死我活的厮杀，然而金军的后续部队源源不断地加入战斗。岳云率领的背嵬军在打败敌骑的一次冲锋后，又招致更多的敌骑进行第二次冲锋，如此激战几十回合，最后形势直接发展到了宋金两军全军激战的程度，就在这时，金军的10万后续部队也陆续抵达战场。

这时岳飞亲自带领着四十名精锐的铁骑，突出战阵，向金军发起了进攻。霍坚担忧岳飞亲自上阵作战，万一有所闪失，则后续的战斗会无人指挥，于是就要劝阻岳飞：“相公为国重臣，安危所系，奈何轻敌！”岳飞回答道：“非尔所知！”随即骑着战马冲锋在前，并且以弓箭射向金军大阵。

张宪、岳云杀敌壁画 周里程摄

岳飞的出战极大鼓舞了岳家军将士的士气，所有将士都誓死奋战，决不后退。其中，岳家军的悍将杨再兴更是抵死奋战，声称要活捉金军主帅完颜宗弼，并数次单骑出入于金军战阵之中，杀死了百余名金军。虽然自己已经受伤数十处，却依旧不后退，仍奋力厮杀，战到最后甚至于兵器已经损坏，但是双方都已经杀红了眼，手和牙齿也变成作战的武器，血战数十个回合。下午开始的战斗，双方一直厮杀到天黑，金兵早已是尸横遍野，无力再战，只得溃败逃走了。岳家军获得了前所未有的胜利，不仅杀死了金军的许多高级军官，并且缴获了200多匹战马。

虽然金人擅长骑马射箭，但在当时，南宋的经济条件以及武器装备都十分发达，要远远优于金朝，所以宋军当时装备的弓弩的射程更远，穿透力更强，威力更大。而白刃战本来就是宋军所擅长的，这令近身的金军骑兵更是手足无措，任人宰割。虽然金朝骑兵的体力优于宋军，可以长时间进行战斗，但是岳家军在主帅的激励和正确的指挥下也一直英勇作战，竟然毫无疲倦的感觉，更没有一名将士后退。

郾城之战不仅仅是宋金一场前所未有的大混战，而且也是一场前所未有的骑兵大战。宋南撤后，几乎已经丧失了所有能够产马的领土，马匹的获得仅仅依靠在边境地区零零散散的马市，所以宋军以步军为主，显然步兵的机动性远远不如骑兵，以步兵对战骑兵也是几乎毫无胜算的。岳家军所使用的战马也几乎都是从历次的战斗中缴获而来的，正因为缴获了大量的金军战马，所以岳家军才组建起了相当规模的骑兵部队，而且由于岳家军军纪严明，岳飞训练有方，手下又有诸多能征善战的大将，尤其岳飞手下的背嵬军，拥有8000多名骑兵，更是岳家军的精锐，战斗力极其强悍，所以岳家军才有能力和金军进行正面抗衡，这也是取得这次战役胜利的关键。

七月初十的下午，完颜宗弼打算再次进攻郾城以北的五里店，并组织起了1000多名骑兵作为全军的先锋。岳飞接到探报后，亲自带领骑兵出城迎战，同时命令背嵬军的将官王刚带50多名骑兵进行侦察。在这场战役中，岳家军先斩首了金军首领阿李朵孛堇，大大地震慑了金军，金军立刻四散而逃，溃不成军，王刚带领背嵬军乘胜追击。

完颜宗弼眼看郾城久攻不下而自己更是损兵折将，便只好带领大军前往临颍县。此县位于颍昌府和郾城之间，占领此县便能切断颍昌府和郾城两地岳家军之间的联系，使得岳飞和王贵之间首尾不能相顾。岳飞令手下的另一大将张宪集结大军前来颍昌府与自己会合。七月十三日，两军会合后带领背嵬军、游弈军、前军等主力部队进入临颍县，寻找金军主力，以图再次与金军进行决战。将官杨再兴以及背嵬军的其他军官，包括高林、王兰、罗彦、李德、姚侑等将率300多名背嵬骑兵作为前哨，当他们行至郾城以南的小商桥时，突然发现了完颜宗弼的主力大军。两军相遇，金军立刻将杨再兴带领的300多名骑兵重重包围。在敌众我寡、身陷重围的情况下，杨再兴也毫无惧色，他视死如归，率领将士们与金军决一死战。战斗到最后，杨再兴与300多名将士全部英勇战死，但是金军却为此付出了更惨痛的代价，仅仅是被杀死者就有2000多人，其中还包括万夫长、千夫长、百夫长、五十夫长等众多的军官，竟有上百人。

金军主帅完颜宗弼在小商桥之战后，惧怕背嵬军在作战中所表现出来的惊人战斗力，为避开岳家军的锋芒，仅仅只留下了8000多金兵守住临颍县，自己带领全部主力掉转方向，主攻王贵所驻守的颍昌府，也因此避开了与张宪军将要发生的一场决战。七月十四日天明，张宪率士气正盛的岳家军迅速攻占了临颍县。而驻守临颍县的金兵只好向开封或者颍昌府方向溃败而逃。张宪军找到了杨再兴将军的尸体，火化以后竟然烧出了二升之多的铁箭头，足以见其忠勇。

五里店的战役结束之后，岳飞担心完颜宗弼因为惧怕与张宪发生决战会转而攻击兵力较为空虚的颍昌府，于是岳飞就委派他的长子岳云率领了一部分背嵬军前往颍昌府，支援驻守在那里的王贵。七月十四日，也就是张宪刚刚攻克临颍县的那一天，完颜宗弼果然如岳飞所预想的那样，率领3万骑兵、10万步兵气势汹汹地前来攻打颍昌府城，整个金军列阵位于颍昌府城西的舞阳桥以南地区，鼓声震天，誓要与岳家军决战。

驻扎在颍昌府的岳家军虽然包括了十二军中的五军，但其中只有踏白军是全军，中军统领苏坚在西京河南府，游奕军和背嵬军的主力又在临颍县和郾城县，屯驻在颖昌府的只是各军中很小的一部分，并且岳家军的主帅岳飞也不在颖昌府坐镇指挥。岳飞手下的大将王贵面对金军的来势汹汹和敌众我寡的形势，不免有些怯战，岳云对于王贵的怯战立刻进行了指责，于是王贵不得不鼓起勇气，指挥各部作战。王贵命令踏白军的统制董先，以及副统制胡清，包括选锋军守城；自己则率中军一部和岳云率800名背嵬军以及姚政率领游奕军一部，一起出城与金军进行决战。出发之前，岳云对将士进行了指示，要求诸军在作战中不要贪图缴获敌人的战利品，只能听梆声进行作战。

由于岳云是被紧急派来支援王贵的，所以只带领了800多名背嵬军，但是岳云依旧选择成为冲锋军，而中军以及游弈军则向左右两侧迂回。金军在此战中依旧派出了精锐的“铁浮屠”和“拐子马”迎击宋军，岳云率领部下英勇奋战，他本人出入金军战阵十几次，身上受伤百余处。有许多出城与金军决战的岳家军杀敌杀到人被血染成了血人，马被血染成了血马，但是岳家军没有一人退缩，所有将士不断向金军进攻。到了正午时分，前来支援的董先和胡清二人终于率领踏白军以及选锋军加入了战场，战局立刻发生了巨大的变化，金军大势已去，完颜宗弼只得率军溃败而走。

颖昌之战是岳家军与金军的又一次大决战，岳家军大获全胜，杀敌5000多人，俘虏2000多人，还缴获了3000多匹战马，岳家军又夺得大量金、鼓、旗、枪、器甲等物资，可谓是战果颇丰。而金军方面还损失了5名千夫长；岳家军还活捉了汉人千夫长王松寿、张来孙，金人千夫长阿黎不；左班祗候承制田瓘等许多金将，总数达到了七八十人；副统军粘汗孛堇身受重伤，被金军刚刚抬到开封府后就死去了；甚至完颜宗弼的女婿万夫长夏金吾也死在了这场战役中。

绍兴十年以前，金军的主力——亲兵，从未与岳家军进行过如此大规模的正面交锋，而经过了这一年多次的交手之后，尤其是经过了郾城县和颖昌府的两场大战之后，金军才算是领教了岳家军顽强的战斗精神和坚忍不拔的战斗意志。正是这样可怕的战斗力使金人喟然兴叹："撼山易，撼岳家军难！"历史对于战将的评价在不同的立场和视角上，都会得到不同的评价，但是唯独岳飞是个例外。尤其宋朝"国富而兵不强"，面对强敌环伺，岳飞以及岳家军的出现尤其难能可贵，极大地激励了南宋军民的自信心。来自于敌人的正面评价，更是让人惊叹于岳飞的军事才能和岳家军的战斗力！如果一名战将得到了敌人的称赞，将不会有人再对这个人、这支军队产生任何的怀疑，"撼山易，撼岳家军难！"也正是敌人对于岳家军最大的褒奖了。

由于获得了两场大捷，岳家军的士气空前高涨，将士们更是斗志满满地向北宋的故都开封府开进。七月十八日，张宪同徐庆、李山、傅选、寇成等诸军的统制从临颍县率主力往东北方向进发，在路途中很快击溃了金军的6000多骑兵，金军被岳家军杀得尸横遍野，岳家军又缴获战马100多匹。就在这时，王贵率领军队从颖昌府出发，牛皋也率领左军进军。

完颜宗弼撤退到开封府时，面对接连的失利哀叹道："我起北方以来，未有如今日屡见挫衄！"就连金军大将韩常也不愿再次与岳家军发生战斗，竟然派出密使向岳飞请求投降。大河南北捷报频传，岳飞以及岳家军深受鼓舞，他对部属说："今次杀金人，直捣黄龙府，当与诸君痛饮！"

第四节　十年功业一旦废

岳珂在《金佗稡编》里记录了这样一个故事：接连败于宋军的完颜宗弼情绪低沉，尤其是在距离开封府只有一段距离的朱仙镇，岳飞竟以500精锐背嵬铁骑打败了他的10万金兵，更让他感到大势已去，于是准备集结金兵退回到黄河以北休养生息，以图东山再起。这时，却有一个前北宋太学的学生阻拦他说："太子毋走！京城可守也！岳少保且退矣！"完颜宗弼很惊奇，问："岳少保以五百骑破吾精兵十万，京师中外日夜望其来，何谓可守？"学生道："不然，自古未有权臣在内，而大将能有战功于外者！以愚观之，岳少保祸且不免，况欲成功乎？"[①]完颜宗弼接纳了这名学生的提议，决定暂不渡黄河。

由于朱仙镇大捷未曾见于南宋其他史料，因此史学界对其是否真实发生表示存疑。但是，有一点是确定的，即岳家军确实赶到了朱仙镇，并准备上奏朝廷请求派遣其他抗金部队配合一举收复开封府，却遭到了赵构和秦桧的百般阻挠。

当岳飞等南宋将领在战场上奋勇杀敌时，宰相秦桧却一直在背地里策划如何尽快结束这场战争，不要让金军败得太惨。他安排张俊从亳州撤军并退到寿

① 《金佗稡编》卷八。

春，又命韩世忠继续守住淮东，不得前进，同时将驻屯顺昌的刘锜调往江南太平州方向。秦桧的这些筹划正是把岳飞置于了侧面和正面皆有强兵而无友军配合的境地。然后，他在宋高宗得到郾城大捷的喜报时，私下策划唆使党羽罗汝楫向宋高宗上书，说：“兵微将少，民困国乏，岳某若深入，岂不危也。愿陛下降诏，且令班师。”宋高宗一听，当即下诏，令岳飞班师回朝。

南宋朝廷对待北伐抗金的态度是随着宋高宗皇位是否稳固而在不断发生改变的。在金朝刚刚撕毁和约攻城略地直接导致顺昌告急威胁宋廷存在的时候，宋高宗命令各大将率军迎击金军，然而当战场形势有所转变的时候，宋高宗害怕宋军的胜利让金军大怒，威胁到议和的局面和自己的皇位，于是仅仅要求各大将“措置亳州、宿州、淮阳军、陈州、蔡州”，就算是完成了北伐事项，而且还数次言辞委婉地下诏，希望岳飞能暂收锋芒，想要做低姿态让金朝安心。秦桧非常明白宋高宗的心思，乘机百般唆使，终于让宋高宗下定决心命岳飞班师回朝，至于之前在诏书中所写的“朕不可以遥度”等也不再作数。

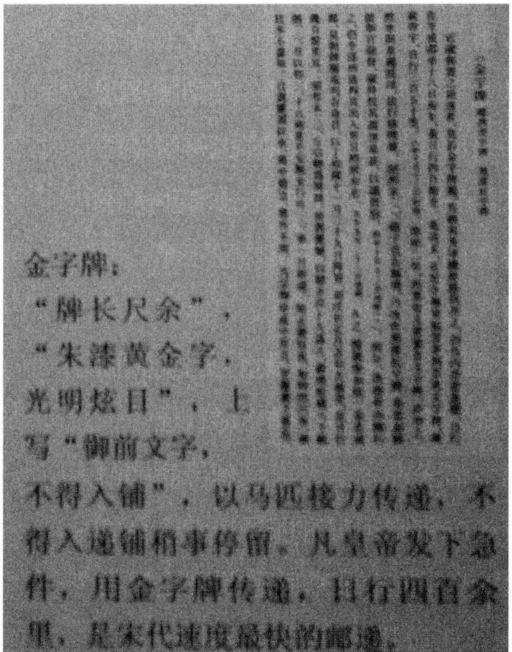

宋代金牌

七月初八或稍后一些时间，宋廷向岳飞发出了第一道班师诏，此时岳飞手下大将张宪刚刚从临颍县率兵向开封前进，当时的局面几乎是岳家军完胜，对于宋军收复中原一事非常有利，岳飞当即写下一封奏折反对班师的诏书。

两三天之后，岳家军到达朱仙镇。在这紧要的关头，岳飞却在一天之内连续收到了十二道用金字牌递发的班师诏。这些班师诏的言辞非常严厉，不容反驳，命令岳家军必须班师，撤回鄂州，而岳飞本人则要去临安府朝见皇帝。“金字牌”是在那样的时代背景下级别最高、速度最快的传递信息的方式，只能供给皇帝使用，传递的速度要达到“日行五百里”。经过考古学家的考证，在当时交通不便的情况下，宋高宗至多收到在七月初二攻克西京河南府所传递的捷报不久就下诏，严令迫使岳飞班师撤退，返回鄂州。

这种荒唐的诏书令岳飞悲愤至声泪俱下，他向着东方临安府所在的方向不断地行拜礼：“臣十年之力，废于一旦！非臣不称职，权臣秦桧实误陛下也”[①]。然而，尽忠报国的思想已溶入骨血，岳飞是忠臣，面对皇帝的班师诏，他别无选择，只好忍痛放弃当前的战果，班师南撤。当地百姓担忧岳飞班师后遭到金军的报复，闻讯成群结队地拦阻在岳飞的大军之前，哭诉说：“我等顶香盆、运粮草以迎官军，虏人悉知之。今日相公去此，某等不遗噍类矣！”[②]岳飞虽然心痛百姓的遭遇，但又明白自己必须遵守皇命，只得含泪取出皇帝的班师诏书，对百姓们说：“朝廷有诏，吾不得擅留！”百姓们哭声震天，却也是无可奈何。

当大军撤至蔡州时，当地的百姓们又拥到衙门外向岳飞求情，希望岳飞可以带大军留下，岳飞无奈又只得将班师诏取出公示于众人，百姓都失声痛哭。最后，岳飞命王贵等留在蔡州，掩护河南的百姓向襄汉迁移。

如此一来，前沿留下少量的作战部队不足以接应大河以北梁兴等军撤退下来的士兵，而这些部队本来兵力较少又缺乏训练，加之因为岳家军的班师，士气严重受挫，在这样的情况下实在难以抵挡金军的猛烈进攻。留驻西京河南府登封县的孟邦杰、守汝州的郭清、郭远等人，都接连败退。只有淮宁府在与金

① 《三朝北盟会编》卷二〇七《岳侯传》。

② 《金佗稡编》卷八。

军翟将军的作战中取得了胜利，新任的淮宁府知州赵秉渊与李山、史贵和韩直的部队里应外合，最终打败金军，这也是岳家军在这次北伐中的最后一次对金作战。

岳家军离开后，虽然李兴、李宝、赵云等率领北方的忠义军依旧进行着抗金活动，但是由于忠义军缺乏训练和人员物资等，且作战能力始终不如正规军，与金军的兵力悬殊，面对金军的围剿，很快就被消灭殆尽了。岳家军先前收复的河南等地区也被金军攻取。岳飞在班师途中闻知此噩耗，不禁仰天悲慨："所得诸郡，一旦都休！社稷江山，难以中兴！乾坤世界，无由再复！"[①]

毋庸置疑，此时的岳飞内心充满了对朝廷的极度失望和愤懑，他无处吐露，更不想回临安府去看那些投降卖国者的嘴脸，于是上了个奏章要求解除自己的兵权，并且不等皇帝批复就直奔九江，又上庐山去给母亲守墓了。接到奏章的宋高宗十分恼火，他对岳飞的变相抗议心知肚明，更对岳飞的不识时务心生不满。但考虑到与金人的和议未定，金人随时可能兴兵南侵，因而也决不能任意处分岳飞。他只好"委曲求全"，拒绝了岳飞的请辞，敦促他赶赴临安府："卿当疾驰入觐，以副朕伫见之切，军事足当面议。"

这一次会面注定是不愉快的，因为一方是抑郁不得志的臣子，另一方是惺惺作态、猜忌重重的君王。见面之后，赵构不断向岳飞询问前方的战况，做足忧国忧民的姿态，对他已经不抱任何幻想的岳飞却无心迎合，只是一味拜谢，连句场面话也不肯多说。宋高宗贤明君主的角色终于扮演不下去，他最终当场发作："凡为大将者，当以天下安危自任，不当较功赏。彼以功赏存心者，乃士卒所为。至于朝廷待大将，亦自有礼，如前日边报之初，除诸将便加师、保，岂必待有功乎？"[②]岳飞始终不答不辩，"第（但）再拜谢"而已，这让

① 《三朝北盟会编》卷二〇七《岳侯传》。

② 《建炎以来系年要录》卷一三七。

宋高宗更加怒火中烧。第二天，余怒未消的宋高宗对大臣们重述了申斥岳飞的话，公开表示自己对岳飞的不满，原本温情脉脉的君臣关系已经在“降”与“战”的分歧中荡然无存。

与此同时，岳家军的突然回撤对不断败退的金军来说不啻是一个天赐良机，完颜宗弼狂喜之余重整旗鼓掉头南下，一路攻城略地如入无人之境。战局的瞬息变化令完颜宗弼认识到，岳飞、韩世忠、刘锜等战将的存在，不仅在战场上让金军闻风丧胆，更可怕的是，在他们奋勇杀敌的激励下，南宋军民所焕发出的高昂的抗金热情让金朝原定的迅速吞并南宋的战略目标几乎成为不可能。他逐渐从战争的狂热中冷静下来，开始考虑如何在陷入军事败局之前，通过和议让南宋小朝廷俯首帖耳，以保障金朝最大的利益。那么，首先就从除掉金朝最头疼的敌人开始吧。绍兴十年秋，完颜宗弼在给秦桧的书信中明确说：“尔朝夕以和请，而岳飞方为河北图，且杀吾婿，不可以不报。必杀岳飞，而后和可成也。”①

作为金朝忠实的代言人，秦桧早就在和战问题上与岳飞势不两立。金朝撕毁和约挥军南下时，秦桧曾经在奏折中引用“德无常师，主善为师”，来为自己的和议政策及其失败寻找借口。岳飞却一针见血揭穿他的“画皮”：你是执掌国政的大臣，怎么能够如此出尔反尔、欺骗皇帝呢？所以，于公于私，秦桧都对岳飞恨之入骨，只是他要等待一个合适的时机罢了。

现在，不仅战场上的敌人希望置岳飞于死地，就连皇帝也对岳飞公开斥责，秦桧觉得清理主战派的时机终于到了，他要仔细筹谋，一举扳倒这些“主战派”，让他们永远退出南宋的舞台。而岳飞的人生悲剧大幕即将开启。

① 《金佗稡编》卷八《鄂王行实编年》，卷二十《吁天辩诬通叙》。

第十章

千古奇冤　后世流芳

郾、颍大捷后，宋金战场上出现了奇特的一幕，打了胜仗的宋军不断后退，收复的土地拱手相让，而原本失败的一方——金军却节节进逼，重新占领一座座失去不久的城镇。战场之外，完颜宗弼野心勃勃地厉兵秣马，试图进行最后的军事冒险；高宗、秦桧君臣正在苦心孤诣地研究如何削夺大将们手中的兵权；驻守鄂州的岳飞虽遭冷落却须臾不敢忘忧国，仍然枕戈待旦，紧盯前线敌情，浑然不知自己已经身在他人的阴谋算计当中。

第一节　三援淮西起波折

绍兴十一年正月，新年的烟火还未散尽，金军统帅完颜宗弼集结兵马再次对南宋发起进攻。尽管完颜宗弼和他的心腹都十分清楚，如今宋金两军的精神面貌和实力对比都已经发生了根本性的变化——“今之南军，其勇锐乃昔之我军；今之我军，其怯懦乃昔之南军”，此时再发动大规模战争已非上策。但是，绍兴十年宋军北伐的中止使完颜宗弼更加确信，畏战求和才是宋廷的主流力量，无论岳飞、韩世忠、刘锜等大将如何生猛，也难以改变宋廷随时准备投降的政策，因此，金朝仍有望抓住机会殊死一搏。即使将来战果对金朝不利，也会对赵构君臣形成巨大的军事压力，在宋金和议时也可占据主动。

同以往不同，完颜宗弼的这一次出击，把主攻目标放在了淮西地区。淮西战区是淮西宣抚使张俊的辖区，有宋军8万余人。金军号称13万人，实际只有10万余人。接到金军再度南下的消息后，南宋一面敦促淮北宣抚副使杨沂中率领3万部队，火速从临安驰往淮西支援，一面又命令驻扎在太平洲的淮北宣抚判官刘锜率2万人紧急赶赴淮西前线。所以，从兵力上看，南宋的优势比金朝还要多一些。然而，金军准备充足，来势汹汹。宋廷还在调兵遣将之际，金军已然渡淮河南下，一路攻城略地，宋军一时处于挨打局面。

面对十万火急的军情，宋高宗自然马上想起之前被他冷落的岳飞。他连连下诏，命令岳飞向江州进军，然后驰援淮西。高宗再次表现了他性格中“能屈能伸”的鲜明特点，为了安抚岳飞，缓和他二人之前的矛盾，他在手诏中不吝溢美之词：“卿忠智冠世”，“破敌成功，非卿不可”……“朝夕需卿出师之报”[①]。

其实，宋高宗实在低估了自己这位臣下的心胸和品质。他以为岳飞会像其他大将一样，即使不是按兵不动，也会趁机向朝廷要价。他不知道的是，在岳飞的心中始终铭记“精忠”二字。岳飞从来就不相信完颜宗弼等人会真正息兵止戈，因而一直令人关注金军动向。早在金军行动之前，岳飞就已经接到谍报说完颜宗弼准备渡淮南下，并且极有可能进攻淮西重镇寿春。他连夜拟制出一套抗击金军的方略上报朝廷，没想到奏报如泥牛入海，杳无回音。后来才得知这封《乞命诸帅兵破敌奏》被秦桧等人私下扣压了。

虽然先机已失，但就在宋高宗要求出兵的诏令下达前，岳飞再次上奏朝廷请求出兵。他在奏折里详细分析了当前形势，提出宋军可采用“围魏救赵”的策略，即趁金军举国来犯，老巢空虚的大好时机，千里驰骋，突袭开封、洛阳。显然，这是一个极其胆大又并非不可能的计划，如果成功的话，一定能够取得出奇制胜的效果。南侵的金军不得不班师，则淮西之围可解；宋军可乘胜追击，趁金军疲累之际进行围歼，收复河南地区也就易如反掌了。岳飞信心百倍地指出：“会合主帅，同共掩击，兵力既合，必成大功。”

不过，以上仅是作为军事家的岳飞的宏大构想。对于一个看惯宦海沉浮，同时又经历了多次希望复失望打击的岳飞，十分了解宋高宗对金军的畏惧和对收复故土的冷漠。因此在冷静下来之后，他觉得宋高宗很可能不会接受这个兵行险招的计划。于是，他又重新提出了一个更为“稳妥”、也更容易为宋高宗所接受的方案，即按照朝廷的旨意前去淮西支援，但不能由江州入淮，因为那

---

① 《金佗粹编》卷3，宋高宗手诏。

条路线世人皆知故而容易被金军阻截；他建议改道黄州、蕲州，然后深入，可出其不意地绕到金军后方，从而与淮西各军对金军进行南北合围，最终将其消灭在江淮之间。

果不其然，两个方案先后上奏到宋高宗那里，恐“金”至深的宋高宗毫不犹豫地否决了第一方案，对于岳飞的第二方案却很快同意了。

绍兴十一年二月，这一年的春天来得似乎比往年晚一些，寒气依然逼人，岳飞不巧患上重感，咳嗽不止。尽管如此，他仍然在最短的时间内做好部署，带领八千多背嵬军骑兵作为岳家军先行部队，匆匆赶赴淮西战场。

金军果然率先攻占了寿春，控制了淮河上游，然后兵分三路分别向濠州、滁州、庐州方向进攻。宋军的几支队伍中，刘锜最早率军到达庐州，发现庐州城墙不够牢固，多处残破不堪，根本无法固守，于是撤退到东关，据险扎营，列阵以待。庐州随即为金军所占。

二月初，杨沂中部队、张俊所属王德部队先后渡江，与刘锜会师后再次向庐州推进。完颜宗弼手下大将韩常和完颜宗敏率领金军主力10万余人，主动退到柘皋，分左右两军夹道而阵，准备与宋军一较高下。金军之所以选择柘皋作为战场，一是因为这里地势平坦，有利于骑兵作战；二是因为柘皋南面有河，向西一直通到巢湖，便于防守和撤退。然而，地利不如人和。金军没有料到，三支宋军英勇异常，配合默契。先是刘锜的重甲兵部队抢占桥头堡掩护大军过河；接着王德率部猛冲金军右翼骑兵，射杀一名金军将领，致使右路

岳飞带病进援淮西，宋高宗发信嘉奖　孙远征摄

金军阵脚大乱；然后当金军“拐子马”从两侧袭击宋军时，上游的杨沂中部队数万人手执长斧，形成巨大的斧阵，如一座座移动的城墙直砍马腿，最终大破“拐子马”。

遭受柘皋大败的金军，被迫向寿春撤退，宋军乘胜收复庐州。未曾亲临战场的主帅张俊闻讯大喜，他又听说金军元气大伤，准备渡淮退回北方，于是毫不犹豫地命令刘锜的部队返回太平洲，他自己则和密友杨沂中继续北上，准备“耀兵淮上”。

然而，张俊高兴得太早，狡诈的完颜宗弼只是撤走了少部分兵马，大多数部队则虚晃一枪转而攻打濠州。张俊接到谍报大惊失色，急忙派人追回刘锜，要他一起回援濠州。

三月初九，张、杨、刘三军到达濠州附近的黄连埠，并在此安营扎寨。前方传来的侦察情报显示，金军攻占濠州城后已经全部撤离，濠州如今已是一座空城。张俊让刘锜守营，派杨沂中和王德率2000名骑兵先行，其余万余精锐步兵随后跟进。他的算盘很明显，收复濠州城的首功应该由自己人——杨、王二人来立。可是一心想争功的他却没有想到，这是金军设下的一个陷阱。宋军的先头部队进城以后，原本埋伏在城外的金军一拥而入，对宋军进行左右包抄。杨沂中惊慌失措之际下错命令，宋军顿时人慌马乱，掉头回撤。逃命的骑兵迎面撞上后续的步兵，上万人犹如决堤之水，丢盔弃甲，四顾逃窜，被杀者、踩踏者死伤无数，最后只有杨沂中、王德等少数人侥幸逃回。此时，金军仍然在后面紧追不舍，留守的张俊和刘锜闻讯后，来不及跺脚嗟叹就紧急拔寨向南逃命。

濠州混战时，韩世忠部队也由水路赶到，尚未与金军交手，就收到情报说金军正在淮河下游的赤龙洲采伐树木，准备在他返程时堵截宋军船队。韩世忠生怕后路被截，立即下令部队掉转船头，且战且退，直接回驻地楚州去了。

岳飞率军经过长途跋涉到达舒州时，宋军已经取得了柘皋之捷。他按照惯例派人和主帅张俊联系，询问下一步的安排。因为比较了解这位昔日的老上司，知道其为人好大喜功，且心胸狭隘，所以岳飞进入淮西战区后一改往日的主动进取，一直按部就班地行动。抢功心切的张俊告诉他“敌已渡淮”北去，“前途粮乏，不可行师”，字里行间都是排斥之意。岳飞进退维谷，只好上报朝廷请求决断。

三月初十，宋高宗以《御札》回复说：

> 虏已渡淮，卿只在舒州听候朝廷指挥。此见卿小心恭慎，不敢专辄进退，深为得体，朕所嘉叹……韩世忠等夹击，可望擒杀兀术，以定大功。此一机会，不可失也。[①]

岳飞接到宋高宗的回复后立即北上，前往庐州。然而噩耗传来，进入濠州城的宋军几乎全军覆没，张俊、韩世忠率部队败逃。听闻消息，一口恶气油然而生，岳飞破口大骂：“国家了不得也，官家又不修德！”他指着张宪说：“像张俊的部队，你带一万人就能踏平！”又指着董先说：“像韩家军，你不用一万人就能踏平！”在岳飞的一生中，如此狂妄、失态实属罕见，可以想见，自北伐被迫中断以来，愤懑之气长期郁结在胸，今日遇到如此儿戏般的战败，让他再也忍无可忍，终于爆发出来。

三月十三日，当岳飞率部抵达濠州以南的定远县时，盘踞濠州的金军听闻岳家军的行踪立刻北撤到淮河对岸。敌人跑了，张俊、杨沂中、刘锜等人也跑了，岳飞只好带领部队撤回舒州待命。

淮西一役，宋廷先赢后输，一场稳操胜券的战役却落得如此结局。作为主帅的张俊盲目相信不实情报，判断形势失误，大将杨沂中贪功冒进，指挥不

---

① 《金佗稡编》卷三：《高宗宸翰下》。

力，均责无旁贷。可是，为了推卸责任，张俊却“栽赃”刘锜和岳飞，指责淮西战败是因为刘锜“作战不力”、岳飞“逗留不进”。南宋朝廷也不问青红皂白一味地偏袒包庇，结果张俊、杨沂中没有受到任何谴责和惩治，反而是岳飞被扣上进援淮西不力的帽子，并在不久以后成为那些奸佞小人构陷他的一项重要罪名，而千里驰援也成为岳家军在抗金战场上的最后一次露面。

第二节　君相合谋解兵权

濠州之战后，淮西战场尘埃落定，宋军参战的各大将领各自回到驻地。不过，岳飞仍然在舒州留守，因为三月二十一日那天，他接到宋廷指示他先把兵马遣回鄂州，他本人则继续在舒州等候朝见的通知。[①]过了几天，要求他朝见的省札送到，说是要在行在临安府举行柘皋大捷的庆功会，对各军进行论功行赏。岳飞不作他想，安排王贵、张宪带部队返回鄂州后，便快马加鞭赶赴临安府，殊不知等待他的却是一场“鸿门宴”。

临安的四月，正是一年中最美的时节，到处都是莺歌燕舞，杨柳依依；西子湖畔，则是临安最美的景致，放眼望去波光潋滟，菡萏袅袅。

二十二日，岳飞等人终于赶到临安府，令人奇怪的是，酬赏宴会尚未开始，朝廷的任命就到了。随岳飞前来的两位属下被调任地方任职，一位是他的幕僚朱希，知镇江府，另一位是司农卿李若虚，知宣州。被朝廷重视虽然是好事，但如此着急调离他的亲信，福耶？祸耶？

二十四日，论功行赏典礼终于在西湖上举行。酒过三巡，秦桧宣读了三道明晃晃的任命“制书”，分别擢升张俊、韩世忠为枢密使，岳飞为枢密副使，

---

① 《金佗续编》卷12《令权暂驻扎舒州听候指挥前来奏事省札》。

并宣布从任命之日起三人即调入枢密府办公，不再返回各自的宣抚司领兵。三大将面色不一，但都领命谢恩。秦桧虚扶一把，道声“恭喜诸位将军了！”随即哈哈大笑。

秦桧自然畅意无比，毕竟削夺兵权无论在哪个朝代都是个冒险的活儿，之前岳飞没有赶到时，他害怕走漏风声引起兵变，宣读“制书”以后，他又担心三大将拒不从命，如今这一切竟是如此顺利，怎不令他得意忘形呢?

同样松了口气的还有幕后坐镇的宋高宗。宋高宗自即位以来，孜孜以求的有两件事：一件是尽快与金人达成和议，哪怕割地赔款也在所不惜，从而实现他偏安一隅的梦想；另一件是尽量抑制武将的势力，以防他们拥兵自重、尾大不掉。两件大事都事关他的皇位稳固，因此时时刻刻萦绕在心。至于能不能收复故国、捍卫民族利益、救黎民于水火就不是他这个君王所关心的了。而今，从全国的战局来看，淮西战场已经恢复平静，陕西战场的战事虽然还在持续，但金军主力不在，吴璘的部队足可以应付，其他地方就只有一些小战了。因此，宋金和议的时机已然成熟，削夺东南地区的这几员大将的兵权势在必行。

秦桧深谙宋高宗的心理，又肩负金朝主子赋予的“汉奸”使命，早就经常不失时机地提醒宋高宗，“现诸军号‘张家军’‘韩家军’”，“将士只知有将军，不知有天子，跋扈有萌，不可不虑。”宋高宗深以为然，更加将秦桧视为心腹。这次利用酬赏宴的机会擢升三位大将，就是秦桧亲自策划、亲自导演，宋高宗拍板决定的一幕大戏。这一招明升暗降，表面上升了三人的官职，令其风光无限，实际却架空他们，切断他们与所辖部队的联系，是为削夺兵权的第一步。

第二步，就是要走“抚循偏裨”的路子。四月二十七日，宋廷宣布罢除三大宣抚司，即分别以张俊、韩世忠、岳飞为统帅的淮西宣抚司、京东-淮东宣抚司和湖北-京西宣抚司，三大将的统帅部就此全部解散。原各宣抚司所辖部队的番号全部取消，以后全部冠以“御前”两字，调动权由三省、枢密院和皇帝同时施行，指挥权则分散到各军统制等偏裨诸将手中。除此之外，这次变动还大大提高了总领的职权。总领本是由朝廷直接任命、派遣到各部队掌管钱粮的官员，现在又被赋予了监督、节制诸军的权力。以岳家军为例，岳飞原来的部下王贵出任鄂州驻扎御前诸军都统制，张宪担任副都统制，负责指挥权，秦桧的亲信林大声出任湖、广总领，实为岳家军的监军。如此一来，各大将对所属部队的控制权，就如被掺过沙子的大雪，被逐渐侵蚀。

至此，从编制体制上看，宋廷似乎实现了中央统一控制兵权的目的。有人将其与太祖时期的“杯酒释兵权”相媲美，认为防止了藩镇割据，巩固了国家统一，至少宋高宗之流是这么理解的。在这里，我们不去讨论三大将尤其是韩、岳二人是否有“不臣之心”，仅从国家安全的角度看，在金朝灭亡南宋的野心始终存在的情况下，把三大将供奉于“高阁”，无异于削弱自己的国防力量，将和议的决定权拱手送到金人面前。事实上，如果不是这一时期金朝国政腐败，内斗激烈，无力南进，南宋早就是它们刀俎下的鱼肉了。

然而，宋高宗和秦桧并不满足于此。在他们看来，“杯酒释兵权”也好，“抚循偏裨”也罢，只是部分解决了他们的担忧。三大将仍然身居高位，仍然对其旧属具有强大的号召力，仍然是南宋对金和议的主要障碍。

在三大将里，张俊早已为秦桧所收买，秦桧许诺他罢免诸将后，将所有的兵权都交给他，所以张俊在这次削兵权行动中表现最积极，主动配合秦桧的每一步计划。韩世忠、岳飞与张俊不同，他们是真正的军人，是坚定的抗金主战派。尽管韩、岳本人并不贪恋权位，但失去军队领导权就等于失去对金的作战能力，所以他们对朝廷这种为了求和而不惜自毁长城的做法愤懑不已。韩世忠找人做了一条“一字巾”裹在头上终日逍遥于湖光山色之中，岳飞也脱下戎装，换上文职官服，大敞着衣襟在枢密院出入，常常说要归隐山林。两位大将豪放不羁的姿态落在宋高宗和秦桧眼中，就是无声的抗议，让他们十分恼恨，而此时也有许多韩世忠的部下私下表示对朝廷处置三大将的做法不满，牢骚传到宋高宗和秦桧耳中，更令他们寝食难安。

宋高宗和秦桧决定抓紧实施削夺兵权的第三步，即拆解韩、岳的部队，同时趁机搜罗他们的“罪责”，打击他们的威信，将其排除出权力中心，彻底打压主战派的力量。具体说来就是，先对三大将挑拨离间，使其心生隔阂、鹬蚌相争，然后由朝廷出面收拾残局，重新洗牌，这一计谋真可谓阴险毒辣。

韩世忠成为第一个被打击的对象。韩世忠资历与张俊相当，但决不像张俊那般怯战、贪婪，战绩更著、威望更高、抗金立场也更为坚定不移。绍兴八年，他曾经密谋使人刺杀来宋议和的金朝使者，后被他的部下胡纺向秦桧告密，秦桧立即向宋高宗报告后才使得这场刺杀没有成功。因而，同岳飞一样，逢“和”必反的韩世忠早就是秦桧的眼中钉。如果彻底扳倒了韩世忠，那么不仅会使“韩家军”群龙无首，从此死心塌地地忠于朝廷，而且也会对岳飞等人起到“以儆效尤”的作用，沉重打击朝中的主战派。

五月初十，朝廷委派枢密使张俊、副枢密使岳飞前往楚州“按阅御前军马”。楚州原是韩世忠的统帅部所在地，楚州部队自然都属“韩家军”。

在张俊和岳飞动身前，秦桧找到他们传达的旨意却是“捃摭世忠军事……备反侧”，意思就是，他们此去有两项任务，一是搜集韩世忠的缺点和问题，二是要做好准备，防范韩世忠部队闹事。张俊表示深刻领会皇帝的意图，岳飞却提出质疑：“世忠有幸得到皇帝恩宠升为枢密使，既然如此，楚州的部队就不是韩将军一人的部队，而是朝廷的军队。”言外之意是，即使楚州部队闹事，那也算不到韩世忠头上去。岳飞接着又说：“您让我做好自卫准备又是为了什么？如果您想让我跟您结党营私的话，恐怕我得让您失望了？”秦桧听完，脸色极其难看，他开始怀疑这个让岳飞来陷害韩世忠的计划是否可行了。

张俊和岳飞乘坐楼船沿大运河一路北上，先到达镇江，这里驻扎着韩家军的一部分兵马。检阅完这支部队后，岳飞对其军容严整、令行禁止颇为称赞，一直没有说话的张俊却冷不丁地冒出一句：“朝廷没让世忠跟过来，是想让咱们两个拆分他的部队，这个意思你应该明白吧！”岳飞大吃一惊，他沉默了一会儿，对张俊说：“不能这么做！现在国家就只靠咱们三四个人来统兵打仗、收复故土。万一皇上再让韩枢密复出带兵，咱们以后有何面目见他啊！”张俊恼火他不识时务，却也不好再多说什么。

两人一路无语，终于来到楚州城。楚州，淮东重镇，地处京杭大运河与淮河的交界之处，自唐代起成为繁华的商业贸易中心，白居易有诗赞其为“淮水东南第一州”。然而，自金朝南进，淮河岸边的这座古城就成为宋金争夺的前哨，饱受烽火摧残。绍兴六年，韩世忠被宋廷授以少保、淮东宣抚处置使、兼节制镇江府等官职，徙武宁、安化军节度使，正式把统帅部建在了楚州。

岳飞当天直接住进楚州知州的官衙，张俊却没随他一起进城，只肯在城外住下。第二天，原任韩家军中军统制的王胜率军去接张俊。心怀鬼胎的张俊看见他们身着铠甲带武器，心中忐忑，大声质问：“你们来见我，为什么还要全副武装？”王胜被问得莫名其妙：“您是来阅兵的，我们不敢不穿军装啊！”张俊不耐烦地说：“脱掉！赶紧都脱掉！”王胜他们只好照办。

进了楚州城，张俊、岳飞令人仔细点验名册和武器装备。审计过程中，他们听说了韩世忠的一些事迹。当初入驻楚州时，整座城已被战火涂炭，部队连住的地方都没有，韩世忠与夫人梁红玉亲自与将士们一同抬土担水，编苇结屋，才重建了这座城池。如今的楚州城内竟然储备了90万石米，百万贯钱，不能不说是韩氏夫妇苦心经营的结果。更令人钦佩的是，楚州城内不过才3万部队，却能攻能守，使金军十几年都不能越过城池一步。岳飞不由衷心赞叹：“韩枢密非常人也！”张俊却没有吱声。他扭头上了城楼，只见各处物资摆放有序，人员各司其职，战备情况完全无可挑剔。他只好指着有些破旧的城楼对岳飞说：“得修城啊，不然怎么守呢？”知道他是鸡蛋里挑骨头，岳飞不想作答，便假装没有听见。谁料张俊却不肯放过他，又问了两遍，岳飞无奈，只好回了一句：“我们蒙国家厚恩，应当尽心竭力收复中原，如果今天只想着怎么守城后退，靠什么来激励士气呢？”张俊为保荣华富贵，早已丧失斗志，只想与金国媾和，如今被岳飞无意说中心思，不由老脸涨紫，恼羞成怒，说不出话来。他无法向岳飞撒气，转身就寻了两个守城士兵的不是，非要杀掉他们。岳飞一再向他求情，反而激得张俊狂性大发，直接挥剑砍了两个人的脑袋，扬长而去。后来回到临安，张俊恶人先告状，上奏朝廷污蔑岳飞提议“放弃山阳（楚州）”“退守长江”，此是后话。

就在岳飞巡视楚州的过程中，秦桧也在紧锣密鼓地组织陷害韩世忠的活动。韩世忠原来的部下胡纺向秦桧呈送了一份密告。胡纺自从在刺杀行动中出卖韩世忠后，就成为秦桧的党羽，韩世忠被削兵权后，他被提升为淮东军的总领，一直在暗中为秦桧搜罗韩世忠及部队的“罪状”。他在密告里说，韩世忠的亲信部将耿著在淮东军中挑唆众将，“二枢密来楚州，必分世忠之军”，并煽动将士反叛以逼朝廷归还韩世忠兵权。接到密告，秦桧大喜过望，立即令人将耿著押解至临安，准备严刑逼供将祸水引向韩世忠。

在楚州的岳飞先于韩世忠了解到此事的内幕，义愤填膺之下，他立即写信告知韩世忠此事，提醒他防范小人暗算。韩世忠接到信后，大惊失色，二话不说飞奔入宫。见到宋高宗后，他先是大骂有人企图陷害他，接着声泪俱下地陈述自己的清白和对皇帝的忠心，最后伏地叩首，请宋高宗为他做主。看到这位叱咤风云的老将一副完全俯首帖耳的样子，想起他当年在苗刘叛乱之中对自己的救命之恩，高宗心软了。他诏令秦桧，“耿著案”不得攀连韩世忠。秦桧无奈只好作罢，仓促将耿著流放了事，却也因此对岳飞更加恨之入骨。

七月初，张俊和岳飞回到临安交差，张俊很快就被派往镇江打造他的枢密行府，捎带瓜分韩世忠的部队，而岳飞则因看不惯张俊的行径，请求辞去枢密副使一职，不再“措置战守”。宋高宗没有同意，反而在不允诏中批评了他的请辞行为。但这只是帝王表面安抚的一种手段。岳飞的楚州之行不但没有搜集到韩世忠的“罪行”，反而向韩世忠通风报信，致使高宗、秦桧的计划流产，自然一下成为众矢之的。

首先跳出来弹劾岳飞的是御史中丞万俟卨。万俟卨，何许人也？岳飞在鄂州任职时，他曾任湖北转运判官，两人经常打交道。然而，万俟卨为人阴险狡诈，做事不择手段，岳飞十分不喜，所以对他言辞冷淡、态度疏远，万俟卨自然心怀怨恨。万俟卨从地方到中央后，由于善于投机钻营，又刻意逢迎拍马，很受秦桧赏识，不久就升到右谏议大夫一职。这次弹劾岳飞正给了他报“旧怨”的机会，于是欣然充当秦桧的第一政治打手。他在奏章中给岳飞“总结”的罪状主要有三条：一是升任副枢密使后，“志满意得”，“日以颓惰”；二是进援淮西战场时，“稽违诏旨，不以时发”；三是出使楚州检阅时，不顾大局，当众宣称“山阳不可守”，“沮丧士气”。凡此种种，不罢免岳飞的职务不足以让天下信服。

人这一生有时只要遇到一个小人可能就满盘皆输，岳飞大不幸，他遇到的是小人集团，为首者正是至高无上的皇帝。宋高宗虽然放过了韩世忠，但他却不准备放过岳飞。他觉得自己对岳飞隐忍太久了，从第一次擅上庐山到这次楚州之行，岳飞曾经多次违逆他的旨意，让他“忍气吞声”“委曲求全”，现在是时候清算了。

万俟卨的上书犹如一块大石投进了油锅，群臣顿时哗然，有的认为他哗众取宠，对其嗤之以鼻；有的如御史中丞何铸、殿中侍御史罗汝楫等则当朝附和，指责岳飞妄自尊大、肆无忌惮；更多的人是半信半疑，持观望状态。

然而没有调查，也没有对质，高宗一句“附下以要誉”就给岳飞的问题定了性。什么叫颠倒黑白、指鹿为马？宋高宗赵构的行径生动地诠释了这两个成语。南宋史家李心传在研究这段历史时，一针见血地指出：“及是，飞自楚州归，乃令卨论其罪，始有杀飞意矣！”①

---

① 《建炎以来系年要录》，卷一百四十一。

皇帝凉薄至此，岳飞或许早有预料，他却没有申辩。即便对于张俊对他的种种诬陷，曾有人劝他进行“廷辩”以正视听，他却说：“吾所无愧者，此心耳，何必辩？”然而，当他听说并没有什么私交的抗金名将刘锜也被褫夺兵权，派往荆南府任知府时，却再也按捺不住忧国忧民之心，全然不顾自己艰难的处境，毅然上书“请留刘锜掌兵”。然而，高宗回复他的只有冷冰冰的“不许”。

“五更疏欲断，一树碧无情”，岳飞对宋高宗彻底失望，更对奸佞横行的朝政感到绝望，他再次上书请求罢免自己的职务。这正中宋高宗下怀，他马上顺水推舟免去岳飞的枢密副使职务，只保留了少保的虚衔，为掩人耳目又“特授”岳飞武胜定国军两镇节度使、万寿观使等虚职。这一切对岳飞来说都不重要了，他卸下满身的重担，掩藏起满腔的报国热忱，不愿再回望临安府一眼，打马向江州奔去。

第三节　可怜身陷风波狱

风景秀丽的庐山，素有“匡庐奇秀甲天下”之美誉。它不仅是岳母的墓冢所在地，也是岳飞的精神慰藉所。在岳飞短暂的一生中，每当他遭遇政治上的重大挫折，总会回到庐山。然而，岳飞这次上庐山的心情格外沉重，他有一种明显的预感，从楚州之行开始，皇帝对他的态度变得异常冰冷，秦桧之流却是上蹿下跳、咄咄逼人，想来朝廷是铁下心来要跪求和议了，而他这次怕是要真的离开部队、离开战场了。

一场秋雨过后，漫步在古木参天的东林寺，极目远眺，层林尽染，深秋的景色分外迷人，然而岳飞的心里却充满了悲伤、愤怒和忧虑。回首来路，从11岁武术启蒙到后来驰骋疆场，近30年拼杀，换取今天的功名，又有什么用？国家分裂，山河破碎，生灵涂炭，最高权力者选择视而不见听而不闻，终日沉醉于临安的香风旖旎、歌舞升平。人生苦短，转眼白发如霜，什么时候能够重整戎装，杀金虏，雪国耻，归故乡？什么时候才能实现国家统一、天下太平的理想……思绪万千，心似掀起惊涛骇浪，一曲千古绝唱《满江红·怒发冲冠》从岳飞口中缓缓吟出：

怒发冲冠，凭栏处，潇潇雨歇。

抬望眼，仰天长啸，壮怀激烈。

三十功名尘与土，八千里路云和月。

莫等闲，白了少年头，空悲切！

靖康耻，犹未雪，

臣子恨，何时灭？

驾长车，踏破贺兰山缺！

壮志饥餐胡虏肉，笑谈渴饮匈奴血。

待从头，收拾旧山河，朝天阙！

然而，没有人愿意聆听他的心声，相反，有些人迫不及待地想要他死了。

早在岳飞离开临安府前，宋金和议也到了关键时刻。完颜宗弼遣回一直扣押的宋使，带给宋高宗一封信，恫吓说宋朝内部仍然有人在大谈北伐，如果宋廷不处置的话，金朝将再次发兵南下。宋高宗明白这是金朝玩弄政治讹诈的手段，但他也唯恐不利于和议，马上修书给完颜宗弼，声称那些主张北伐的官兵是因为“将士临危，致失常度”。随后，他按完颜宗弼的要求改派高级官员出使金朝求和，并在亲笔信中小心翼翼地建议，宋金以淮河为界划分国土，宋廷每年向金朝纳贡25万两白银和25万匹绢帛，其他条件也以完颜宗弼满

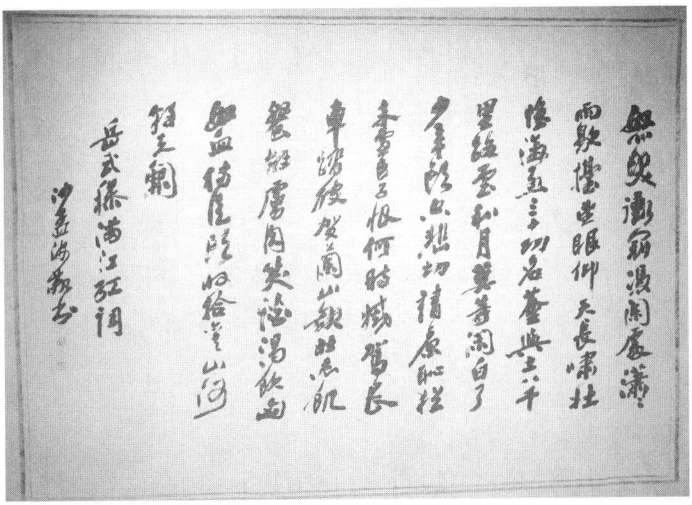

岳飞《满江红》

意为标准。这等于开了一张空白支票给金人，完颜宗弼装腔作势一番后就欣然同意，随即派昭武大将军萧毅使宋。萧毅除了转交完颜宗弼的亲笔信外，还转述了完颜宗弼不方便写下来却又要求南宋必须办的几件事，其中之一就是“不杀岳飞，和谈无望”。宋高宗照单全收，“执臣子礼”对金回复后，指示秦桧，加害岳飞的行动要加速了。

秦桧知道，像岳飞这种既不爱财也不爱色、一门心思只想杀敌报国的人，随便罗织一些罪名是很难的，想要将其置之死地就更难。思来想去，只有“谋反”一罪，是最适合栽赃而当事人又极难辩白的。而且，如果是由其下属或亲信揭发出来，可信度就更高，也就能更好地堵住悠悠众口。于是，他派人许以高官厚禄，在岳家军里四处搜罗愿意诬告岳飞的人，整个岳家军竟然“无人应”。他只好故伎重施，决定先对岳飞的“爱将”张宪和岳飞的儿子岳云下手，他们既是岳飞的左膀右臂，又是有名的忠义之人，只要将他们逮捕入狱就不怕扳不倒岳飞。那么，由谁来诬告张宪和岳云呢？他的党羽、岳家军总领林大声几经物色，终于找到几个受过军规处罚、对岳飞不满的败类。他选择了一个名叫王俊的低级军官。

王俊，外号“王雕儿”，由此可知此人绝非善类。王俊本来是一名刽子手，靠出卖战友当上了副都头。他对人心狠手辣无情无义，但作战向来都是偷奸耍滑浑水摸鱼，加入岳家军后因为“从战无功”没有升过职，又因为品行不端、蝇营狗苟，多次被上级领导张宪教训惩戒，一直怀恨在心。林大声找到王俊后，向他简单交了个底，塞给他一封告状信，叫他趁张宪不在的时候交给都统制王贵。

前面提过，王贵是岳飞麾下众多猛将中的一员，秦桧之流为什么会选择他作为陷害岳飞的重要一员呢？而王贵又为何甘心听命于秦桧他们呢？原来，秦桧他们看重的是王贵的资历，他自建炎年间开始追随岳飞左右，两人感情也比较深厚，因此由他来诬陷岳飞更有说服力。更为重要的是，秦桧、张俊打听到王贵曾两次受到岳飞的“大惩”，一次是王贵在颍昌大战时因为怯战差点被岳飞斩首，另一次是他手下的一名战士偷了老百姓的芦筏，被岳飞斩首，王贵负有连带责任被打了一百军棍，他们觉得完全可以借此把王贵拉拢下水。可出乎意料的是，王贵竟然拒绝了他们派去游说的人，说：“岳飞作为大将，就应该赏罚分明，我有过错就要受罚，如果因此就要埋怨的话，那么早就不胜其怨了！”张俊见一计不成又生一计，他安排心腹私下搜集王贵的隐私把柄，结果真的被他抓到一些。当他将这些不可告人的秘密抖在王贵面前时，王贵可耻地妥协了。

九月初一，张宪和岳云前往张俊的枢密行府汇报工作，这显然是有人故意安排的。因为，他们刚一离开，王俊就找到王贵密告“张宪与岳飞通书，谋据襄阳为变”。王贵心知肚明，马上安排人将“状纸”快马加鞭送往枢密行府。尽管枢密院并没有审理案件的权力，但张俊为了尽快拿到他想要的东西，竟然私设公堂，亲自审讯张、岳二人。所以，等张宪与岳云一路乘船到达镇江时，提前收到“状纸”的张俊已经准备好升堂审讯了。

整个案子的关键点就是王俊的所谓“首告状”，那么这份欲对张宪加罪而且要牵连岳飞的状纸究竟写的什么呢？内容抄录如下：

> 于八月二十二日夜二更以来，张太尉（指张宪-编者注）使奴厮儿庆童来请王俊去说话。俊到张太尉衙，令虞候报复，请俊入宅，在莲花池东面一亭子上。张太尉先与一和尚何泽一点着烛，对面坐地说话。俊到时，何泽一更不与俊相揖，便起向灯影黑处潜去。俊于张太尉面前唱喏，坐间，张太尉不作声，良久，问道：“你早睡也？那你睡得着。”
>
> 俊道：“太尉有甚事睡不着？”
>
> 张太尉道：“你不知自家相公（指岳飞-编者注）得出也？”
>
> 俊道：“相公得出哪里去？”

张太尉道："得衢、婺州。"

俊道："既得衢、婺州，则无事也，有甚烦恼？"

张太尉道："恐有后命。"

俊道："有后命如何？"

张太尉道："你理会不得。我与相公从微相随，朝廷必疑我也。朝廷教更番朝见，我去则必不来也。"

俊道："向日范将军（指范琼-编者注）被罪，朝廷赐死，俊与范将军从微相随，俊原是雄威副都头，转至正使，皆是范将军兼系右军统制、同提举一行事务。心怀忠义，到今朝廷何曾赐罪？太尉不须别生疑虑。"

张太尉道："更说与你：我相公处有人来，教我救他。"

俊道："如何救他？"

张太尉道："我遮（同这）人马动，则便是救他也。"

张俊："动后，甚意思？"

张太尉道："遮里将人马老小尽底移去襄阳府不动，只在那驻扎，朝廷知后，必使岳相公来弹压抚谕。"

俊道："太尉不得动人马。若太尉动人马，朝廷必疑，岳相公越被罪也。"

张太尉道："你理会不得。若朝廷使岳相公来时，便是我救他也。若朝廷不肯教岳相公来时，我将人马分布，自据襄阳府。"

俊道："诸军人马，如何起发得？"

张太尉道："我虏劫舟船，尽装载步人老小，令马军便陆路前去。"

俊道："且看国家患难之际，且更消停。"

张太尉道："我待做，则须做，你安排着，待我教你下手做时，你便听我言语。"

俊道："恐军中不服者多。"

张太尉道："谁敢不服？"

傅选道："我不服。"

俊道："傅统制慷慨之人，丈夫刚气，必不肯服。"

张太尉道："待有不服者，都与剿杀！"

俊道："这军马做甚名目起发？"

张太尉道："你问得我是。我假做一件朝廷文字教起发，我须教人不疑。"

俊道："太尉去襄阳府，后面张相公（指张俊-编者注）遣人马来追袭，如何？"

张太尉道："必不敢来赶我。设他人马来到遮里时，我已到襄阳府了也。"

俊道："且如到襄阳府，张相公必不肯休，继续前来收捕，如何？"

张太尉道："我有何惧？"

俊道："若蕃人（指金人-编者注）探得知，必来夹攻太尉。南面有张相公人马，北面有蕃人，太尉如何处置？"

张太尉冷笑（道）："我别有道理：待我遮里兵才动，先使人将文字去与蕃人，万一枝梧（同支吾）不前，教蕃人发人马助我。"

俊道："诸军人马老小数十万，襄阳府粮少，如何？"

张太尉道："这里粮尽数着船装载前去，鄂州也有粮，襄阳府也有粮，可吃得一年。"

俊道："如何这里数路应副钱粮尚有不前，那里些少粮，一年以后，无粮如何？"

张太尉道："我那里一年以外不别做转动？我那里不一年，叫蕃人必退。我迟则迟动，疾则疾动，你安排着。"

张太尉又道："我如今动后，背嵬、游奕服我不服？"

俊道："不服底多。"

（张太尉）又道："游奕姚观察、背嵬王刚、张应、李璋服不服？"

俊道："不知如何。"

张太尉道："明日来我遮里聚厅时，你请姚观察、王刚、张应、李璋去你衙里吃饭，说与我遮言语。说道：张太尉一夜不曾得睡，知得相公得出，恐有后命。今自家懑（们）都出岳相公门下，若诸军人马有言语，教我怎生制御？我东西随人，我又不是都统制，朝廷又不曾有文字教我管他懑，有事都不能管得。"

至三更后，俊归来本家。次日天晓，二十三日早，众统制官到张太尉衙前，张太尉未坐衙。俊叫起姚观察于教场内亭子西边坐地。

姚观察道："有甚事，大哥？"

俊道："张太尉一夜不曾睡。知得相公得出，大段烦恼，道破言语，教俊来问观察如何。"

姚观察道："既相公不来时，张太尉管军，事节都在张太尉也。"

俊问观察道："将来诸军乱后如何？"

姚观察道："与他弹压，不可教乱，恐坏了遮军人马。你做我复知太尉，缓缓地，且看国家患难面。"

道罢，各散去，更不曾说张太尉所言事节。

俊去见张太尉，唱喏，张太尉道："夜来所言事如何？"

俊道："不曾去请王刚等，只与姚观察说话，教来复太尉道：'恐兵乱后不可不弹压。我游奕一军钤束得整齐，必不到得生事。'"

张太尉道："既姚观察卖弄道，他人马整齐，我做得尤稳也。你安排着。"

俊便唱喏出来，自后不曾说话。

九月初一日，张太尉起发赴枢密行府，俊去辞，张太尉道："王统制，你后面粗重物事转换了著，我去后，将来必不共遮憑一处，你收拾，等我叫你。”[①]

应该说，这一状纸粗粗一读，言之凿凿似乎让人信以为真，但如果细细琢磨便觉漏洞百出，不值一驳。仅以两个细节为例，一是从时间上看，对话发生在八月二十二日夜，而岳飞被罢官是八月九日。古代传递消息不便，从临安到鄂州一般在二十二日左右，即使使用朝廷金字牌加急传递，也要十日左右。那时岳飞已经赋闲，怎会有使用金字牌的特权？二是从人物关系上看，此状操刀之人显然忘记了王俊和张宪的关系之恶劣。王俊所谓的张宪要“将人马分布，自据襄阳府”，乃是谋逆大罪，以张宪之沉稳谨慎，怎会说与他所鄙夷之小人商量？更有意思的是，王俊虽然有心陷害张宪，却又害怕扳不倒岳飞，自己偷鸡不成反蚀把米，因此未与人商量，悄悄地在《首告状》之后，附上了一个“小帖子”：

契勘：张太尉说，岳相公处来人教救他，俊即不曾见有人来，亦不曾见张太尉使人去相公处。张太尉发此言，故要激怒众人。背叛朝廷。

也就是说，王俊承认本人并未亲眼看到张宪与岳飞手下有联系，一切都是张宪一人的错。

负责审讯的张俊看到这张小帖子时，鼻子都要气歪了，但是既然有皇帝、宰相撑腰，他决意把“陷害”一事进行到底。只可惜任凭他怎样严刑逼供，张宪始终不肯认罪。行府的审讯记录上写道：“勒宪与王俊对证，得张宪不曾有上项语言，已供状了当。”张俊没有办法，只好一不做二不休，让人捏造张宪

① 《挥麈录·余话》卷二《王俊首岳飞状》。

的口供："为收岳飞文字后谋反。"[①]然后派人连夜送往临安府。

久候多时的秦桧终于拿到张宪的"口供"，一面让张俊把张宪、岳云押往大理寺"根勘"，一面赶到宫里请旨要求召岳飞回京受审。宋高宗毫不迟疑地予以准奏。

至于派何人到庐山把一位威名赫赫的大将军"请"来，秦桧也着实费了一番心思。最后，他觉得殿前都指挥使杨沂中应该是一个绝佳人选，他既是宋高宗的心腹，又与张俊志趣相投，怎能不知朝廷的意思？秦桧没有直接露面，而是请人转告杨沂中："要活的岳飞来。"杨沂中果然没有"辜负"秦桧的期望，到了庐山，同岳飞谈笑风生，半分未提京城的事情，岳飞虽然心生疑窦，但仍以大局为重，随他赶赴临安。

十月十三日，岳飞赶到临安，就有人前来说是秦相请他到朝廷听旨，杨沂中于是告别打道回府。然而，等岳飞下了轿，才发现自己竟然被带到了大理寺。他十分恼火又莫名诧异："我与国家宣力，今日到此何也？"狱吏却不回话，只催促他说："这里不是相公您坐的地方。中丞他们在后面等着您，请相公略去对照数事。"岳飞只好随他前行。

然而，接下来的一幕让岳飞目眦欲裂、肝肠寸断：大堂上躺着两个皮开肉绽的血人，仔细一看却是张宪和岳云。一个是他最亲密的部属兼战友，一个是他的亲生儿子兼部属，原本意气风发的他们此刻浑身布满各式各样的刑具留下的伤痕，气息奄奄，只余一双满是痛苦的眼眸望向岳飞。十几年来，他俩跟随岳飞出生入死、浴血奋战，都没有被敌人射杀，今日却在"自己人"手里被折磨成了如此模样……岳飞冲动地大步上前，却听狱吏以杖击地，大声叱道："叉手正立！"岳飞这才意识到自己已身陷囹圄。他迅速冷静下来，立定身影，只将愤怒的眼光投向高座上的两个人——御史中丞何铸和大理寺卿周三

① 龚延明，岳飞研究[M]. 人民出版社，2008年，第205页。

畏。周三畏不敢看岳飞的眼睛，何铸面无表情地把王俊的首告书抛到岳飞面前，说："国家有何亏负汝三人，却要反背？"

岳飞看完状纸，怒极反笑。他直接否认了王俊的诬告，条理清晰地指出"首告书"的漏洞和荒唐。为了证明自己对朝廷的忠心，他从年轻时投军从戎说起，历数简单而又辉煌的军旅生涯，剖白自己对故乡的思恋、对金人的仇恨以及对不能收复故土的扼腕。说到激动处，他撕开衣襟，袒露后背，掷地有声："对天盟誓，吾无负于国家！汝等既掌正法，且不可损陷忠臣，（否则）吾到冥府，与汝等面对不休！"

岳飞背上的"尽忠报国"四个大字刺痛了御史中丞何铸的眼。身为文官的他本来对武将有很强的防范心理，之前因为听信张俊散播的关于岳飞桀骜不驯的谣言，他愤而上书弹劾过岳飞。但现在他困惑了，岳飞的经历就像一本行走的忠臣教科书，而王俊的状词漏洞百出，张宪在酷刑之下仍坚持不自诬，岳云更是一无所知，难道真的是冤枉了岳飞？案子越往下审，何铸的感觉越强烈，几经调查取证，他最后认定：岳飞无罪。

杭州岳王庙岳母刺字像　孙远征摄

何铸亲自去向秦桧详细汇报审讯的情况，秦桧对审判过程毫不在意，只是当听到"岳飞无罪"时，才气急败坏地说："你可知道，给岳飞定罪，是皇上的旨意！"何铸愣了，他沉思半晌，才字斟句酌地对秦桧说："铸岂区区为一岳飞者，强敌未灭，无故戮一大将，失士卒心，非社稷之长计！”道不同不相为谋，秦桧怜悯地看了这个昔日的门生一眼，不再理会他。何铸的主审一职被撤掉了，接替他的是万俟卨。从此何铸被秦桧集团不断排挤，先是被派到金朝担任划界的苦差，后来到底还是被寻了个理由流放了。

岳飞案新任主审万俟卨，充分发挥卑鄙小人的本色，每日严刑拷打岳飞三人。他不仅把自己以前弹劾岳飞的几条罪状一并搬了出来，而且对王俊等人威逼利诱，给岳飞编造新的罪名。岳飞起初尚义正言辞地为自己辩解，但他很快便看清楚，这帮人根本不是在审讯，而是铁了心要给他定罪，于是喟然长叹："吾方知，既落秦桧国贼之手，使吾为国忠心一旦都休！"[①]从此不再开口。

岳飞的被捕是秘密进行的，但他入狱后，宋高宗命人将岳飞"逮系诏狱"的事特地公开"榜示"。这样一来，满朝文武虽然都惊诧莫名，却没人敢上书反对。就连韩世忠，虽然与岳飞境遇相近，又受岳飞大恩才逃过一劫，但眼见岳飞-张宪案与当年"耿著案"的套路如出一辙，他如何不知是何人所为？所为又是何意？更何况他刚刚因上书反对与金人和议，被秦桧党羽群起而攻之，刚刚辞去枢密使一职，所以尽管心急如焚却不敢轻易动作。

一个多月过去了，大理寺却迟迟没有明确的结论，人们心中的疑虑越来越多，韩世忠再也坐不住了。他找上门去，质问秦桧："岳飞父子何罪？为何将其关押？"秦桧沉吟半晌，才挤出一句话："飞子云与张宪书，虽不明，其事体莫须有。"韩世忠不由冷笑："'莫须有'三字何以服天下？"便愤而离去。韩世忠这句冷嘲道出了天下人的心声，然而有人担心秦桧会因此报复韩世忠，劝他给秦桧一些颜面，韩世忠却说："今吾为己而附和奸贼，死后岂不遭太祖铁杖？"从此以后，他看破红尘，终日与释、老为伴，偶尔骑驴携酒，醉卧山水之间。绍兴二十一年，一代名将韩世忠恨恨离世。

---

① 《三朝北盟会编》卷二〇七。

第四节　英雄千古慰忠魂

绍兴十一年冬天，对于南宋广大爱国军民来说是阴霾寒冷的，但对宋高宗、秦桧等投降派来说，却是无比欢欣的，他们终于迎来签署宋金和议的金朝使者。

十一月，金国使者来到临安府，拿着金国一手敲定的和议内容，让宋廷签字。这份史称《绍兴和议》的和约内容主要有四条：①南宋向金朝称臣，金朝册封宋康王赵构为南宋皇帝；②南宋与金朝东以淮河中流为界，西以大散关为界，以南属宋，以北属金；③南宋每年向金朝进贡银25万两、绢25万匹；④金朝放回宋高宗生母韦太后，归还宋徽宗和郑皇后的梓棺。根据和议，不但原北宋统治的黄河以北地区彻底划归金朝，就连金朝在战场上无法长期占领的土地，如岳家军当年攻克的商、虢、唐、邓等州和北伐中收复的很多失地，吴磷、杨政等部所收复的陕西州县，以至于吴玠当年坚守的和尚原等要塞，都被宋高宗和秦桧割一股脑割让给金朝[①]。真可谓金朝不胜而胜，南宋不败而败。

和议已签，牢狱之中的岳飞又该如何处置？宋高宗、秦桧弹冠相庆之余想起了这个问题。宋高宗早有杀岳飞之心，接下来发生的两件事使他的决心更加

① 王曾瑜，岳飞新传[M]. 石家庄：河北人民出版社，2007年，第321页。

坚定了。

宋高宗有位叫赵士的皇叔，封号齐安郡王，曾对赵构有过大恩，一是他曾向隆佑太后建议立赵构为帝，二是苗刘之变时为救赵构曾四处斡旋。这位出身富贵的郡王当年在洛阳拜祭皇陵时，不知怎么对岳飞为国尽忠的印象极为深刻，这次竟然愿以全家百口人的性命为岳飞做保请释。

第二件事是一个叫范澄之的布衣，虽与岳飞素不相识，却上书为岳飞喊冤，并大骂秦桧逮捕岳飞是为了“媚虏急和”，请宋高宗不要为秦桧所蒙蔽。

这两件事让宋高宗看清楚了岳飞的影响力，也看清了朝中主战派的力量虽被暂时打压，却是一触即发。在他看来，主战派决不可纵容，否则他“千辛万苦”乞求而得的和议就可能付诸东流；岳飞决不可释放，擒虎容易纵虎难，释放岳飞就等于昭告天下这是朝廷为议和而故意制造的冤狱，将来又如何再去弹压那些被褫夺兵权、心怀不满的大将？

秦桧的心思更为复杂：在这些战功赫赫的大将中，张俊、杨沂中已被收买，毫无抗战心思；韩世忠归隐闹市，做个闲散官职；刘锜现在只是一个小小的知州；只有岳飞，誓死抗金，朝野声望俱高，他活着，岳家军就会东山再起，金朝肯定要怪罪，自己何以自处？杀了他，抗战派再无精神依靠，而且杀鸡儆猴，朝内朝外必是自己的天下。

一番定夺之后，沆瀣一气的君臣再次责令万俟卨等人，不管采用什么手段，一定要拿出制岳飞死罪的“证据”。经过一番威逼利诱、生拼硬凑，万俟卨等人终于为岳飞捏造了如下“罪名”：第一，岳飞父子分别给王贵和张宪写信，策动他们谋反；第二，进援淮西时，岳飞故意“逗留不进”，“不即策应”，按律“稽期三日者，斩”；第三，岳飞曾“自言与太祖俱以三十岁为节度使”；第四，濠州之败后，岳飞当众侮辱张俊和韩世忠等军，并骂皇帝“不修德”。后面两件事都被定为“指斥乘舆”的弥天大罪。

这四项罪名里，第一项是子虚乌有，因没有物证，所以胡说物证被张宪和王贵当场烧了；第二项是栽赃陷害，援淮不力本是张俊的诬告，为了防止岳飞自辩，万俟卨命人去岳飞家抄走了宋高宗的所有诏书，又让人把岳家军在淮西的行军日期重新打乱编排，勉强作为“证据”；第三项是捕风捉影，岳飞原话是“我三十二岁上建节，自古少有”，却被篡改为他自比宋太祖“三十岁建节”，所以犯了“僭越”大罪；只有第四条，岳飞确有其事，但也不过是岳飞的几句牢骚话，却被郑重其事地拿来定罪，就未免可笑可恨了。

万俟卨好不容易给岳飞罗织好罪名，却没想到参加审讯的大理少卿薛仁辅和大理寺承何彦猷、李若朴认为，岳飞之罪只需判两年徒刑。大理寺卿周三畏按此上报给了万俟卨。

万俟卨万分恼火，干脆自己亲自起草判决书：

一、岳飞合依斩刑。

二、张宪犯“谋叛”罪，合于绞刑。

三、岳云犯“致张宪谋叛”罪，“徒三年，追一官，罚铜二十斤。”

然后将此判决书打回大理寺，责其重报。

绍兴十一年十二月二十九日，农历除夕，大理寺按照万俟卨的意见把岳飞案的判决书上报给秦桧，请求“取旨裁断”。秦桧大喜过望，立即转呈宋高宗，高宗随即批复：

> 岳飞特赐死。张宪、岳云并依军法施行，令杨沂中监斩，仍多差兵将防护。[①]

诏令传到狱里，宣诏者问岳飞还有何话说，岳飞沉默片刻，拿起桌子上那枝从未动过的毛笔写了八个大字：“天日昭昭！天日昭昭！”随后，将毒酒一

① 《建炎以来朝野杂记》乙集卷十二。

饮而尽。是年，岳飞39岁。

张宪、岳云随即被绑赴刑场，层层重兵包围之中，监斩官杨沂中一声令下，刽子手手起刀落，两位视死如归的勇士死不瞑目……

当京城的人们还没有从岳飞之死的震惊中醒过神来，在宋高宗的支持下，秦桧马上展开了一场地毯式的“大清洗”：

先是岳飞和张宪的家属，分批被“流放岭南、福建”，“家产全部没收”；

接着是岳家军统领。都统制王贵心里内疚兼害怕，称病辞职，岳家军被张俊的心腹田师中接管，他毒死了大将牛皋，又将岳家军从10万人压缩为7万人；

然后是岳飞的幕僚亲随。岳飞的幕僚于鹏和孙革，被诬执笔了“谋反”信函，最早被革职、流放；张宪的部下僧泽一受“脊杖”，“刺面”发配；岳飞的参谋官朱芾，参议官李若虚、高颖，幕僚王良存、夏珙、党尚友、张节夫等“十三人都被贬逐流放”；岳飞的亲校王敏求、胜捷军副将杨浩等，也受到“勒停”、“除名”和“编管”的处分；

最后，曾经为岳飞求情或同情过岳飞的人也难逃荼毒。“御史中丞何铸、大理少卿薛仁辅、大理寺丞李若模、何彦猷，先后罢官”；进士智浃受“臀杖”后流放到袁州，被凌虐而死；布衣刘允升上书反对诬陷岳飞而被杀害；布衣范澄之“窜死”；就连“皇叔赵士　也被贬至建州，抑郁而死”。[①]

秦桧制造的清洗风暴株连甚广，冤案众多，其行可鄙，其心可诛。如此一来，提及岳飞案，朝野都噤若寒蝉，讳莫如深。由于宋高宗纵容，秦氏父子长期把持朝政，肆意涂改历史，官员们以讹传讹，岳飞的事迹资料几无可寻。

然而，历史不是几个跳梁小丑所能一手遮天的。即使在高压之下，鄂州的百姓仍然偷偷把岳飞的画像供奉起来，曾被岳家军收复的地区人民则悄悄举行

① 王曾瑜，岳飞新传[M]. 石家庄：河北人民出版社，2007年，第316–320页。

岳飞墓旁的秦桧夫妇跪像 周里程摄

仪式祭奠岳飞，甚至连身处金人统治区的朱仙镇人民也秘密为岳飞建庙，用以祭祀和缅怀。

事实上，杀害岳飞这种让亲者痛、仇者快的行径就连金人也看不过眼。金使刘祹奉命送高宗的母亲韦太后和宋徽宗梓宫南归。在南宋“闹剧般”的迎接仪式上，刘祹突然问负责接待的宋朝官员：“岳飞以何罪而死？”被问者支支吾吾地说：“意欲谋叛，为部将所告，以此抵诛。”刘祹却毫不客气地说：“江南忠臣善用兵者，止有岳飞，所至纪律甚严，秋毫无所犯。所谓项羽有一范增而不能用，所以为我擒。如飞者，无亦江南之范增乎！”[①]

绍兴二十五年，权倾朝野的大奸臣秦桧病死，各地要求为岳飞平反的上书多如雪片，却遭到了宋高宗、万俟卨之流的压制。

绍兴三十一年，金主完颜亮撕毁和约，再次大举南侵，试图一统天下。此时，秦桧已死，宋高宗尚在，金军南下标志着他们的投降主义政策彻底破产。更让宋高宗难堪的是，金军中到处都在流传一句话：“岳飞不死，大金灭矣！”

第二年，“失德甚多”的宋高宗不得不传位给养子赵昚，史称宋孝宗。宋孝宗有别于宋高宗，主张积极抗金，遗憾的是，南宋此时已无大将可用。太学生程宏图借机上书请求“昭雪岳飞之罪”，宋孝宗允准，并下诏悬赏岳飞遗

① 《说郛》卷十八。

杭州岳飞墓　周里程摄

体，追复岳飞原官，寻访岳飞子孙后代加以抚恤。

此时距岳飞被害已经整整20年，找寻到岳飞尸骨的希望何其渺茫！幸运的是，当年为岳飞收尸的狱卒隗顺，感佩岳飞的忠烈，没有按惯例同其他犯人混埋在大理寺旁，而是冒着生命危险悄悄把岳飞葬在了临安城西北九曲丛祠附近。他的儿子看到朝廷的诏书，便把这一秘密说了出来。随后，宋廷专门举行了隆重的仪式，将岳飞的遗骨迁葬于西湖边的栖霞岭下。不幸的是，斯人已逝，任凭朝廷如何褒奖厚待，都换不回那个叱咤疆场、令金军闻风丧胆的“岳爷爷”了。

杭州岳飞庙　周里程摄

然而，岳飞案的昭雪并不顺利。由于顾忌宋高宗，同时抗金斗争遭遇失利，宋孝宗没有决心彻底为岳飞平反，不仅迫害岳飞的元凶无一人受到惩罚，岳飞的不白之冤也没有澄清于天下。甚至连岳飞的谥号，也是几经争议，直到16年后，才被追谥为“武穆”。

到了宋宁宗时期，岳飞被追封为鄂王。两年后，秦桧被追夺王爵，并改谥号为“谬丑”。然而，开禧北伐失败，主战派被排挤，主和派重新当政，秦桧又被恢复了王爵，还被重新赠了谥号。

嘉定十四年，朝廷特赐临安府北山的智果寺为“褒忠衍福禅寺”，正式将其作为岳飞的功德院，即今天杭州岳王庙的前身。

宝庆元年，此时距岳飞被杀已有84年，宋廷终于对岳飞冤案做出了最终昭雪，并将岳飞谥号“武穆”改为“忠武”，因为“穆不如武”，[①]现在又加一个“忠”字，意思是把岳飞比作匡扶汉室的诸葛亮、光复唐都的郭子仪。可以说，这才是宋朝官方对岳飞的最高奖评，也是最确切的奖评。[②]

南宋朝廷对岳飞冤案的昭雪之所以拖拖拉拉曲折反复，盖因岳飞之死及其平反实际是南宋两大政治派别对垒博弈的结果，岳飞地位的起伏反映的是南宋对金政策的走向。主战派占上风时，朝廷要对金斗争时，岳飞受到的褒崇就多，平反就顺利，反之则贬抑多，挫折多。

若干年后，南宋灭亡，时人才能以较为客观的态度去评价岳飞。譬如，元朝虽系少数民族统御中原，但编著《宋史》的元朝史官却对岳飞做出了如下评价：

> 论曰：西汉而下，若韩、彭、绛、灌之为将，代不乏人，求其文武全器、仁智并施如宋岳飞者，一代岂多见哉。
>
> ……

---

① 《金佗续编》卷16《附录》。

② 姜锡东.《岳飞被害与昭雪问题再探》，载《郑州大学学报》（哲学社会科学版）2007年第2期，第132页。

> 昔刘宋杀檀道济，道济下狱，嗔目曰："自坏汝万里长城！"高宗忍自弃其中原，故忍杀飞，呜呼冤哉！呜呼冤哉！

到了明朝，开国皇帝朱元璋对岳飞十分赏识，曾赞其"纯正不曲"，奠定了评价岳飞的基调，再加上明朝始终面临蒙古族的侵扰，对岳飞这种抗击外侮的英雄格外推崇，因而自朝廷至民间掀起了声势浩大的"造神运动"，从建庙赐额到从祀配享，从与关羽合祀于武庙到制作秦桧、张俊等四人跪像，岳飞的地位在明朝达到了历史高峰。

清朝的统治者虽然对岳飞没有像明朝那么推崇，但是都基本延续了对岳飞的正面评价。可是，在不同历史时期，对岳飞的负面评价也从未停止过，大者如"岳飞不是民族英雄"的宏大命题，小者如"岳飞是愚忠""岳飞太暴虐"的街谈巷议，都让人感慨莫名。

对于岳飞是不是民族英雄，史界已有公论，编者只赘述一点。评价历史人物需要将其还原于当时的历史背景之下才算客观。南宋与金国是两个独立的国家，金国对南宋的战争是赤裸裸的侵略，国难当头，民族危亡，需要有人铁肩担起挽救民族命运的使命，而岳飞无疑就是那个力挽狂澜的民族英雄。

岳飞本是一农家子弟，家处宋金斗争前沿，深深懂得国破家亡的悲惨命运。为了摆脱这种命运，他勤学苦练从不松懈，事亲至孝却毅然从戎。一次投军为谋生，再次投军为功名，三次、四次却是矢志报国终生不渝。为报国，他明知有可能被王彦杀头也要回归部队；为报国，他多次孤军深入打击劲敌；为报国，他不顾母丧重返战场；为报国，他虽然听从十二道诏令班师回朝，却从不肯在议和问题上对皇帝做丝毫让步……

岳飞之所以为后世景仰，是因为他的所作所为皆出于"公"，他所尽忠的是国家，他所践行的是用自己的热血和生命去收复故土、拯救民众免遭屠戮。与之相比，宋高宗、秦桧额头上都刻着一个大大的"私"字，他们不惜出卖国土与尊严，不惜践踏百姓的生命和财产，不惜冤杀大将编造历史，说到底只是为了自己的那一点苟安和富贵。

时光荏苒，历史走到今天，打开互联网，岳飞也像其他话题人物那样重新被认识、被评价、被质疑、被褒扬。清者自清，浊者自浊，有人类的地方就有争议，但总有一些亘古不变的东西，比如我们头顶的星空和赖以生存的价值观——忠诚、英勇、无私、仁爱等。而岳飞的爱国精忠、英勇无畏、治军从严、爱民亲民等品质，就如那永恒的星星一般灿烂，已经超越时空，超越地域，超越民族，深深地融化在每个中国人的血液里。从这个意义上说，岳飞不死，忠魂永存！

岳飞大事年表

崇宁二年：岳飞出生，河北西路相州汤阴县永和乡孝悌里。

政和八年：岳飞16岁，在乡娶妻刘氏。

宣和元年：岳飞17岁，长子岳云出生。

宣和四年：岳飞20岁，首次应募，征辽。后因父病故回家守孝。

宣和六年：岳飞22岁，第二次应募，在河东路平定军当兵，不久升偏校。

靖康元年：岳飞24岁，参加河东路抗金战争。次子岳雷出生。平定军失陷后，回汤阴。12月，在相州城第三次投军，归刘浩军中，隶宗泽麾下，招安吉倩，补承信郎一职。

建炎元年：岳飞25岁，4月，金灭北宋，靖康之祸。5月，赵构（即宋高宗）继位，史称南宋。7月，写《南京上皇帝书》反对朝廷南迁，被革职。回乡途中，第四次投军河北招抚司，受招抚使张所重用，后归都统制王彦部下。

建炎二年：岳飞26岁，因擅离部队触犯军规，临刑时被宗泽救下，戴罪杀敌立功，升为统制官。

建炎三年：岳飞27岁，以二千兵力，于开封南薰门平息王善、张用等叛乱，转武经大夫。随杜充南撤至建康。建康失守后，克复溧阳。续娶李娃。

建炎四年：岳飞28岁，在宜兴驻军，并将岳母接到军中。四、五月，收复建康，升通、泰州镇抚使、兼知泰州。三子岳霖出生。

绍兴元年：岳飞29岁，岳飞出师败李成，降服张用，拜神武右副军统制、副都统制。驻军洪州。

绍兴二年：岳飞30岁，打败游寇曹成，驻军江州。

绍兴三年：岳飞31岁，平定江西吉、虔二州起义。被高宗赐予“精忠岳飞”锦旗，授予江南西路舒蕲州制置使职务，置司江州。

绍兴四年：岳飞32岁，北伐收复襄阳府等六郡，驻军鄂州。授从二品清远军节度使。

绍兴五年：岳飞33岁，授镇宁、崇信军节度使，封武昌郡开国侯。平定杨幺贼寇之乱。四子岳震出生。

绍兴六年：岳飞34岁，改授武胜、定国军节度使。北伐收复商州、虢州。破伪齐进犯江汉之兵。是年，岳母姚太夫人病逝于鄂州军营。

绍兴七年：岳飞35岁，拜正二品太尉，升任宣抚使。

绍兴八年：岳飞36岁，上书反对议和，当面斥责秦桧主和。

绍兴九年：岳飞37岁，强烈反对议和，使秦桧怀恨在心。拜从一品“开府仪同三司”。五子岳霭出生。

绍兴十年：岳飞38岁，加封正一品太子少保。最后一次出师北伐，收复颍昌府、河南府等十余州郡。取得郾城、颍昌大捷，进军朱仙镇，被强令班师回朝。

绍兴十一年：岳飞39岁，4月，解除宣抚使，改授枢密副使。8月，罢除枢密副使，回庐山赋闲。10月，下大理寺狱。

绍兴十二年：赐死于大理寺，张宪、岳云同死。

绍兴三十二年：卒后21年，追复原官，以礼改葬。

淳熙五年：卒后37年，赐谥武穆。

嘉泰四年：卒后63年，赠太师，追封为鄂王。

宝庆元年：卒后84年，改谥号为忠武。

参考文献

一、图书

[1]（宋）宗泽. 宗忠简公集[M]. 北京：商务印书馆，1935.

[2]（宋）岳珂，王曾瑜. 鄂国金佗稡编续编校注[M]. 北京：中华书局，1989.

[3]（元）脱脱，等. 宋史[M]. 北京：中华书局，1977.

[4]（宋）李心传. 建炎以来系年要录[M]. 北京：中华书局，1956.

[5]（宋）徐梦莘. 三朝北盟会编[M]. 上海：上海古籍出版社，1987.

[6]（宋）李焘著，（清）黄以周，等. 续资治通鉴长编[M]. 上海：上海古籍出版社，1986.

[7]（明）黄淮，杨士奇. 历代名臣奏议[M]. 上海：上海古籍出版社，1989.

[8]（清）彭定求，等. 全唐诗卷226[M]. 北京：中华书局，1960.

[9]邓广铭. 岳飞传（增订本）[M]. 北京：人民出版社，1983.

[10]王曾瑜. 岳飞新传[M]. 石家庄：河北人民出版社，2007.

[11]龚延明. 岳飞研究[M]. 北京：人民出版社，2008.

[12]刘秀生. 岳飞评传[M]. 北京：解放军出版社，2014.

[13]郑乃臧，常国武. 岳飞[M]. 上海：上海人民出版社，1986.

[14]张鹏良. 岳飞[M]. 北京：军事科学出版社，1992.

[15]王曾瑜. 尽忠报国——岳飞新传[M]. 北京：中国书籍出版社，2016.

[16]冯建林，周俊玲. 正说岳飞[M]. 北京：人民出版社，2012.

[17]龚延明，岳朝军. 岳飞研究论文集汇编[M]. 杭州：浙江大学出版社，2013.

二、期刊

[18]张其凡. 岳飞军事思想试探——兼论宋代军事思想的发展[J]. 暨南学报（哲学社会科学），1997（4）.

[19]郭媛. 岳飞枪拳的渊源及其特点[J]. 兰台世界，2014（15）.

[20]何晶茹. 为什么说中国不可无岳飞[J]. 文史杂志，2011（3）.

[21]毛元佑. 岳飞“反攻中原”战略述评[J]. 军事历史研究，1992（1）.

[22]姜锡东. 岳飞被害与昭雪问题再探[J]. 郑州大学学报，2007（2）.

[23]黄权才. 岳飞在贺州歼灭曹成主力之进程考[J]. 广西师范学院学报，2012（4）.

[24]周云逸. 目疾与岳飞北伐[J]. 山西师大学报，2014（2）.

[25]吕变庭. 略论岳飞与南宋及金朝政局变化的利害关系[J]. 河北大学学报，2016（11）.

[26]安国楼. 从岳飞的素养看宋代家族教育[J]. 河北大学学报，2007（3）.

[27]江华. 论岳飞、文天祥的人生悲剧[J]. 社会科学辑刊，2000（2）.

[28]姚丽华. 精忠报国铸英魂——岳飞《满江红·写怀》词的爱国情怀[J]. 政工学刊，2002（10）.

[29]钱言朝. 岳飞大败“拐子马”[J]. 国防，1988（10）.

[30]姜文华. 抗金名将岳飞：精忠报国，光昭日月[J]. 国防，2006（7）.

[31]强金国. “天日昭昭”与岳飞之死[J]. 宁夏大学学报，2007（3）.

[32]安立志. 漫长艰难的岳飞平反之路[J]. 同舟共进，2013（6）.

三、论文

[33]方坤邕. 岳武穆王的器宇[C]. 源自http：//www.yuefei.com/，2016：03-09.

[34]宋浩. 论岳飞历史地位的变迁[D]. 湖南：湘潭大学哲学与历史文化学院，2010.